GESELLSCHAFT UND THEOLOGIE

Systematische Beiträge
Sozialwissenschaftliche Analysen
Praxis der Kirche

Herausgegeben von Klaus von Beyme, Ernst Feil, Iring Fetscher, Franz Xaver Kaufmann, Johann Baptist Metz, Jürgen Moltmann, Klaus Scholder

HEINRICH LUDWIG

Die Kirche im Prozeß der gesellschaftlichen Differenzierung

Perspektiven für eine neue sozialethische Diskussion

KAISER · GRÜNEWALD

CIP-Kurztitelaufnahme der Deutschen Bibliothek

Ludwig , Heinrich
Die Kirche im Prozeß der gesellschaftlichen Differenzierung : Perspektiven
für e. neue sozialeth. Diskussion. – 1. Aufl. – München : Kaiser; Mainz :
Matthias-Grünewald-Verlag, 1976.
   (Gesellschaft und Theologie : Abt. systemat. Beitr. ; Nr. 20)
   ISBN 3-459-01063-0 (Kaiser)
   ISBN 3-7867-0566-6 (Matthias-Grünewald-Verlag)

D 6
© 1976 Chr. Kaiser Verlag, München. ISBN 3-459-01063-0
Matthias-Grünewald-Verlag, Mainz. ISBN 3-7867-0566-6

INHALT

VORWORT

Die vorliegende Arbeit wurde im Wintersemester 1974/75 als theologische Dissertation beim Fachbereich Katholische Theologie der Westfälischen Wilhelms-Universität Münster eingereicht und mit dem Preis für das Studienjahr 1974/75 ausgezeichnet.

Danken möchte ich neben dem Fachbereich Katholische Theologie in Münster auch den Verlagen und den Herausgebern der Reihe »Gesellschaft und Theologie« dafür, daß sie die Untersuchung in ihr Programm aufgenommen haben.

Münster, im Juni 1976   Heinrich Ludwig

EINLEITUNG

Von der katholischen Soziallehre, zu deren Aufgabenbereich vorliegende Arbeit gehört, sagt man allgemein, sie sei in eine Krise geraten. Diese Charakterisierung bestätigt sich auch dort, wo von ihrer Renaissance geredet wird, da das Postulat nach ihrer Neubelebung noch nicht Verwirklichung des Geforderten bedeutet. In dieser vielbeschworenen Krise dokumentiert sich weniger eine theoretische Schwäche dieser theologischen Disziplin als vielmehr und in erster Linie eine objektive Schwierigkeit, nämlich die, den gesellschaftlichen Ort und die gesellschaftliche Funktion der Kirche in der gegenwärtigen Gesellschaft zu bestimmen.

Diese grundlegende Frage stellt sich nicht nur für die katholische Soziallehre, sondern für die gesamte Theologie. Im Horizont der Diskussion des Verhältnisses von Theorie und Praxis taucht sie in der systematischen Theologie auf als Frage nach der Vermittlung von gesellschaftlich bedingter zeitgenössischer Vernunft und kirchlich tradiertem depositum fidei. Die kirchliche Überlieferung selbst stellt sich dann dar als gegenwärtiges Ergebnis der Geschichte der jeweils erreichten Vermittlungen in jeweils verschiedenen gesellschaftlichen Situationen.

Diese umfassende Problematik darzustellen und zu behandeln, übersteigt die Möglichkeiten einer einzelnen theologischen Disziplin und erst recht die einer einzelnen Arbeit. Aber sie muß maßgeblich bleiben als Problemhorizont für die spezifische Orientierung der vorliegenden Untersuchung.

Die katholische Soziallehre, die nach den Bedingungen, Möglichkeiten und Inhalten gesellschaftlichen Handelns der Kirche und der Christen fragt, kann dies nicht nur mit dem erreichten theoretischen Instrumentarium theologischer Wissenschaft angehen, aber auch nicht ohne dieses. Sie muß vor allem sozialphilosophische, soziologische, wirtschaftswissenschaftliche und politiktheoretische Wissensbestände und Instrumentarien mit berücksichtigen, auch wenn sie, wie die vorliegende Arbeit, lediglich versucht, Probleme angemessen identifizieren zu können. Diese Aufgabe erfordert den Mut zu einem richtig verstandenen Dilettantismus, ohne den Anspruch auf jeweilige Vollständigkeit; d. h. die vorliegende Arbeit versucht, theoretisch abgesicherte Perspektiven für eine notwendige Diskussion anzubieten, die historische und gegenwärtige Problem- und Wissensbestände so strukturieren, daß auf erweiterte Problemlösungen hin diskutiert werden kann. Angestrebt wird also, durch die Diskussion verschiedener theoretischer Ansätze die Möglichkeit, Notwendigkeit und Legitimität kirchlichen und theologischen Wandels aufzuzeigen, der als einsichtig und notwendig herauszuarbeiten versucht wird durch eine spezifische Strukturierung erreichten Wissens über gesellschaftlichen Wandel. Die Entwicklung zur gegenwärtigen komplexen Industriegesellschaft wird in einem ihrer zentralsten Aspekte als Prozeß gesellschaftlicher Differenzierung gedeutet, als Entwicklung sozialer Einheiten zu größerem Umfang, größerem Zusammenhang, größerer Vielgestaltigkeit und Bestimmtheit.

Man könnte nun diesen Zusammenhang von gesellschaftlichem und kirchlichem Wandel als religionssoziologisches Thema ansehen, da die Religionssoziologie als ihren Gegenstand die Wechselwirkung von Religion und Gesellschaft definiert. Mit dieser Frage beschäftigt sich das erste Kapitel. Es ist zugleich als Einführung in die Problematik gedacht.

Die Religionssoziologie hat mit dem Interpretament »Säkularisierung« ein Verständnis und eine Deutung sozio-religiösen Wandels angeboten. Es ist also zu fragen, ob auf diesem Wege eine Analyse sowohl gesellschaftlichen als auch kirchlichen und theologischen Wandels möglich ist. Dieser Ansatz, die neuzeitliche Entwicklung primär als Säkularisierungsprozeß zu begreifen, verwendet einen spezifisch bedingten Religionsbegriff. Dieser ist inhaltlich bestimmt durch seine Herkunft aus der politischen und kulturellen Emanzipation von der Kirche einerseits und durch den Charakter der Religionssoziologie als Teildisziplin der allgemeinen Soziologie: Religion, primär verstanden als Integrations- oder Rationalisierungsinstrument, und die neuzeitliche Entwicklung, primär gedeutet als Säkularisierung, als Verlust dieser Funktionszuweisungen, verbleiben beide im Koordinatensystem einer bestimmten Epoche, nämlich der politischen und kulturellen Emanzipation von kirchlicher Abhängigkeit. Gesellschaftlicher und kirchlicher Wandel geraten vorwiegend als Entkirchlichung, als Emigration der Kirche aus der Gesellschaft und auch als Säkularisierung der Kirche selbst in den Blick. Die Ergebnisse dieses Wandels können lediglich als Säkularisate gedeutet werden; sie sind der eigentliche hermeneutische Ausgangspunkt der als Säkularisierung gedeuteten Sicht des Wandlungsprozesses. Für die katholische Soziallehre ist dabei von Bedeutung, daß der Säkularisierungsprozeß in religionssoziologischen Ansätzen mit dem Prozeß der Industrialisierung und Verstädterung und der damit verbundenen Desintegrationserfahrung in Zusammenhang gebracht wird. Es fragt sich aber, ob Industrialisierung und Verstädterung nicht selbst Momente eines globaleren Wandlungsprozesses des Gesellschaftsgefüges sind.

Das zweite Kapitel versucht in einer Durchsicht von Analysen dieses globaleren Prozesses von der Fixierung auf Religion und Kirche zunächst wegzuführen, um dann deren veränderte Situation innerhalb dieses Wandlungsprozesses thematisieren zu können. Ohne Anspruch auf eine konsistente Theorie sozialer Evolution wird versucht, entscheidende Stufen und zentrale Schwierigkeiten der Entwicklung zur modernen komplexen Gesellschaft in den Blick zu bekommen. Im Prozeß der gesellschaftlichen Differenzierung wird zunehmend die Situation des Individuums als auch die Kohäsion der ausdifferenzierten Teilsysteme und institutionalisierten Handlungszusammenhänge zum Problem. Als Differenzierungsprozeß verstanden, zeigt die neuzeitliche Entwicklung die gesellschaftlich bedingte Notwendigkeit, Werte, Normen und Legitimationssysteme überhaupt abstrakter und generalisierter zu verändern. Die Skizzierung eines gesamtgesellschaftlichen, auch die Institution Kirche umgreifenden Prozesses gesellschaftlichen Wandels soll zeigen, daß sich darin sozial-strukturelle Veränderungen ergeben haben, die zusammen mit ihren Folgeproblemen *alle* Institutionen und die Gesamtgesellschaft betreffen. Angesichts ständig sich steigernder Komplexität scheint kein theologisches und kein theoretisches System in der Lage zu sein, die Wahrheit des Ganzen, sozusagen eine gesamtgesellschaftliche Sinnformel zu formulieren und dem darin lebenden Individuum Sinnzusammenhänge anzubieten, die mit allen gesellschaftlichen Institutionen verschränkt sind und die Gesamtbiographie des einzelnen umspannen.

Geht man von der Erscheinung und der Problematik der gegenwärtigen komplexen Gesellschaft aus und versucht man, deren Entwicklung als Prozeß zunehmender gesellschaftlicher Differenzierung zu begreifen, können Theologie und Kirche sachgerechter und unbefangener die gesellschaftlichen Veränderungen aufgreifen, auch dadurch, daß theologische und kirchliche Wandlungsprozesse anschaulicher, notwendiger und akzeptierbarer werden können.

Im dritten Kapitel werden neuere religionssoziologische Ansätze auf dem Hintergrund des im zweiten Kapitel Erarbeiteten dargestellt. Es wird gefragt, welche theologisch relevanten Vorentscheidungen in diese Ansätze miteinfließen. Darüber hinaus wird auf die Notwendigkeit verwiesen, daß eine soziologische Analyse von Institutionen und Organisationen unzulänglich ist, solange sie nicht deren Selbstverständnis des zu analysierenden Problembereiches miteinbezieht, d. h. eine religionssoziologische Beschäftigung mit dem Verhältnis von Kirche und Gesellschaft kann nicht verzichten auf die Analyse der kirchlichen Behandlung dieses Zusammenhangs. Dazu gehört auch die Analyse der Erfahrungen, die Theologie und Kirche mit ihren diesbezüglichen Traditionen gemacht haben und die für heutige Aussagen zum Beispiel der katholischen Soziallehre oder der »politischen Theologie« von Bedeutung sind.

Die Tradition der kirchlichen Naturrechtslehren wird als der traditionelle Ort der theologischen Diskussion des Verhältnisses von Kirche und Gesellschaft angesehen. Die Ausbildung und die Veränderungen dieser Tradition werden in Zusammenhang gebracht mit theoretischen Aussagen über den Prozeß zunehmender gesellschaftlicher Differenzierung. Auf die Grenzen einer solchen Vorgehensweise wird ausführlich hingewiesen. Aber durch diesen Ansatz wird ermöglicht, der Entwicklung der Naturrechtslehren vom »lex-aeterna-Naturrecht« des Thomas von Aquin bis zum »Natur-der-Sache-Naturrecht« der spanischen Spätscholastik gerecht werden zu können. Dadurch kann auch gezeigt werden, daß sich in den Naturrechtstheorien die Problematik der Religionssoziologie schon verbirgt, ohne in deren Aporien zu geraten. Dafür zeigen sich andere. Der Gnadenstreit zwischen Thomisten und Molinisten dokumentiert den Beginn einer Emigration der Theologie aus dem naturrechtlichen Anliegen. Dies wird verdeutlicht in der Entwicklung vom Naturrecht zu den Menschenrechtstheorien, deren soziostrukturelle Basis in der Entwicklung vom »Vertrag« zur »Rolle« als Kategorien jeweiligen gesellschaftlichen Selbstverständnisses gesehen wird. Der Zusammenhang von neuscholastisch orientierter kirchlicher Reaktion und der Veränderung der gesellschaftlichen und politischen Situation der Kirche im 19. Jahrhundert wird nur angedeutet. Wichtiger erscheint, mit Hilfe der Kategorien »Vertrag« und »Rolle« und deren kritischer Diskussion die zentralen Schwierigkeiten der modernen komplexen Industriegesellschaft aufzuzeigen, die zugleich die zentralen Schwierigkeiten der Bestimmung des gesellschaftlichen Ortes der Kirche in dieser komplexen Gesellschaft sind.

Das vierte Kapitel konzentriert sich auf zwei zentrale theoretische Konsequenzen des geschilderten Differenzierungsprozesses. Einmal wird durch ihn das Leben in ausdifferenzierten Teilsystemen und institutionalisierten Handlungszusammenhängen kompliziert. Das Leben in zweckspezifischen Organisationen macht die Einheit der personalen Identität problematisch. Zugleich treten Konzeptionen von Rationalität in den Vordergrund, für die personale Identität nicht mehr thematisierbar ist. Die Spannungen zwischen Privatisierung und Rollenzumutungen kennzeichnen die Identitätskrise der Person in der komplexen Industriegesellschaft. Andererseits setzt diese wiederum voraus und beeinflußt gleichermaßen eine Identitätskrise der Gesellschaft, der ausdifferenzierten Teilsysteme und der institutionalisierten Handlungszusammenhänge, die zusammenfassend als Krise der gesellschaftlichen Institutionen diskutiert wird.

Theologische Reflexionen des Verhältnisses von Kirche und Gesellschaft müssen diese Problemkomplexität erfassen, wenn sie der Situation des konkreten Menschen in unserer konkreten Gesellschaft gerecht werden und einen Beitrag zur Erhaltung der Würde der Person und ihrer Freiheit leisten wollen.

Gegenwärtig zeigt sich in systematisch-theologischen Reflexionen eine Überwindung der Emigration der Theologie aus dem naturrechtlichen Anliegen (»politische Theologie«) und in der theoretischen Arbeit der katholischen Soziallehre das Postulat nach theologischer Begründung und Vertiefung. In einen erwünschten Dialog beider Ansätze wird die Hoffnung gesetzt, daß die aufgezeigten Perspektiven zu angemessenen theologischen und kirchlichen Problemlösungen erweitert und fortgeführt werden können.

1. SÄKULARISIERUNG UND INTEGRATION

Entwicklung der Fragestellung in Auseinandersetzung mit religions- und kirchensoziologischen Ansätzen

Ein Versuch, soziologische und theologische Fragen nach dem gesellschaftlichen Ort der Kirche zu stellen, müßte als religionssoziologische Thematik verstanden werden, denn »zentrales Thema der Religionssoziologie ist die Wechselwirkung von Religion und Gesellschaft«[1]. Daß die Zuordnung beider Größen problematisch geworden ist, zeigt nicht nur die aktuelle Bedeutung dieser wissenschaftlichen Disziplin. Religionssoziologie als Teildisziplin der allgemeinen Soziologie hat die Gesellschaft zum Gegenstand und fragt nach der Bedeutung des Faktors Religion. Die Begrifflichkeit und das wissenschaftliche Instrumentarium ist durch dieses Selbstverständnis geprägt ebenso wie die damit erreichten Ergebnisse. Eine Diskussion der Ansätze müßte zeigen, ob diese die Frage nach der Kirche in der gegenwärtigen Gesellschaft angemessen erfassen können. Auf jeden Fall sollte diese Diskussion in die Fragestellung einführen können.

Was bedeutet »Religion«, und wie wird deren Funktion verstanden? Warum entwickelte sich neben der Religionssoziologie die Kirchensoziologie? Wie hängt das Verständnis und die Entstehung beider mit der Desintegrationserfahrung der industriellen Gesellschaft zusammen, die als Säkularisierung gedeutet wird?

Ist mit diesem Interpretament der gesellschaftlichen Entwicklung die Frage nach dem gesellschaftlichen Ort der Kirche nicht schon beantwortet? Denn unter Säkularisierung versteht man »einen Prozeß, durch den Teile der Gesellschaft und Ausschnitte der Kultur aus der Herrschaft religiöser Institutionen und Symbole entlassen werden. Wenn wir von Gesellschaft und Institutionen der modernen abendländischen Geschichte sprechen, verstehen wir Säkularisierung natürlich als Rückzug der christlichen Kirchen aus Bereichen, die vorher unter ihrer Kontrolle oder ihrem Einfluß gestanden haben, als Trennung von Kirche und Staat, als Enteignung von Kirchengut oder als Emanzipation der Erziehung von der Autorität der Kirchen. Wenn wir jedoch von Kultur und Symbolen sprechen, implizieren wir, daß es sich um mehr als einen soziostrukturellen

---

[1] Zulehner, P. M., Artikel: Soziologie und Pastoral, in: Lexikon der Pastoralsoziologie, Freiburg 1972, 529–532; 530.

Prozeß handelt. Säkularisierung wirkt sich auf die Totalität des kulturellen Lebens und der Ideation aus und läßt sich am Verschwinden religiöser Inhalte aus den Künsten, der Philosophie und Literatur sowie – und dies ist am wichtigsten – am Aufkommen der Naturwissenschaften als autonome, durch und durch säkulare Weltansicht beobachten«[2].

Ist der gesellschaftliche Ort der Kirche also Privatheit und ihre Funktion die der privaten Existenzdeutung ohne gesellschaftlichen Bezug, obwohl dies offensichtlich dem Gesetz widerspricht, unter dem die Kirche angetreten ist? Es erscheint notwendig, der Plausibilität der Erklärung zunächst zu mißtrauen und ihren Voraussetzungen differenzierter nachzugehen.

1.1 Säkularisierung als Verständnis sozio-religiösen Wandels

Den traditionellen, aus der Religionskritik übernommenen Leithypothesen religionssoziologischer Forschung, der Kompensations- und Integrationsthese, wurde im Verlauf der Weiterentwicklung der Religionssoziologie die Säkularisierungsthese als dritte hinzugefügt. Die Kompensationsthese erörtert Religion als die soziale Funktion eines Kompensators für innerweltliche Versagungen und Endlichkeitserfahrungen. Die Integrationsthese betrachtet Religion als den wesentlichen Integrationsfaktor der Gesellschaft und betont ihre Funktion als normatives Wertsystem, als Grundlage der gesellschaftlich sanktionierten Verhaltensweisen[3]. Während die erstgenannte Gegenwartsanalyse eher auf mikrosoziologischer Ebene und die zweite solche auf makrosoziologischer Ebene ermöglichte und inhaltlich bestimmte, wird mit der Säkularisierungsthese[4] eine historische Dimension eingebracht und die Ebene des sozialen Wandels im Verhältnis von Religion und Gesellschaft der religionssoziologischen Forschung zugänglich. Im Anschluß an Ernst

[2] Berger, P. L., Zur Dialektik von Religion und Gesellschaft. Elemente einer soziologischen Theorie, Frankfurt 1973, 103; zur Konzeption Bergers vgl. weiter unten (109–118).
[3] Vgl. Fürstenberg, F., Artikel: Religionssoziologie, in: RGG[3], Sp. 1027–1032; 1027.
[4] Für einen ersten Überblick vgl. Fürstenberg, F. (Hg.), Religionssoziologie, Neuwied/Berlin 1964, 13–34; Marhold, W., Gesellschaftliche Funktion der Religion, in: Marsch, W. D. (Hg.), Plädoyers in Sachen Religion. Christliche Religion zwischen Bestreitung und Verteidigung, Gütersloh 1973, 80–86; Matthes, J., Religion und Gesellschaft. Einführung in die Religionssoziologie I, Reinbek 1967, 74–88; Tilmann, R., Sozialer und religiöser Wandel, Düsseldorf 1972, 44–62; Rendtorff, T., Zur Säkularisierungsproblematik. Über die Weiterentwicklung der Kirchensoziologie zur Religionssoziologie, in: Matthes, J., Religion und Gesellschaft, 208–229.

Troeltsch und Max Weber, in deren religionssoziologischen Arbeiten die Säkularisierungsphase impliziert enthalten sei, definiert F. Fürstenberg als ihren Inhalt »den fortdauernden Prozeß der Freisetzung weltlicher Verhaltens- und Bewußtseinsstrukturen aus dem Einflußbereich religiös bestimmter, meist theologisch fixierter Vorstellungen, wobei deren Formen, teilweise auch Inhalte, ihrer Heilsbedeutsamkeit entkleidet, nun als Bestandteile ›vernünftiger Weltinterpretation‹ fortwirken können«[5].

Säkularisierung wird hier also verstanden als Kategorie eines historisch-soziologischen Prozeßdenkens, die es ermöglichen soll, die moderne Gesellschaft im Verhältnis zu ihrer wesentlich durch Religion bestimmten Herkunft zu beschreiben. »Damit wird als theoretisches Vorverständnis aller religions-soziologischen Forschung festgehalten, daß die moderne Gesellschaft zwar ihrer Herkunft nach wesentlich durch die (christliche) Religion, ihr gegenwärtiges Verhältnis zur Religion jedoch als eines der partialen – und zunehmend rückläufigen – Beziehung zu einem begrenzten und besonderen Sektor Religion bestimmt ist«[6]. Mit der Erfahrung, Religion als abgesonderten Sektor und institutionalisierten Teilbereich der Gesellschaft zu erleben, ergeben sich spezifische Folgeprobleme sowohl für die Verhaltensorientierung der Individuen als auch für das Selbstverständnis religiöser Institutionen. Damit ist bereits die Fragestellung der folgenden Arbeit angedeutet, die sich konkret mit der katholischen Kirche beschäftigen will; die Auseinandersetzung mit Aussagen der Religionssoziologie soll dazu verhelfen, die Frage nach der Kirche in einer sich verändernden Welt zu präzisieren.

Mit der Säkularisierungsthese als Leithypothese religionssoziologischer Arbeit gewinnt die Religionssoziologie ein Interpretament, das sich in der allgemeinen Geistesgeschichte für die Analyse von Strukturwandlungen kultureller Phänomene bewährt zu haben und einen vielgestaltigen Komplex von gesellschaftlich-religiösen Erfahrungen, vor allem des 19. Jahrhunderts, in spezifischer Weise zu strukturieren und zu deuten schien[7].

Mit diesem Konzept erschien es nicht nur möglich, Kompensa-

---

[5] Fürstenberg, F., Einleitung zu: ders. (Hg.), Religionssoziologie, 17. Zur philosophischen und theologischen Behandlung des Säkularisierungsproblems vgl. Blumenberg, H., Die Legitimität der Neuzeit, Frankfurt 1968; Lübbe, H., Säkularisierung. Geschichte eines ideenpolitischen Begriffs, Freiburg 1965; Gogarten, F., Verhängnis und Hoffnung der Neuzeit, Stuttgart 1953; Metz, J. B., Zur Theologie der Welt, Mainz/München 1968.
[6] Matthes, J., Religion und Gesellschaft, 74.
[7] Vgl. ebd.

tions- und Integrationsthese sinnvoll zu ergänzen, sondern man glaubte, daß die Säkularisierungsthese diese integrieren könne zu einem umfassenden Bezugsrahmen für die Interpretation religionssoziologischer Zusammenhänge. So unternahm man detaillierte Untersuchungen, die eine historische Einordnung und Erklärung sozialer Formen religiösen Verhaltens und seiner Institutionalisierung, der religiösen Einflüsse auf gesellschaftliche Gebilde, aber auch der Prozesse und Bewußtseinsstrukturen in bezug auf die moderne gegenwärtige Gesellschaft zu leisten beanspruchten. In der Säkularisierungsthese vereinigen sich eine Fülle verschiedener historisch-gesellschaftlich bedingter Daten, Situationsdeutungen, Bewertungen und programmatischer Handlungsanweisungen. Diese Feststellung kann zunächst veranschaulicht werden durch mehrere unterschiedliche Versionen und Funktionen des Interpretaments der Säkularisierung. Für unsere Fragestellung sind die von J. Matthes herausgearbeiteten vier Funktionen von Bedeutung, deren Darstellung die Diskussionen weiterführen soll.

1.1.1 Funktionen der Säkularisierungsthese

Säkularisierung, verstanden als genealogische Kategorie, besagt, daß »das Verhältnis der modernen, säkularen Welt zu ihrer christlich religiösen Vergangenheit . . . als ein Verhältnis der Herkunft zu bestimmen [ist], daß die moderne Welt aus ihrer bloßen Herkunft nicht mehr angemessen zu begreifen ist und gerade in der Scheidung von ihrer Herkunft das Moment ihrer Freiheit und Autonomie gewonnen hat«[8]. Die Qualität des neuen gesellschaftlichen Zustandes wird im Unterschied zu den Qualitäten des alten in seiner Säkularität gesehen, und diese bildet die Basis für ein neues, autonomes, geschichtlich-gesellschaftliches Identitätsbewußtsein. Religion wird zur privaten Religiosität der individuellen Bewußtseinsformen und der persönlichen Existenzdeutung. So gesehen, erhält die Säkularisierungsthese die Funktion, »eine epochale Einteilung zu ermöglichen und einen auslegungsfähigen Bezugsrahmen für unterschiedliche Erfordernisse der Selbst- und Fremddeutung zu schaffen«[9].

Daran schließt sich eine zweite Funktion des Interpretaments der Säkularisierung an, nämlich die, »den neuen Zustand geschichtlich-gesellschaftlicher Autonomie und Identität ständig neu zu beschreiben und zu rechtfertigen«[10]. Religionssoziologie steht dann

[8] AaO. 78.
[9] Ebd.
[10] AaO. 79.

in der Gefahr, religiöse Institutionen und Verhaltensweisen innerhalb der Qualität des alten Zustandes zu identifizieren und in der Gegenwart die institutionalisierten Reste zu beschreiben und als Säkularisate zu deuten. Sie erklärt dann den historischen Prozeß als zunehmende Entkirchlichung und Entchristlichung, als »Emigration der Kirche aus der Gesellschaft«[11].

Eine weitere Funktion der Säkularisierungsthese besteht darin, diesen Entkirchlichungsprozeß in einen unmittelbaren und kausalen Zusammenhang mit dem Prozeß der Industrialisierung und Verstädterung der fortgeschrittenen westlichen Gesellschaft zu bringen. Säkularisierung bekommt so den Charakter eines mit objektiver Zwangsläufigkeit abrollenden Prozesses. Die sozialen und strukturellen Folgen der modernen Arbeitswelt, die Zweck-Mittel-Rationalität der die Gesellschaft bestimmenden Arbeitsteilung, die Mobilität, der Funktionsverlust der Primärgruppen etc. zerstörten und verböten institutionelle Religiosität und Kirchlichkeit[12].

Eine abschließende Funktion bezieht sich auf das Selbstverständnis der institutionellen Religion. Für solche, die sich als Gläubige und Amtsträger mit der institutionellen Religion bzw. Kirche identifizieren und bereitwillig den Interpretationsrahmen der Religionssoziologie übernehmen, kann dieser die Funktion der Entlastung bekommen: »Ihnen erwächst aus dem Interpretament der Säkularisierung ein Bewußtsein der Identität als Repräsentanten der Religion, das an Eindeutigkeit und Stringenz kaum zu überbieten ist«[13]. Der Preis erscheint allerdings hoch: Entlastung von gesamtgesellschaftlichem Bezug ist Abdrängung in die Privatsphäre. Eine Diskussion dieser Funktion kann zeigen, daß ein Rückzug auf solche Eindeutigkeit der Lehre selbst unter anderem ein Reflex des gesellschaftlichen Wandels ist.

Um diese aufgezeigten Funktionen der Säkularisierungsthese zu erörtern, scheint eine Reflexion ihrer Voraussetzungen und ihrer Herkunft erforderlich.

[11] Buchtitel von J. Matthes, Die Emigration der Kirche aus der Gesellschaft, Hamburg 1964.
[12] Vgl. Matthes, J., Religion und Gesellschaft, 81; Höffner, J., Industrielle Revolution und religiöse Krise, Schwund und Wandel des religiösen Verhaltens in der modernen Gesellschaft, Köln/Opladen 1961.
[13] Matthes, J., Religion und Gesellschaft, 81.

1.1.2 Die Abhängigkeit der Säkularisierungsthese von einer vorgängigen kulturellen Definition

H. Lübbe hat in seiner Darstellung des Begriffs »Säkularisierung« als Interpretament der allgemeinen Geistesgeschichte für die Analyse von Strukturwandlungen kultureller Phänomene darauf hingewiesen, daß die Begriffsbildung in engstem Zusammenhang gesehen werden muß mit dem geistes- und sozialgeschichtlichen Prozeß der Emanzipation der bürgerlichen Gesellschaft. »Säkularisierung« wird zur Bezeichnung dafür, daß die moderne Kultur einerseits und ihre christliche Herkunft und Vergangenheit andererseits als sich ausschließende, miteinander kämpfende Gegensätze erfahren werden. Der Begriff wirke daher weniger durch wirklichkeitsaufschließende Kraft als durch die Provokation zur ideenpolitischen Frontenbildung[14]. Diese Belastung und Abhängigkeit des Inhaltes und der Funktionen des Interpretaments »Säkularisierung« hat die Religionssoziologie aber nicht nur nicht überwunden, sondern eher verfestigt. »Seinen ideengeschichtlichen, sozialgeschichtlichen und sozialstrukturellen Ort hat dieses Interpretament in jener Epoche des Christentums, auf die es sich bezieht«[15]. Die Religionssoziologie übernimmt eine »vorgängige kulturelle Definition eines Tatbestandes, einer Situation, einer Epoche« und gibt sie für deren empirische Beschreibung aus. Dadurch, daß sie diesen Zusammenhang nicht aufarbeitet, verstärkt und überhöht sie diesen Vorgang und verleiht ihm in Detailanalysen den Schein der Exaktheit und Akribie[16].

Das religionssoziologische Denken bleibt so unreflektiert abhängig von den in seiner Vorgeschichte angelegten Denkmöglichkeiten[17]. Der selektive Charakter dieser Begriffe und Thesen wird von seiner Entstehungsgeschichte abstrahiert und gerät außer Betracht. Rendtorff präzisiert diese Kritik: Mit dem Begriff »Säkularisierung« wird nicht der mit diesem als vorgegeben anzusehende Prozeß selbst erörtert, sondern die mit diesem Begriff erzeugte Sicht des Prozesses. Denn dessen behaupteter Endpunkt ist in Wahrheit der hermeneutische Ausgangspunkt, und zwar in einer Definition, die eben neue Gesichtspunkte grundsätzlich verhindert[18]. »Statt die

[14] Vgl. Lübbe, H., aaO. 21–22; Matthes, J., Religion und Gesellschaft, 75–76.
[15] Matthes, J., Religion und Gesellschaft, 85.
[16] Vgl. aaO. 80.
[17] Vgl. aaO. 83.
[18] Vgl. Rendtorff, T., Zur Säkularisierungsproblematik, 219; Vaskovics, L., Vorwort zur deutschen Ausgabe, in: Robertson, R., Einführung in die Religionssoziologie, München/Mainz 1973, 9.

Tatbestände zu analysieren, auf die sich ein Interpretament wie das der Säkularisierung bezieht, bescheiden wir uns allzu leicht damit, uns dieses Interpretaments ständig bewußt zu werden und es immer neu zu wenden«[19]. Matthes fordert einen Rückgriff hinter die kulturellen Selbstverständlichkeiten der Säkularisierungsthese auf die ihr zugrundeliegenden Erfahrungen, den Durchbruch durch die Wand verfestigter Theorien. Das aber sei leichter zu fordern als zu bewerkstelligen[20].

Die zugrundeliegenden Erfahrungen werden nicht geleugnet. Aber die in der Säkularisierungsthese behauptete und beschriebene Situation spricht lediglich eine Teilwahrheit aus, »die – wie alle Teilwahrheiten – der Gefahr ausgesetzt ist, für die ganze Wahrheit genommen und damit nicht nur falsch, sondern in ihrer Wirkung auch gefährlich zu werden – gefährlich deshalb, weil sich dann Folgerungen nahelegen, die unzureichend gestützt sind und so nur in neue Konflikte des Verstehens und Handelns hineinführen«[21].

Der wohl zentralste Ausgangspunkt für die »so gedeutete Sicht des Prozesses«, der problematische Ausgangspunkt der Religionssoziologie selbst, ist der ihren Analysen und Interpretationen zugrundeliegende Religionsbegriff, dessen vermeintliche Allgemeingültigkeit historisch-kritisch befragt werden muß, will man die Grenzen der Aussagekraft der Säkularisierungsthese herausfinden.

1.2 Die Bedeutung des Religionsbegriffes für das Verständnis der Säkularisierungs- und Integrationsthese in der Religionssoziologie

Die Religionssoziologie ist, wenn sie plausible und effektive Aussagen machen will, auf eine präzise Beschreibung ihres Gegenstandes und auf Kriterien zur Identifizierung des Gegenstandes verwiesen. Schon die allgemeinste Beschreibung ihrer Aufgabe als Untersuchung der Zusammenhänge oder der Wechselwirkungen von Religion und Gesellschaft enthält wichtige Vorentscheidungen mit schwerwiegenden Folgeproblemen. Einmal wird darin vorausgesetzt, daß Religion und Gesellschaft zwei relativ unabhängig voneinander bestehende Größen seien. Für die Religionssoziologie als Teildisziplin einer allgemeinen Soziologie wird dann die Möglichkeit eines Begriffes einmal von Religion impliziert, der das gemeinsame Wesen aller religiöser Einzelphänomene erfaßt, und zum

---

[19] Matthes, J., Religion und Gesellschaft, 85–86.
[20] Vgl. aaO. 87; Tilmann, R., aaO. 49.
[21] Matthes, J., Die Emigration der Kirche aus der Gesellschaft, 12.

anderen eines Begriffes von Gesellschaft, der parallel dazu das gemeinsame Wesen aller sozialen Einzelphänomene abdeckt. Damit ist das Dilemma, in dem die Religionssoziologie im allgemeinen und solche Versuche, die das Verhältnis beider Größen zueinander interpretieren wollen, im besonderen zugegebenermaßen stecken, angedeutet. Auch zu dem weiteren Schritt, religiöse Einzelphänomene diskutieren zu wollen, bedarf es zunächst der Kriterien, um sie als religiöse identifizieren zu können.

Dieses Dilemma der Religionssoziologie kann an den Versuchen abgelesen werden, »Religion« als allgemeinen Begriff zu definieren, wie es ein herkömmliches Soziologieverständnis von der Religionssoziologie als einer ihrer Teildisziplinen fordert. Dieses Selbstverständnis führte zu der zentralen Schwierigkeit, einen allgemeinen Religionsbegriff soziologisch zu definieren. Das mit Religion gemeinte Phänomen ist so abzugrenzen, daß es dem Wirklichkeits- und Wissenschaftsverständnis der Soziologie zugänglich wird. Dabei stellt sich die Frage, ob der Verlust bzw. das Fehlen der historischen Dimension, die bezüglich der allgemeinen Soziologie diskutiert wird, auch für das Verständnis des Gegenstandes und der Begrifflichkeit der Religionssoziologie zutrifft.

Die Denkschwierigkeit, in die die Religionssoziologie gerät, wenn sie eine umfassende Bestimmung ihres Gegenstandes zu leisten versucht, ist wohl in der mangelnden Reflexion der Abhängigkeit des Konzepts einer allgemeinen Religion von der konkreten überlieferten Religion zu suchen. Das – auch historisch bedingte – soziologische Postulat der Allgemeinheit ihrer Aussage führt zu dem Verdacht, »ob nicht die gesamte Religionssoziologie, wie sie uns heute als eine gesonderte Teildisziplin erscheint, auf einem kulturzentrischen Mißverständnis beruhe – in dem Sinne, daß ein spezifisches Verständnis von Religion, eingebettet in eine spezifische Epoche der Christentumsgeschichte, absolut gesetzt, zu einem allgemeinen Begriff von Religion erhoben worden ist – und ob nicht aus diesem kulturzentrischen Mißverständnis die meisten Denkschwierigkeiten zu erklären sind, in die alle Religionssoziologen immer wieder geraten sind«[22]. Dieser Frage soll kurz nachgegangen werden, weil sie für das Selbstverständnis der Religionssoziologie zentral ist und vor allem unentbehrlich für die Frage, ob die herkömmliche Religionssoziologie überhaupt zur Analyse der kirchlichen Situation etwas beitragen kann oder ob nicht deren spezifischer Religionsbegriff diesen Beitrag eher verhindert.

[22] Matthes, J., Religion und Gesellschaft, 8; Matthes bezieht sich auf W. Cohn, Ist Religion universal?, in: Internationales Jahrbuch für Religionssoziologie, Bd. 2, Köln/Opladen 1966, 201–212.

1.2.1 Der historische Kontext und die geschichtliche Vermittlung des Religionsbegriffes der Religionssoziologie

»Eine Reflexion auf das von seinen konkreten, jeweils gegenwärtigen Erscheinungsformen abgehobene Wesen von Religion hat es bis in das 17. Jahrhundert hinein nicht gegeben. Über Religion in diesem allgemeinen Sinne nachzudenken, ist ein Produkt der Neuzeit, genauer der ideen- und sozialgeschichtlichen Wandlungen zwischen der Reformation und der Aufklärung«[23]. Vorbereitet wird diese Konzeption der allgemeinen Religion in der historischen Beschäftigung mit der Antike, mit nichtchristlichen Glaubenssystemen, wie sie zur Zeit der großen Entdeckungen mehr und mehr bekannt wurden, und schließlich mit den innerchristlichen Auseinandersetzungen, die ihren Höhepunkt in Reformation und Gegenreformation fanden.

1.2.1.1 Die französische Aufklärung und das Religionsverständnis E. Durkheims

In der Folge des in England entwickelten Deismus wird der Gedanke von der allgemeinen und natürlichen Religion zu einer zusammenhängenden Lehre ausgearbeitet[24]. Diese Position wird in der französischen Aufklärung radikalisiert. »Die französische Aufklärung erhält ihr eigentümliches Profil dadurch, daß sich der politisch-kämpferische Protest gegen das Herrschaftssystem des ausgehenden 17. Jahrhunderts in Frankreich mit den Ideen der englischen Aufklärung – und ihrer ›natürlichen‹ Religionsphilosophie – verbindet«[25]. Durch die Schriften Montesquieus, Voltaires und Rousseaus mit der englischen Aufklärung vertraut gemacht, wird die allgemeine, die Humanitäts- und Vernunftsreligion im Rahmen einer aufgeklärten Überlieferungskritik gegen die christlich-kirchliche Religion und ihre Identifikation mit der herkömmlichen Herrschaftsordnung abgegrenzt und ihr gegenübergestellt. Der Prozeß der Herausbildung des allgemeinen Religionsverständ-

---

[23] Matthes, J., Religion und Gesellschaft, 32; die folgende begriffsgeschichtliche Darstellung schließt sich weitgehend an Matthes an; vgl. bes. aaO. 32–73. Anderen ausführlichen Darstellungen und Einleitungen fehlt der kritische Rückblick, aber gerade dieser ermöglicht die Frage nach dem Beitrag der Religionssoziologie für eine notwendigerweise historische und kritische Untersuchung der Stellung der Kirche im Prozeß der Veränderung der Gesellschaft. Vgl. dazu auch 51, Anm. 122.
[24] Vgl. Rendtorff, T., Artikel: Christentum, in: Geschichtliche Grundbegriffe. Historisches Lexikon zur politisch-sozialen Sprache in Deutschland, Bd. 1, Stuttgart 1972, 772–814.
[25] Matthes, J., Religion und Gesellschaft, 41–42.

nisses entwickelt sich wesentlich nicht in Auseinandersetzung mit den Naturwissenschaften (Keppler, Bruno, Galilei, Newton), sondern in den Übergangszonen zwischen theologisch-philosophischer Reflexion und der sich verändernden staatlich-gesellschaftlichen Wirklichkeit. Dieser politische Kontext der Entstehungsgeschichte des Religionsbegriffes ist bedeutsam für die auf ihr aufbauende Religionssoziologie ebenso wie für eine deren Interpretamente (Säkularisierung und Integration) bereitwillig übernehmende Theologie und Kirchenpraxis.

Ein weiterer für unsere Betrachtung wichtiger Schritt geschieht in der französischen Aufklärung im Anschluß an Paul Thiry d'Holbach durch die Feststellung, daß sich an der Analyse der verderblichen Funktionen der christlich-kirchlichen Religion in der bestehenden Ordnung und deren Herkunft die Negativität religiöser Vorstellungen und kirchlicher Systeme überhaupt erkennen lasse. »Die analysierten Funktionen der überlieferten christlich-kirchlichen Religion [werden] im politisch-gesellschaftlichen System der Wende vom 17. zum 18. Jahrhundert als folgerichtige historische Konkretisierung der allgemeinen Religion verstanden, die damit schlechthin dem Verdikt der Ideologiehaftigkeit im Sinne der Verhüllung und Rechtfertigung profaner Interessen verfällt«[26]. Diese Tradition ist für Durkheim, als einen der einflußreichen Klassiker der Religionssoziologie, bestimmend. Sein »Ansatz muß auf dem Hintergrund einer weitgehend laizisierten Kultur gesehen werden, in der eine radikale Religionskritik, aufs engste verbunden mit wirksamer, politischer Aktion, mit einem bestimmten, unglaubwürdig gewordenen System politisch-kirchlicher Herrschaft alle christliche Überlieferung schlechthin unter Einschluß auch der freien Religion in ihr erfaßt zu haben meinte«[27].

In der französischen Aufklärung wird also das, was eine spätere Religionssoziologie als eine der Hauptfunktionen der Religion in der Gesellschaft ausarbeitete, nämlich ihren Beitrag zur Integration der Gesellschaft mittels eines Systems einheitlicher und verpflichtender Normen und Werte, vorgedacht und auch zunächst für die Gesellschaft anerkannt, die sich kämpferisch gegen die überlieferte Einheit von Absolutismus und christlicher Religion erhebt[28].

In einer ersten weiterführenden Zusammenfassung kann man sagen, daß die Religionssoziologie dieser Provenienz die mehrdimensionale Religionsproblematik der abendländisch-christlichen

---

[26] AaO. 43.
[27] AaO. 58–59.
[28] Vgl. aaO. 42.

Ideen- und Kulturgeschichte enthistorisiert, sie auf einen analytischen Begriff zu bringen versucht und jene Momente in der Religionsproblematik isoliert und kombiniert hat, die ihrem erfahrungswissenschaftlichen Meßanspruch zugänglich waren. Dabei wird der Ursprung dieser Problematik vergessen und nicht in die religionssoziologische Analyse eingearbeitet, so daß sich die Gefahr der Verdinglichung ergibt, wenn die forschungslogisch wünschbare Isolation einzelner Momente einer umfassenden ideen- und kulturgeschichtlichen Problematik als solche an den Ergebnissen des Forschungsprozesses nicht mehr sichtbar wird[29].

1.2.1.2 Die deutsche Aufklärung und das Religionsverständnis Max Webers

Für das Religionsverständnis von Max Weber ist darüber hinaus ein anderer soziokultureller Kontext entscheidend, nämlich die vom Idealismus geprägte deutsche Aufklärung. »Charakteristisch für die deutsche Aufklärung ist, daß sie sich, auch angeregt und befeuert von der französischen Aufklärung, in einer Kultur entwickelt, in der aufgeklärte Ideen ein breites Feld der Umsetzung in ›weltliche‹ Verhaltensweisen finden, ohne daß mit dieser Umsetzung der Ausbruch aus einem System christlich-kirchlicher Normierungen notwendig verbunden ist«[30]. Die zeitgenössische protestantische innertheologische Auseinandersetzung mit der Religionsproblematik reflektiert stärker auf ihre eigenen Voraussetzungen als die radikalere französische Aufklärung. Ebenso werden in der Religionsphilosophie, besonders Hegels, die aufklärerischen religionskritischen Konzepte »vermittelt aufgenommen, jedoch in ihrer alternativischen Grundstruktur tiefgreifend verwandelt und in einen Zusammenhang mit der Christentumsgeschichte selbst gebracht«[31]. »Hegel entwirft eine Geschichte der Weltreligionen als Werdegang des religiösen Bewußtseins der Menschheit, in der die christliche Religion den Allgemeinbegriff von Religion verwirklicht und schließlich in der Philosophie der Religion die Religion auf ihren höchsten Begriff bringt, wobei die Philosophie nun jene Allgemeinheit der Religion vertritt, die die kirchliche Theologie für sich ebensowenig mehr darzustellen vermag wie die Religion der unbefangenen subjektiven Innerlichkeit«[32].

[29] Vgl. aaO. 44.
[30] AaO. 52.
[31] AaO. 56.
[32] AaO. 57–58.

26

Auch für diese Max Weber beeinflussende Tradition des deutschen Idealismus muß festgehalten werden, daß der Begriff »Christentum« ähnlich wie der der Religion »aufs engste mit dem Begriff der neuzeitlichen Emanzipation verbunden« ist[33]. Schon das »allmähliche Aufkommen einer eigenen Terminologie für ›Christentum‹ im Mittelalter folgte der Notwendigkeit, die territoriale, soziale und politische Einheit der christlichen Welt semantisch zum Ausdruck zu bringen, nachdem sich für die tendenziell universale und ökumenische Mission der christlichen Kirche deutliche Grenzen herausgebildet hatten«[34]. Im Kontext der Emanzipation ist der Begriff »Christentum« aber erst in der deutschen Aufklärung in der zweiten Hälfte des 18. Jahrhunderts allgemein geworden. In ihm »vollzog sich eine Auseinandersetzung um das Recht zu bestimmen, was das wesentliche und aktuell Wirkliche der christlichen Religion sei. Dieses Recht wurde der alleinigen Zuständigkeit der Kirche und ihrer Theologie streitig gemacht. Der Begriff Christentum kennzeichnet eine Position, die sich dieser Zuständigkeit entzog«[35]. Dabei dominiert die Tendenz, das, was Christentum sei, in dezidiertem Unterschied zur kirchlichen Dogmatik zu bestimmen. Ihr gegenüber »berief sich der Begriff ›Christentum‹ auf die geschichtliche Welt bzw. die freie menschliche Vernunft«[36].

Das hier angesprochene Thema der Vermittlung von Religion und Weltgestaltung findet sich wieder in Max Webers universalgeschichtlichen Analysen der Religion, besonders in seinen Arbeiten über die religiös-ethischen Voraussetzungen des kapitalistischen Wirtschaftsverhaltens. Insgesamt muß man aber feststellen, daß »das spekulative, mehr auf begriffliche Durchdringung als auf erfahrungswissenschaftliche Prüfung gerichtete Vorgehen der Religionsphilosophie des deutschen Idealismus dem aufkommenden religionssoziologischen Denken weniger Anknüpfungspunkte geboten [hat], als das polemisch-kritische Vorgehen der aufklärerischen Religionskritik«[37]. Diese taucht aber wieder und vertieft auf in der Hegel-Kritik und liefert wichtige Grundsteine für das soziologische Denken. Vor allem für Max Webers Soziologie und Religionsverständnis spielt die Konfrontation mit dem Marxismus eine zentrale Rolle. Aber auch der Rückzug der Theologie vor der Religionskritik auf die manifeste Kirche hat die Auseinanderset-

---

[33] Rendtorff, T., Artikel: Christentum, 772.
[34] AaO. 773.
[35] AaO. 772.
[36] AaO. 773.
[37] Matthes, J., Religion und Gesellschaft, 60.

zung um das Religionsverständnis der Religionskritik überlassen und so dazu beigetragen, deren Religionsbegriff als wissenschaftlichen Religionsbegriff zu legitimieren[38]. Durch die Auseinandersetzung mit Hegel ist die Religionskritik akademischer, differenzierter und abstrakter geworden. Die schon in der französischen Religionskritik vorbereitete Vorstellung von der Kombination kompensatorischer und projektiver Elemente in der Religion (d'Holbach, Helvetius) wird von Feuerbach systematisch aufgearbeitet und lebt in der »Kompensationsthese« der Religionssoziologie weiter. Auf dem Boden der in der Christentumsgeschichte selbst angelegten und in mehreren Richtungen entwickelten Möglichkeit, allgemeine Religion als auch von der bestimmten christlichen Religion abgelöst zu denken, analysiert er am Material der christlichen Religion das allgemeine Wesen der Religion unter dem Aspekt einer anthropologischen Reduktion: Im System der Religion ist sich der Mensch nicht mehr bewußt, daß er in der Gegenständlichkeit Gottes seiner eigenen Gegenständlichkeit begegnet, und so dient die religiöse Projektion nicht der Selbstverwirklichung, sondern der Selbstentfremdung des Menschen[39]. Der »eigentliche« Ursprung der Religion erscheint als von der christlichen Überlieferungsgeschichte abgesetzt, als »das Verhalten des Menschen zu seinem eigenen Wesen«.

Das Vorstellungsmodell »allgemeine Religion« wird in Auseinandersetzung und in bezug auf die christliche Überlieferung gewonnen; aber um nicht die Kriterien der Kritik der Überlieferung zu verlieren, kann es nicht zusammen mit der Kritik der christlichen Überlieferung zugleich vernichtet werden. Um empirischen Gehalt zu gewinnen, wird mit seiner Hilfe eine Anfangs- und Endphase der wirklichen Geschichte konstruiert. Wie bei der soziologischen Funktionsanalyse der Religion (Integrations- und Säkularisierungsthese) stellt sich auch bei dieser anthropologischen Funktionsanalyse die Frage, ob nicht beide prinzipiell zu evolutionistischem Denken neigen, das bis heute das religionssoziologische Denken prägt und in der mangelnden Reflexion der historischen Vermittlung des Religionsbegriffes eine ihrer wesentlichen Ursachen haben dürfte.

Karl Marx dagegen will die Religion als eine radikale historische Kategorie verstehen. Die Reduktion des göttlichen Wesens auf das

---

[38] Ebd.: »Eine Geschichte des religionssoziologischen Denkens könnte sich geradezu daran orientieren, wann und bis zu welchem Punkte die Theologie diesen Rückzug jeweils vollzogen hat.«
[39] Vgl. aaO. 62–63.

Menschliche bei Feuerbach wird von ihm »weiter fortgeführt, indem das menschliche Wesen zu einem Produkt der Sozialisierung erklärt wird«[40]: »Feuerbach löst das religiöse Wesen in das menschliche Wesen auf, aber das menschliche Wesen ist kein dem einzelnen Individuum innewohnendes Abstraktum. In seiner Wirklichkeit ist es das Ensemble der gesellschaftlichen Verhältnisse. Feuerbach, der auf die Kritik dieses wirklichen Wesens nicht eingeht, ist daher gezwungen, 1. vom geschichtlichen Verlauf zu abstrahieren und das religiöse Gemüt für sich zu fixieren und ein abstrakt-isoliertes Individuum vorauszusetzen. 2. Das Wesen kann er daher nur als ›Gattung‹, als innere, stumme, die vielen Individuen natürlich verbindende Allgemeinheit betrachten . . . Feuerbach sieht daher nicht, daß das ›religiöse Gemüt‹ selbst ein gesellschaftliches Produkt ist und daß das abstrakte Individuum, das er analysiert, einer bestimmten Gesellschaftsform angehört«[41].

Die Religion ist unter bestimmten historischen Bedingungen entstanden und entspricht als Form des gesellschaftlichen Bewußtseins daher auch einer bestimmten Epoche in der Geschichte der menschlichen Gesellschaft und wird mit dem Ende dieser Epoche vergehen. Marx gesteht zu, daß die christliche Religion bereits der mögliche produktive Widerstand gegen die jeweiligen Verhältnisse sein konnte[42], aber trotz des Widerspruchscharakters dieser Religion bewegt sich die gesellschaftliche Totalität weiter in der Entfremdung. Die Dialektik zwischen Religion und Entfremdung, die im Sinne einer utopischen, jenseitigen Aufhebung vorhanden ist, führt nicht zur historisch-gesellschaftlichen Aufhebung. Religion ist ja nicht nur die metageschichtliche »Aufhebung« des in der konkreten Welt vorhandenen Antagonismus durch psychologische Projektion, mit der man dann durch religiöse Handlungen kommuniziert, sondern sie ist gleichzeitig auch »Unterwerfung« unter eine scheinbare übermenschliche Macht, die diese Antagonismen produziert[43]. »Der Kampf gegen die Religion ist also unmittelbar der Kampf gegen jene Welt, deren geistiges Aroma die Religion ist«[44]. Später, vor allem unter dem Einfluß von Friedrich Engels, hat Marx

---

[40] Wössner, J., Religion als soziales Phänomen, in: ders. (Hg.), Religion im Umbruch, Stuttgart 1972, 18.

[41] Marx, K., Thesen über Feuerbach, in: Marx-Engels-Werke, Bd. 3, Ost-Berlin 1953–1961, 5–7, 6–7.

[42] Vgl. Engels, Fr., Die Lage der arbeitenden Klasse in England, in: Marx-Engels-Werke, Bd. 2, 225–506; 378.

[43] Vgl. Wössner, J., aaO. 19–20.

[44] Marx, K., Zur Kritik der Hegelschen Rechtsphilosophie, in: Marx-Engels-Werke, Bd. 1, 378–391; 378.

die historisch-dialektische Methode stärker auf die Religion selbst angewandt und gezeigt, daß religiöse Überzeugungen, gerade weil sie verschiedene geschichtliche Verhältnisse zum Ausdruck bringen, in verschiedenen Epochen der Geschichte verschiedene Rollen spielen und auch zur ideologischen Rechtfertigung eines revolutionären Kampfes werden können[45].

In der bürgerlichen Gesellschaft aber, in der die menschliche Selbstentfremdung ihren Höhepunkt erreicht hat, ist die »Religion zu einer Form des gesellschaftlichen Bewußtseins geworden, in der sich nicht mehr die Totalität der gesellschaftlichen Verhältnisse, eingeschlossen ihrer historischen Perspektiven, spiegelt, sondern nur noch die Partialität der von der Bourgeoisie dominierten Machtverhältnisse«[46]. In der revolutionären geschichtlichen Aufhebung der gesellschaftlichen antagonistischen Zustände werde aber jeder Grund für die Existenz jeder Religion überflüssig und beseitigt.

Das Konzept der allgemeinen Religion – und das ist für den Weitergang unserer Argumentation von Bedeutung – »erscheint bei Marx als Verdinglichung der historisch bestimmten Religion des Christentums in der Spätphase der bürgerlichen Klassengesellschaft, und die historische Funktion dieser Verdinglichung besteht darin, das historisch Bestimmte und Bedingte an der christlichen Religion dem geschichtlich-gesellschaftlichen Handeln des Menschen zu entrücken und für ewig zu erklären, womit die bestehende Ordnung mit all ihren Widersprüchen und ihrem Elend sanktioniert wird. Die allgemeine Religion, die Religion an sich, ist eine Hypostasierung der bestehenden christlichen Religion und wird mit dieser verschwinden«[47]. Dieses Konzept der historischen Identität von allgemeiner und bestimmter Religion führt in der marxistischen Religionssoziologie – abgesehen von der Problematik der Entfremdung in sozialistischen Gesellschaften – in der Bestimmung eines sozialwissenschaftlichen Religionsbegriffes zu einer der Kirchensoziologie vergleichbaren Beschränkung auf institutionelle Kirchlichkeit.

---

[45] Vgl. Marx-Engels-Werke, Bd. 12, 44.
[46] Matthes, J., Religion und Gesellschaft, 66.
[47] AaO. 67.

1.2.2 Bedingungen und Konsequenzen der Religionsdefinitionen
bei den Begründern der Religionssoziologie Max Weber und
Emile Durkheim

Max Weber war von der Marxschen Konzeption »aufs tiefste
betroffen«[48]. Einer der wichtigsten Bezugspunkte Webers war die
Soziologie marxistischer Prägung im allgemeinen, aber auch deren
Konzeption und Verwendung des Religionsbegriffes[49]. »Obwohl
Weber nachdrücklich betonte, sich nur um den Beweis zu bemühen, daß sich, wenn man vom entgegengesetzten Standpunkt
ausging, interessante und faszinierende Ergebnisse erzielen ließen,
bestand sein Hauptbeitrag zur Religionssoziologie in Wirklichkeit
darin, daß er die Bedingungen aufzeigte, unter denen Religion, um
mit Parsons zu sprechen, eine Quelle der kreativen Erneuerung in
einem sozio-kulturellen System sein könnte«[50]. So interessiert sich
Max Weber besonders für die unterschiedlichen sozialen, wirtschaftlichen und politischen Orientierungen, die sich aus den wichtigsten religiösen Glaubenssystemen ergaben, und gelangt zu einer
Erklärung für die Einzigartigkeit der abendländischen Entwicklung. Dieses leitende Interesse bei Weber kann im Zusammenhang
mit der oben beschriebenen emanzipatorischen Begriffsbestim-
mung von Christentum und dessen Funktion als nationaler und
abendländischer Identifizierungsmechanismus der bürgerlichen
Gesellschaft in der Tradition des deutschen Idealismus gesehen
werden[51].

1.2.2.1 Religionsbegriff, Soziologieverständnis und Säkularisierungsthese bei Max Weber

In unserem Zusammenhang ist es zunächst wichtig, nach dem
Verständnis von Religion und eben auch christlicher Religion und
seinem soziologischen Begriff zu fragen, der zu solchen Analysen
befähigt. Webers eigene Stellungnahme gibt darüber einigen Auf-
schluß: »Eine Definition dessen, was Religion ist, kann unmöglich
an der Spitze, sondern könnte allenfalls am Schluß einer Erörterung
wie der nachfolgenden stehen. Allein, wir haben es überhaupt nicht
mit dem ›Wesen‹ der Religion, sondern mit den Bedingungen und
Wirkungen einer bestimmten Art von Gemeinschaftshandeln zu
tun, dessen Verständnis auch hier nur von den subjektiven Erleb-
nissen, Vorstellungen, Zwecken des Einzelnen – vom ›Sinn‹ – aus

---

[48] Vgl. Wössner, J., aaO. 29.
[49] Vgl. Robertson, R., aaO. 28.
[50] AaO. 29.
[51] Vgl. Rendtorff, T., Artikel: Christentum.

gewonnen werden kann«[52]. Die Problematik der Religionssoziologie bezüglich des Religionsbegriffes zeigt sich schon bei Max Weber ganz deutlich. Wenn eine operationale Definition von Religion nicht vorangestellt und dann im Vollzug der Erörterung kritisch überprüft werden kann, wird erwartet, daß sich eine Definition erst nach vollzogenem Durchgang durch das Material ergeben könne, wobei implizit erwartet wird, daß dieser Durchgang durch das Material seine eigenen Maßstäbe für das typologisch-vergleichende Vorgehen aus sich heraus setzen werde[53], oder einfacher und umfassender gefragt: »Untersuchung und Erörterung von was?« Ist es möglich, »etwas zu analysieren, ohne über Kriterien zur Identifikation dieses Etwas zu verfügen?«[54]

Aber Weber will nicht das Wesen von Religion definieren. Via negationis wird damit ausgesagt, »es möge so etwas wie ein Wesen der Religion geben, doch ›wir‹ – die Soziologen – haben es mit diesem Wesen der Religion überhaupt nicht zu tun. ›Wir‹ haben es vielmehr zu tun mit einer ›bestimmten Art von Gemeinschaftshandeln‹. Anders gesagt, Weber konzediert einerseits die Möglichkeit, daß es ein Wesen von Religion geben mag, doch er bestimmt seinerseits die Religion im vornherein im Rahmen seines allgemeinen soziologisch-theoretischen Ansatzes, nämlich seiner Theorie vom sozialen Handeln«[55]. Offensichtlich findet er die Kriterien zur Abgrenzung des Bereichs seiner Religionsuntersuchung im kategorialen Rahmen seines handlungstheoretischen Ansatzes. Was Religion als »bestimmte Art von Gemeinschaftshandeln« ist, wird von ihm in dreifacher Hinsicht qualifiziert. Erstens ist religiös motiviertes Handeln wie alles soziale Handeln sinnhaftes Handeln. Zweitens ist es ebenso wie alles soziale Handeln diesseitig ausgerichtet, und schließlich ist es ein »mindestens relativ rationales Handeln, wenn auch nicht notwendig ein Handeln nach Mitteln und Zwecken, so doch nach Erfahrungsregeln . . . zumal auch seine Zwecke überwiegend ökonomische sind«[56]. Für diese abermalige Verklammerung seines spezifisch religionssoziologischen Ansatzes mit seinem allgemein soziologischen, in dem die Kategorien der Rationalität und der Rationalisierung zentral sind, ist der Hinweis nicht unwichtig, daß Max Weber in der Tradition des Neu-Kantianismus

---

[52] Weber, M., Religionssoziologie, 227; zit. nach Robertson, R., aaO. 48.
[53] Vgl. Matthes, J., Religion und Gesellschaft, 25.
[54] Vgl. Robertson, R., aaO. 48.
[55] Matthes, J., Religion und Gesellschaft, 26.
[56] Vgl. Weber, M., Wirtschaft und Gesellschaft, Bd. 2, Köln/Berlin 1964, 322.

steht[57]. Bei Kant ist das mit der christlichen Tradition verbundene Transzendenzproblem nicht mehr einer ontologischen, außer Streit stehenden Begründung fähig, sondern verbleibt nur noch als Postulat, als notwendiges Mittel einer praktischen Wirklichkeitsbewältigung. Religion und Wirklichkeit, Vernunft und Realität bleiben so zumindest postulatorisch aufeinander bezogen. Religion ist eine Form des Wertbewußtseins des Menschen in Zusammenhang mit der Notwendigkeit, seiner vraxis und seiner Lebensführung im Rahmen einer Wirklichkeitskonstruktion einen »Sinn« zu verleihen. Mit Hilfe eines solchen Sinnkriteriums ist dem religiösen Menschen eine Systematisierung seiner Erfahrung in der vielfältigen Stimulusstruktur seiner Erfahrungsmöglichkeiten gegeben[58]. Die Frage nach den Sinngehalten oder den Leitgedanken, nach denen eine Gruppe oder Gesellschaft von Individuen ihr Leben organisiert, war Webers ursprünglicher Bezugspunkt, nicht die Religion als solche, aber »dieser Bezugspunkt kam dem sehr nahe, was die westlichen Wissenschaftler im allgemeinen unter dem Begriff ›Religion‹ verstehen«[59]. »Religion wird als definitive Sinnstiftung nicht nur ein Interpretationsinstrument der Welterfahrung, sondern vermittelt durch die Art und Weise der Sinngebung – und das ist das Entscheidende an der Position Max Webers – emanzipative, universale Herrschaft«[60]. Vergegenwärtigt man sich Webers Ausgangsfrage, warum gerade im Okzident eine Lebensführung entstanden ist, die gekennzeichnet ist durch eine spezifische Form rationalen Wirtschaftens, rationaler Herrschaft, rationalen Rechts und einer rationalen Wissenschaft, und stellt man aufgrund der vorangegangenen Überlegungen die Hypothese auf, daß die Religion Grundlage und Voraussetzung einer solchen typischen Entwicklung ist, dann impliziert das, daß religiöses Handeln »in seiner urwüchsigen Gestalt ein mindestens relativ rationales Handeln ist«[61]. Wenn innerhalb dieses Syndroms von »Sinn – Religion – Rationalität – Herrschaft« Beziehungen nach Umsetzung von Religion in Richtung größerer Rationalität und emanzipativer Herrschaft drängen und die Übersetzung von Religion in rationale Lebensformen dann stattgefunden hat, hebt sich Religion, nach der Errichtung der Herrschaft des Menschen über seine verschiedenen

[57] Vgl. Dux, G., Religion, Geschichte und sozialer Wandel in M. Webers Religionssoziologie, in: Internationales Jahrbuch für Religionssoziologie 7 (1971), 60–92; Wössner, J., aaO. 29.
[58] Vgl. ebd.
[59] Robertson, R., aaO. 49.
[60] Wössner, J., aaO. 30.
[61] Vgl. ebd.

Abhängigkeitsformen, als selbst verwirklicht auf. Das ist die Webersche Form der Säkularisierungsthese, die mehr oder weniger der neueren Religionssoziologie zugrundeliegt[62].

In unserem problemgeschichtlichen Kontext des Religionsbegriffes drängt sich die Frage auf, ob nicht auf dieser »Theorie von Religion als Rationalisierungsinstrument die ganze Aufklärungshypothek« lastet, wonach die Befreiung des Menschen aus selbstverschuldeter Abhängigkeit auf der Fortschrittslinie der Vernunft liegt[63]. Hingewiesen werden müßte auch auf die Einengung, wenn nicht Verfälschung des Vernunftbegriffes durch einen Rationalitätsbegriff, der lediglich durch Zweck-Mittel-Relation konstituiert wird[64].

Bezogen auf die Frage nach dem Verständnis von Säkularisierung, kann man die Webersche Konzeption nun zusammenfassen: Die Herleitung und das Verstehen der Gegenwart der abendländischen Welt wird, wenn man Rationalität und Herrschaft als sozial bedeutsame Elemente der prophetischen (= christlichen) Predigt konzipiert, durch den Rationalisierungseffekt der Religion in der christlichen Form vollzogen. Die sinnstiftende Rationalität der Religion setzt sich in die instrumentale Rationalität menschlicher Lebensführung um und gibt sich in diesem Umsetzungsprozeß selbst auf. Die Religion ist ihrem Gehäuse, der institutionalisierten Kirchlichkeit, entschlüpft und hat sich in die moderne Lebensführung und in die damit zusammenhängenden Gesellschaftsstrukturen entäußert. Die Religion, bzw. die christliche Religion, oder genauer die so gedeutete christliche Religion, ist an ihr Ende gekommen. Als private Religiosität ohne gesamtgesellschaftliche Relevanz bleibt sie weiter möglich zur subjektiven Bewältigung individueller Situationen[65].

Die Ambivalenz des Religionsbegriffes als der zentralen Schwierigkeit der Religionssoziologie wird deutlich und muß hervorgehoben werden gegenüber allen, die glauben, in einem Rückgriff auf Max Weber diesem Dilemma begegnen zu können. Es ist im religionssoziologischen Ansatz Webers selbst angelegt. Einerseits wird Religion bestimmt als Konfiguration mehrerer innerweltlicher, psychischer und sozialer Elemente, die zusammen ein spezifisches Phänomen im soziokulturellen Feld bilden. Andererseits wird es ein religiöses Phänomen dadurch, daß es in der Unterschiedenheit von

[62] Vgl. ebd.
[63] Vgl. aaO. 31.
[64] Vgl. Habermas, J., Technik und Wissenschaft als Ideologie, Frankfurt/ M. 1968, 48–53.
[65] Vgl. Wössner, J., aaO. 36–38.

anderen Phänomenen sein »eigentliches«, wissenschaftlich und besonders soziologisch nicht definierbares Wesen hat.

Die Merkmale, die das Syndrom Religion ausmachen, sind zwar in der Überlieferungs- und Religionskritik ausgearbeitet, aber eben an der christlichen Überlieferung gewonnen worden. Religion wird im Prozeß der politischen und geistesgeschichtlichen Emanzipationsgeschichte aus dem Feld soziokultureller Phänomene isoliert und reduziert auf das, was ihr »eigentliches Wesen« ist. Das Produkt dieses Prozesses, die »apart« gewordene »Religion«, wird wie die komplementär dazu »apart« gewordene »Gesellschaft« in der Religionssoziologie ungeschichtlich verallgemeinert und zum universalen Begriff von Religion überhaupt[66].

1.2.2.2 Soziologieverständnis und Integrationsfunktion der Religion im Religionsverständnis bei Emile Durkheim

Durkheim steht – wie wir gesehen haben – stärker in der laizistischen Tradition der französischen Aufklärung. Auch für seinen religionssoziologischen Ansatz – wie könnte es anders sein – ist das Konzept und das Verständnis von Soziologie relevant. Darauf wird später ausführlicher eingegangen[67]. Das zentrale Problem, das die Leitfrage seiner soziologischen Arbeit bildet, ist die Frage nach dem, was eine arbeitsteilige und differenzierte Gesellschaft zusammenhält. Religionssoziologisch gewendet, fragt er dann danach, »welche strukturelle und funktionale Bedeutung den als Religion in einer Gesellschaft auftretenden Phänomenen für diese Gesellschaft zukommt«[68]. Er konzentrierte sich auf die Punkte, in denen das als Religion bezeichnete Phänomen als konstituierender Faktor sozialer Solidarität, sozialer Kohäsion und sozialer Integration zu beobachten war[69].

Ein weiterer Faktor für das Religionsverständnis Durkheims ist in dem rasch wachsenden Wissen über die sogenannten primitiven Religionen zu sehen, das die ethnologische und kulturanthropologische Forschung in der zweiten Hälfte des 19. Jahrhunderts entwickelte und für deren evolutionistische Perspektiven und animistischen und naturistischen Theorien über den Ursprung der Religion (Tylor, Spencer) sich Durkheim sehr interessiert zeigte. Er entwickelte seinen religionssoziologischen Ansatz an der australischen Religion (Totemismusphänomen). Hervorgehoben wurden

---

[66] Vgl. Matthes, J., Religion und Gesellschaft, 71–73.
[67] Vgl. weiter unten 71 f.
[68] Matthes, J., Religion und Gesellschaft, 15.
[69] Vgl. Robertson, R., aaO. 23.

die integrierenden und kohäsiven Auswirkungen, die die Religion auf die Mitglieder eines jeden Clans sowie auf die Beziehungen zwischen den Clans hatte.

»Durkheim wollte offensichtlich alle (intuitiv als solche anerkannten) Religionen in seine Untersuchung aufnehmen, ohne dabei jedoch der Inkonsequenz zu erliegen, den Glauben an einen (oder mehrere) Götter zum wesentlichen Kriterium der Religion zu machen und gleichzeitig alle primitiven, nontheistischen Glaubenssysteme als Religionen zu bezeichnen«[70]. Sein Interesse richtete sich ja auf die universale Verbreitung eines strukturell-funktionalen Zusammenhangs, und erst eine »Definition (von Religion), die das Universale des religiösen Verhaltens in den verschiedensten Systemen zu decken versucht, wird eine adäquate Definition sein, wie sie eine vorurteilslose Wissenschaft versteht«[71]. Daraus erklärt sich Durkheims Definition der Religion als »eines konsolidierten Systems von Überzeugungen und Praktiken, die heilige Dinge zum Gegenstand haben, d. h. verbotene und tabuisierte Dinge, Überzeugungen und Praktiken, die all diejenigen, die ihnen anhängen, in einer einzigen moralischen Gemeinschaft zusammenschließen, die Kirche genannt wird«[72]. Durkheim nannte den Totemismus die »Elementarform des religiösen Phänomens« und die »unverfälschteste« und »ursprünglichste« Form der Religion[73]. In der neueren Religionswissenschaft wird gerade das bestritten[74]. Die evolutionistische Frage nach dem Ursprung statt nach dem Wesen von Religion wird zur bloßen Substitution[75]. In Durkheims Religionsverständnis mischen sich evolutionistische Deutung und strukturell-funktionale Analyse, und angesichts der ihm folgenden Religionssoziologie stellt sich die Frage, ob dieser Zusammenhang für den Strukturfunktionalismus nicht notwendig ist[76]. Die vom allgemein soziologischen Ansatz bedingte Frage nach einem strukturell-funktionalen Zusammenhang läßt die Frage nach dem religiösen Phänomen zu einer ungeschichtlichen Frage von struktureller Be-

---

[70] Robertson, R., aaO. 51.

[71] König, R., Die Religionssoziologie bei E. Durkheim, in: KZfSS, Sonderheft 6, Probleme der Religionssoziologie, 1962, 39.

[72] Durkheim, E., Les formes élémentaires de la vie réligieuse, Paris ⁴1960, 65; »Une religion est un système solidaire de croyances et de pratiques relatives à des choses sacrées, c'est à dire séparées, interdites, croyances et pratiques qui unissent en même communauté morale, appelée Eglise, tous ceux qui y adhérent«, zit. nach R. Robertson, aaO. 51.

[73] Vgl. aaO. 33.

[74] Vgl. ebd.

[75] Vgl. Matthes, J., Religion und Gesellschaft, 17.

[76] Vgl. ebd.

wandtnis werden, die folgerichtig (in diesem Verständnis von Soziologie) universal gestellt werden muß. Religiöser Glaube wird dann ein Abbild der morphologischen Eigenschaften der Gesellschaft, in der er angesiedelt ist. Religiöse Praxis bedeutet die »Verherrlichung« der Wirklichkeit des sozialen Bereichs, die die daran Teilnehmenden miteinander verbindet.

Im Unterschied zu Marx ist die Gesellschaftsstruktur gegeben. Religion entsteht nicht im Zustand der Entfremdung als Kompensationsmechanismus oder als inadäquater Ausdruck einer Situation, der Sozialität fehlt, sondern ist Ausdruck gerade dieser Sozialität. »Religiöse Überzeugungen sind nicht falsch, weil sie ja Ausdruck sozialen Lebens selbst sind. Sie stellen die Abhängigkeit des Menschen bzw. die Anerkennung derselben von der Gesellschaft dar«[77].

Im Anschluß an Durkheim wird Religion, besonders bei den amerikanischen Funktionalisten (Parsons, Davis, Bellah), Bestandteil aller Gesellschaftssysteme. Sie ist die dominierende Kraft, die die Menschen aneinander bindet und »das reibungslose Funktionieren der Gesellschaft gewährleistet«. Bekundungen gesellschaftlicher Solidarität und Formen gesellschaftlicher Integration und Kohäsion werden als religiös angesehen oder gelten als funktionales und strukturelles Religionsäquivalent (z. B. der Marxismus)[78].

Die Problematik, daß die Religionssoziologie nicht das Wesen der Religion definieren kann, sondern von ihr nur in einem indirekten Sinne reden kann, »nämlich im Hinblick auf die sozialen Wirkungen und Implikationen von Religion«, zwingt immer wieder zur Frage nach einem doch vorhandenen impliziten, geschichtlich vermittelten Verständnis von Religion und nach der Klärung der soziologischen Vorentscheidungen des jeweiligen Ansatzes. Bei der funktionalistischen Deutung Durkheims und seiner Schüler stellt sich nach einer derartigen Prüfung die Frage, »ob nun die integrierende Funktion definiert wird durch die Religion oder die Religion durch die Integrationswirkung«. Pieter H. Vrijhof, der diese Frage stellt, fügt hinzu: »Es bedarf kaum des Nachweises, daß dann die Grenze zwischen Religion und Nicht-Religion schwierig zu ziehen ist«[79].

Festgehalten werden sollte, daß in der aufgezeigten Tradition der französischen Aufklärung und in deren allgemeinem Religionsbe-

---

[77] Robertson, R., aaO. 29.
[78] Vgl. aaO. 34–35; Matthes, J., Religion und Gesellschaft, 21; Eickelpasch, R., Mythos und Sozialstruktur, Düsseldorf 1973, 16–52.
[79] Vrijhof, P. H., Was ist Religionssoziologie?, in: Probleme der Religionssoziologie, 23.

griff Durkheims Frage nach der Religion nicht im Kontext einer besonderen Religion gestellt wird, sondern in universaler Weise nach den Kriterien des religiösen Phänomens überhaupt. Seine Darstellung der primitiven Religionen gilt nicht so sehr der Begründung des Ursprungs der Religion, sondern dem Nachweis der universalen Verbreitung eines bestimmten strukturell-funktionalen Zusammenhangs und dem Nachweis verschiedener Variationen der gleichen Struktur in verschiedenen sozialen Typen[80]. In seinem Spätwerk wird der obligatorische Charakter der Glaubensvorstellungen zum wesentlichen Merkmal der Religion[81]. Wie alle verpflichtenden Phänomene wird auch die Religion ein Produkt der Gesellschaft, Religion und Gesellschaft werden letztlich identifiziert[82]. Das zentrale Merkmal beider ist sozialer Zwang, dessen Hauptfunktion die Stabilität und Integration der Gesellschaft ist: »Das Gesetz der Religion ist das Gesetz des Sozialen«[83].

Nach den bisherigen begriffsgeschichtlichen Darlegungen und den definitorischen Folgeproblemen ist es offensichtlich keineswegs gleichgültig, welchen Religionsbegriff man der religionssoziologischen Arbeit zugrundelegt[84]. Der sozialgeschichtliche und wissenschaftliche Kontext prägt den Religionsbegriff und die auf ihm gründenden Analysen und führt zu verschiedenen Ergebnissen[85]. Eine begriffsgeschichtlich orientierte Kritik der religionssoziologischen Theoriebildung darf sich daher nicht allein auf eine Kritik des Religionsbegriffes konzentrieren, sondern muß das jeweilige durch den gleichen Kontext bedingte allgemeine Soziologieverständnis mitreflektieren, um weitere Grenzen und Bedingtheiten der jeweiligen Ansätze aufzeigen zu können; das sollte am Beispiel Max Webers und E. Durkheims skizziert werden, die als die eigentlichen Begründer der Religionssoziologie gelten. Die Definitionsproblematik beschäftigt die Religionssoziologie weiter. Zwei Überwindungsversuche können der weiterführenden Präzisierung unserer Fragestellung dienen.

---

[80] Vgl. weiter unten 75–77; Eickelpasch, R., aaO. 16–37.

[81] Vgl. Eickelpasch, aaO. 18.

[82] Vgl. ebd.

[83] AaO. 19.

[84] Vgl. dazu Berger, P. L., Zur Dialektik von Religion und Gesellschaft, 165–168; Berger geht davon aus, daß Religionsdefinitionen weder »richtig« noch »falsch«, sondern nur mehr oder weniger brauchbar seien, insistiert dann aber doch auf seinem gegenüber Th. Luckmann substantielleren Religionsbegriff.

[85] Vgl. Dobbelaere, K./Lauwers, J., Definition of Religion. A Sociological Critique, in: Social Compass 20 (1973), 535–551.

1.3 Der Versuch, die Definitionsproblematik durch Dimensionen der Religiosität zu überwinden

Das Unbehagen, das der bisher wohl vergebliche Versuch, ein zufriedenstellendes einheitliches Religionskonzept religionssoziologisch zu begründen, hinterlassen hat, zwingt angesichts der Notwendigkeit konkreter Analysen zu zwar eingeschränkteren, aber operationalisierbareren und rigoroseren Kriterien.

Einen Ausweg aus dem Dilemma der Definitionsproblematik suchen Ch. Glock, G. Lenski, Fukuyama u. a.[86], indem sie das einheitliche Konzept »Religion« in Dimensionen oder Aspekte von Religion aufbrechen wollen. Religion wird eine mehrdimensionale Variable. Die Aspekte oder Dimensionen können unabhängig voneinander variieren, d. h. eine Dimension kann stärker in einem Individuum, eine andere dagegen schwächer oder gar nicht vorhanden sein. Hier zeigt sich bereits die Schwäche dieses Ansatzes für eine Weiterführung unserer Fragestellung. Religiositätsdimensionen beziehen sich mehr sozialpsychologisch auf die Religiosität des Individuums. Es wird das methodologisch schwierige Problem des Verhältnisses zwischen Maßen der Religiosität von Individuen und der Religiosität des Systems in seiner Gesamtheit bzw. der Wechselwirkung von Religion und Gesellschaft vernachlässigt. Die Forschung konzentriert sich dann darauf, die Religiosität des Individuums zu definieren. Aber auch da bleibt die Frage der Identifizierung der ermittelten Dimensionen als religiöser und ihrer Aussagekraft bezüglich der Religionsproblematik bestehen. Die Versuche, Religiositätsdimensionen zu erstellen, umgehen die Notwendigkeit, auf analytischem Weg einen eindeutigen Religionsbegriff zu definieren, und versuchen, »verfügbare und vielversprechende Indikatoren ›aneinanderzureihen‹, um auf diesem atomistischen Wege zu einer totalen, kumulativen (aggregated) Konzeption von Religiosität zu gelangen«[87].

Der implizite Religionsbegriff, der die »verfügbaren und vielversprechenden Indikatoren« ermöglicht und ihre Ausarbeitung legitimiert, beruht entweder auf einer »relativen ad-hoc-Basis, einer intuitiven Basis«[88] oder muß an das anknüpfen, was in einer

---

[86] Vgl. Glock, Ch. I., Über die Dimensionen der Religiosität, in: Matthes, J., Kirche und Gesellschaft, 150–168; Lenski, G., Religion und Realität, Köln/Berlin 1967; Fukuyama, Y., The Four Dimensions of Church Membership, Chicago 1960; Boos-Nünning, U., Dimensionen und Religiosität. Zur Operationalisierung und Messung religiöser Einstellungen, München/Mainz 1972.
[87] Robertson, R., aaO. 70.
[88] AaO. 69.

gegebenen Gesellschaft ausdrücklich als religiös definiert ist[89]. Das aber heißt in Konsequenz unserer bisherigen Darlegungen, daß solche Versuche nur sinnvoll sind in bezug auf Gesellschaften, in denen – wie Glock und Stark auch selbst betonen[90] – Religion sowohl differenziert als auch organisiert auftritt. Die »verfügbaren Indikatoren« sind im wesentlichen solche, die in Untersuchungen institutionalisierter Religion, religiöser Organisationen, Kirchen und Denominationen gewonnen wurden. Für unseren Zusammenhang sind sie belastet mit der Problematik des anderen wesentlichen Versuches, das Dilemma des Religionsbegriffes zu überwinden, nämlich der Kirchensoziologie, die auf den ersten Blick unsere Fragestellung weiterführen könnte.

1.4 Die Bedeutung des Säkularisierungs- und Integrationsverständnisses in der Wende zur Kirchensoziologie

Für die Entwicklung zur sogenannten neueren Religionssoziologie, die wir hier – einerseits einem verbreiteten und üblich gewordenen Sprachgebrauch folgend, andererseits die Akzentuierung unserer besonderen Fragestellung betonend – als Kirchensoziologie bezeichnen wollen, sind mehrere verschiedene Ursachen und gesellschaftliche, kirchliche und wissenschaftliche Bedingungskonstellationen von Bedeutung. Kurz skizziert werden sollte einmal die Säkularisierungserfahrung, besonders seit der industriellen Revolution, und die damit gegebene Herausforderung an die Kirchen. Zum anderen soll erinnert werden an die Aporien des Religionsbegriffes der klassischen Religionssoziologie und die Konsequenzen, die sich aus dem Bemühen um ihre Überwindung ergaben.
Drittens ist der Zustand der allgemeinen Soziologie, der vom gesamtgesellschaftlichen Zustand zunehmend absah und sich auf mikrosoziologische Detailstudien mit rigiden empirischen Meßmethoden beschränkte, mitzubeachten. Erst im amerikanischen Strukturfunktionalismus sind wieder gesamtgesellschaftliche Perspektiven gesellschaftstheoretisch zu begründen versucht worden. Ferner hat das zunehmende Schwinden des Mißtrauens von Theologie und Amtskirche gegenüber soziologischen Methoden, das zuweilen mit globalen Vorwürfen des Soziologismusverdachts wieder aufflakkert, die beträchtliche Konjunktur kirchensoziologischer Arbeiten gefördert[91].

[89] Vgl. Matthes, J., Religion und Gesellschaft, 110.
[90] Vgl. Glock, Ch. I./Stark, R. (Hg.), Religion and Society in Tension, Chicago 1965, 12–17, 88.

1.4.1 Pastoral- und Kirchensoziologie im Horizont der Säkularisierungs- und Desintegrationserfahrung

Schon relativ früh sind aus den seelsorgerlichen und sozialethischen Auseinandersetzungen kirchlicher Praktiker mit der Industrialisierung und ihren kirchlichen Folgeproblemen die ersten Versuche entstanden, mit statistischen Methoden über Primärerfahrungen hinaus zu verallgemeinerungsfähigen Aussagen zu gelangen. Zu nennen wären die moralstatistischen Untersuchungen Alexander von Oettingens[92] oder die monographischen Auswertungen von Arbeiterbefragungen aus dem Kreis der religiösen Sozialisten zu Beginn der Weimarer Zeit[93]. Diese Anfänge oder Vorläufer kirchensoziologischen Arbeitens entbehrten eines strengen analytischen Instrumentariums ebenso wie eines einheitlichen theoretischen Bezugsrahmens. Der eigentliche Beginn setzt ein mit der Entwicklung der analytischen Soziographie in den Niederlanden und mit der Kombination soziographischer, historisch-soziologischer und pastoraler Elemente, wie sie für Gabriel Le Bras und seine Schule in den dreißiger und vierziger Jahren in Frankreich charakteristisch sind[94]. Die Begrenztheit der mehr historischen Fragestellung, die sich aus den erkenntnisleitenden Interessen der Klassiker ergab, wird zu überwinden versucht durch die Aktualisierung des Forschungsansatzes. Im Mittelpunkt des Interesses steht nicht die Analyse der Gesellschaft, bei der die Soziologie auf die Bedeutung des Faktors Religion stieß, mit dem sich dann die Religionssoziologie als Teildisziplin beschäftigte. Die gemeinte Aktualisierung des Forschungsansatzes, die die Kirchensoziologie vollzieht, ist bestimmt und geleitet durch die Erfahrung der Säkularisierungstendendenz in den Industrieländern, von der sich die Kirche herausgefordert fühlte und die ein großes Bedürfnis nach exakten Unterlagen für pastorale und kirchenpolitische Beschlüsse und Maßnahmen weckte. Im Gegensatz zu dem Vorgehen der klassischen Religions-

---

[91] Vgl. Kaufmann, F. X., Theologie in soziologischer Sicht, Freiburg 1973, 12–16; Siefer, G., Theologie und Soziologie. Der mühsame Dialog zwischen zwei Wissenschaften, in: Orientierung 37 (1973), 108–111 und 119–122.
[92] Vgl. von Oettingen, A., Die Moralstatistik. Inductiver Nachweis der Gesetzmäßigkeit sittlicher Lebensbewegung im Organismus der Menschheit, Erlangen 1868; auszugsweise abgedruckt in: Fürstenberg, F. (Hg.), Religionssoziologie, 157–177.
[93] Vgl. Dehn, G., Die religiöse Gedankenwelt der Proletarierjugend, Berlin 1923; Piechowski, P., Proletarischer Glaube, ³1928; vgl. ferner Marhold, W., Fragende Kirche, Mainz/München 1971, 22–34.
[94] Vgl. Le Bras, G., Etudes de Sociologie réligieuse, Paris 1955.

soziologie wird daher auf eine makrosoziologische Globalanalyse der Phänomene Religion und Gesellschaft verzichtet zugunsten mikrosoziologischer Detailstudien innerhalb einer bestimmten gegebenen Sozialstruktur. Der Gefahr oft willkürlicher Typenbildung wird durch Anwendung exakter empirischer Methoden zu entgehen versucht. Aber dem Problem der Beziehung zwischen Religion und Gesellschaft im Sinne und im Anschluß an die traditionellen Fragestellungen wird nicht mehr nachgegangen. Man hat oft von einem totalen Bruch mit der traditionellen Religionssoziologie gesprochen, besonders in gegenwärtigen Versuchen, die Religionssoziologie wieder mit der theoretischen Weiterentwicklung der allgemeinen Soziologie in Übereinstimmung zu bringen[95].

1.4.2 Die Wende zur Kirchensoziologie als Konsequenz der Religionssoziologie von Weber und Durkheim

J. Matthes hat u. E. überzeugend nachgewiesen, daß sich diese Kritik zu sehr von einigen empirischen und theoretischen Verengungen leiten ließ. Die Fixierung auf diese unbestreitbaren Mängel verschleiert zudem den Drang der Soziologie in dieser Zeit zur erfahrungswissenschaftlich orientierten Einzeldisziplin einerseits und andererseits das Desinteresse der Soziologie an religionssoziologischen Problemstellungen, die »in ihrer kaum verarbeiteten Bindung an das Erbe der klassischen Religionskritik ihr Forschungsinteresse am Phänomen Religion als prinzipiell gesättigt anzusehen neigte«[96]. Nach J. Matthes liegt daher »die kirchensoziologische Phase in der Religionssoziologie, die etwa um 1930 herum einsetzt, nach 1945 kulminiert und in der Gegenwart auszulaufen scheint«, durchaus in der Konsequenz sowohl des frühen funktionalistischen (E. Durkheim) als auch des Ansatzes von Max Weber, die nach deren Arbeiten gleichsam anstand[97]. Die Engführung des Frageansatzes auf kirchliche Praxis und kirchliche Organisation und ihre Bindung an pastoraltheologische und kirchenpolitische Interessen hat daher auch respektable wissenschaftsimmanente Gründe.

Die Festschreibung der Säkularisierungsthese als Interpretament einer wie immer begründeten Säkularisierungserfahrung, in deren Horizont auch Max Weber sein religionssoziologisches Thema formulierte und ausarbeitete, überließ es einer ihm folgenden Reli-

[95] Vgl. vor allem Luckmann, Th., Das Problem der Religion in der modernen Gesellschaft, Freiburg 1963.
[96] Matthes, J., Kirche und Gesellschaft, 11.
[97] Vgl. ebd.

gionssoziologie, sich auf »Erforschung der Säkularisate, der Kirchlichkeit als besonderes soziales Verhalten und der kirchlichen Organisation als besondere soziale Organisation« einzugrenzen[98]. Der Zustand der Säkularisiertheit der modernen Gesellschaft wird als Datum genommen und vorausgesetzt, als gesichert geltende Beurteilung der Zeitsituation angesehen, so daß die gegenwärtig empirisch beobachteten Merkmale dieses Zustandes in den Vordergrund des Forschungsinteresses rücken.

Ebenso liegen die zuerst von Le Bras in seinen Untersuchungen durchgeführte Reduktion des Phänomens Religion auf die empirisch wahrnehmbare kirchliche Praxis[99] und die theoretischen Folgeprobleme dieser Reduktion des Religionsbegriffes in der Konsequenz zumindest der Aporien der älteren, besonders der funktionalistischen Religionssoziologie, vor allem des amerikanischen Strukturfunktionalismus: »nämlich von Religion im allgemeinen reden und sie soziologisch analysieren zu wollen und doch nur explizite Religion im Sinne kirchlich manifester Verhaltensweisen und Strukturen erfassen zu können«[100].

1.4.3 Die Frage nach der religiösen Bedingtheit sozialen Verhaltens in der Religionssoziologie und nach der sozialen Bedingtheit religiösen Verhaltens in der Kirchensoziologie

Angesichts dieser Wandlungen des Forschungsansatzes glaubte Dietrich Goldschmidt die These aufstellen zu können, daß sich die klassische Fragestellung »nach der religiösen Bedingtheit sozialen Verhaltens« umgekehrt habe in »die gegenwartsgewandte Frage nach der sozialen Bedingtheit derzeitigen religiösen Verhaltens, ja religiöser Inhalte; d. h. – konkret gesprochen – nach dem gesellschaftlichen Sein, das die heutige Art oder die heutigen Arten des Glaubens, der Kirchlichkeit oder Unkirchlichkeit usf. bestimmt«[101]. Träfe diese These wirklich den faktischen Stand der kirchensoziologischen Forschung, müßte unsere Fragestellung in ihr thematisiert und ausgearbeitet sein, die Frage nämlich nach den sozial – und eben auch durch sozialen Wandel – bedingten Veränderungen kirchlichen Verhaltens, kirchlicher Organisations- und Institutionsformen und der theologischen Ekklesiologie selbst. Aber diese These gilt nur in einem sehr eingeschränkten Maße, sie

[98] Vgl. aaO. 10.
[99] Vgl. Fürstenberg, F., Artikel: Religionssoziologie, 1029.
[100] Matthes, J., Kirche und Gesellschaft, 11.
[101] Vgl. Goldschmidt, D., Die Religionssoziologie in der Bundesrepublik Deutschland, in: Archives de Sociologie des Religions 8 (1959), 57.

ist mehr Appell für zukünftige Programmatik als Deskription eines Tatbestandes. Die Selbstverständlichkeit der Säkularisiertheit der modernen Gesellschaft als Entkirchlichung verstanden, läßt die behauptete Umkehrung des Forschungsansatzes lediglich zu einer Verschiebung der Fragestellung werden, aber Ansatz und Aporien der klassischen Religionssoziologie werden nicht eigentlich überwunden[102].

Gemäß dem pastoralen Interesse und der theologischen Situation der Zeit wird Kirchlichkeit von den verbindlichen Erwartungen der Kirche her definiert und im Endeffekt, bedingt durch zwar exakteres, aber doch unzureichendes Meßinstrumentarium, auf das Kriterium der Häufigkeit der Meßbesuche reduziert[103]. Diese faktische Eingrenzung kirchlichen Verhaltens wird dann mit den Sozialdaten des untersuchten Sampels korreliert. Dadurch gelangt man zu einem klareren Überblick der so definierten Kirchlichkeit, aufgeteilt nach Geschlecht, Alter, Beruf, Stadt, Land usw. Die zunehmende Lockerung kirchlicher Bindung wird dann in Zusammenhang gebracht mit dem Wegfall sozialer Kontrolle, mit der zunehmenden Urbanisierung, mit der sozialen Entwurzelung infolge von Massenwanderung, mit innerstädtischer Mobilität, mit den Aus- und Nachwirkungen der Klassengesellschaft oder mit Industrialisierung schlechthin[104]. Die Säkularisierungserfahrung wird so noch deutlicher und das Postulat nach pastoralen Neuansätzen klarer. In Frankreich hat diese soziographische und statistische Arbeit stark mit beigetragen zur Arbeit der Mission de France und zur Bewegung der Arbeiterpriester[105].

1.4.4 Kirchenbegriff, Strukturfunktionalismus und die Verhinderung der Frage nach innerkirchlichem Wandel

Die Kirchensoziologie, die eigentlich ohne Verbindung zur allgemeinen Soziologie und Religionssoziologie angefangen hatte[106],

---

[102] Vgl. Vrijhof, P. H., aaO. 15.
[103] Vgl. Kaufmann, F. X., Zur Bestimmung und Messung von Kirchlichkeit in der Bundesrepublik, in: Matthes, J., Kirche und Gesellschaft, 207–246.
[104] Vgl. Schreuder, O., Artikel: Religionssoziologie, in: Staatslexikon, Bd. 6, 835.
[105] Vgl. Goddijn, H. W. und P., Kirche als Institution, 42–43; Siefer, G., Die Mission der Arbeiterpriester, Essen 1960, 27–65.
[106] Vgl. Goddijn, H. W. und P., aaO. 85: »Als die pastorale Notwendigkeit die religionssoziologische Forschung im kirchlichen Bereich erforderte, war man gut beraten, daß man die mit den religiösen Lehrsätzen nicht in Übereinstimmung stehenden Ausgangspunkte und Auffassungen der europäischen und amerikanischen Soziologie ruhig beiseite ließ und selbst begann.«

bemerkte bald ihre methodische und vor allem theoretische Unzulänglichkeit. Die Entwicklung von der Pastoral- zur Kirchensoziologie fand eigentlich erst mit dem Bemühen statt, Anschluß an den allgemeinen soziologischen Standard zu finden. Im amerikanischen Strukturfunktionalismus, der dem vorwiegend statischen kirchlichen Denken von seinem allgemeinen Ansatz her sehr entgegenkam[107], hatte man, vor allem durch die Arbeiten T. Parsons, wieder an die religionssoziologischen Arbeiten von Weber und Durkheim anzuschließen versucht. Diese Verbindung hat das Verständnis von Kirchensoziologie stark geprägt, so daß eine soziologische Kritik des Strukturfunktionalismus die Möglichkeit kirchensoziologischen Arbeitens selbst zu bedrohen scheint. Das Kriterium der kirchlichen Praxis gewinnt in diesem Ansatz seine Eingrenzung an dem Operationalisierungszwang der Meßansprüche des Instrumentariums und seine inhaltliche Bestimmtheit von der Kirche, die dieses Kriterium organisiert repräsentiert und als Verhaltenserwartung an die Menschen heranträgt. »Die institutionell präformierte Kirchlichkeit, ausgedrückt in normativen Sätzen und reguliert in einem Mechanismus von Erwartungen, deren Erfüllung positive und deren Nichterfüllung negative Sanktionen einträgt, rückt in den Mittelpunkt der Betrachtung«[108]. Konsequenterweise werden die dominierenden Forschungsbereiche, in denen dieses Kriterium gut operationalisierbar ist, »die Teilnahmeforschung (Art, Struktur und Häufigkeit der Teilnahme am kirchlichen Leben), die Einstellungsforschung (Einstellung zu manifesten, kirchlich repräsentierten Glaubenssätzen und Handlungsgeboten) und die Verteilungsforschung, in der die Verteilung verschiedener Sozialmerkmale auf Gruppen mit unterschiedlichen Graden von Kirchlichkeit untersucht wird«[109].

Für eine erste Zusammenfassung kann man festhalten: Die von Goldschmidt behauptete Umkehrung der Fragestellung bewahrheitet sich nur in einem sehr eingeschränkten Maße. Die soziographischen Arbeiten einer morphologisch orientierten, demographisch und statistisch vorgehenden Kirchensoziologie konzentrieren sich auf den subjektiven Aspekt der Religion, der zunehmend

---

[107] Vgl. Schreuder, O., Die strukturell-funktionale Theorie und die Religionssoziologie, in: Internationales Jahrbuch für Religionssoziologie 2 (1966), 99–132; Schreuder versucht die obengenannte Behauptung zu widerlegen und verweist z. T. zu Recht auf die dynamischen Aspekte dieser Theorie; er kann aber ebenfalls Kirchlichkeit nur mit den Kategorien Konformität und Devianz erfassen; vgl. aaO. 117.
[108] Matthes, J., Kirche und Gesellschaft, 14.
[109] AaO. 13.

mit sozialpsychologischen Methoden in der Faktorenkonstellation Teilnahme – Überzeugung – Einstellung – zu bestimmen versucht wird[110].

Die Frage nach dem objektiven Faktor Religion bzw. Kirche, nach ihrem konkreten Ort in einer konkreten Gesellschaft gerät nicht mehr in den Blick. Die Bedeutung und Veränderung von Religion und Kirche in und durch den strukturellen und sozialen Wandel wird in der kirchensoziologischen Forschung nicht ausdrücklich thematisiert. Das gilt auch für jene Forschungsbereiche, in denen Kirche als soziale Institution untersucht wird. »Als soziale Institution tritt die Kirche insoweit in den Blick, als sie Verhaltensweisen und Einstellungen normiert und kontrolliert und in diesem Prozeß der Normierung und Kontrolle ihre Struktur bewahrt und die Probleme ihrer Wirksamkeit bewältigt«[111]. Die vorgegebene kirchenamtliche Axiomatik wird als unveränderliches Datum vorausgesetzt, durch Übernahme entsprechender Theoriestücke des Strukturfunktionalismus verstärkt und soziologisch legitimiert. Mit ihrer Hilfe wird Kirche als Institution soziologisch beschrieben und in Kategorien erklärt, in denen – global und etwas überpointiert gesagt – sozialer und kirchlicher Wandel nur als Devianz und abweichendes Verhalten gesehen und expliziert werden kann.

Die Programmatik einer so vorgehenden Forschung läßt sich zusammenfassend ablesen z. B. an den einleitenden Bemerkungen, die die Brüder Goddijn einem Abschnitt ihres Buches »Kirche als Institution« der Darstellung des Wissenbestandes der Kirchensoziologie vorausschicken: »Für beide kirchliche Gruppierungen [gemeint sind Katholiken und Protestanten – H. L.] wird die Art der Teilnahme an kirchlichem Leben und deren Manifestation näher untersucht und im Anschluß daran das Phänomen der Entchristlichung und Entkirchlichung als ein gemeinsames Problem dieser Zeit betrachtet. Danach wird das Verhältnis zwischen Kirche und Sekte angedeutet. Entkirchlichung und Sektenbildung stehen in engem Zusammenhang miteinander und charakterisieren die Randgebiete der großen Konfessionen. Substrukturen der Kirchen sind die territorialen Organisationsformen der Pfarrei und der Kirchengemeinde. Sie stellen die örtliche Kirche in greifbarer Nähe dar.

[110] Vgl. aaO. 20; daß Kirchlichkeitsforschung die Verhältnisbestimmung von Kirche und Gesellschaft voraussetzt, darauf verweist F. X. Kaufmann: »ob das selbst noch einer näheren Bestimmung bedürftige Sozialisationsprodukt ›Kirchlichkeit‹ jenes Resultat kirchlicher Wirksamkeit in einer konkreten Gesellschaft meint, das dem Gesetz entspricht, nach dem die Kirchen angetreten sind oder zu sein vorgeben?« Kaufmann, F. X., Zum Problem . . . in: Matthes, J., Kirche und Gesellschaft, 213.

[111] AaO. 14.

Von überterritorialer Art sind die Gruppenbildungen der Orden und Kongregationen, mit den Entsprechungen – wenn auch nur im ersten Ansatz – im protestantischen Raum und ihrer eventuellen Verwandtschaft mit sektiererischen Bewegungen. Die Ausbreitung und Werbekraft der religiösen Gruppenbildungen werden zum Schluß betrachtet, wobei dem Gegensatz zwischen dem Apostolat und der Evangelisation auf der einen Seite und der Propaganda im modernen Sinn auf der anderen Seite besondere Betrachtung gewidmet wird«[112].

Kirchensoziologie in diesem Sinne, sowohl als Soziologie kirchlicher Praxis (Kirchlichkeit) wie auch als Soziologie der Institution Kirche, führt unsere Fragestellung nicht weiter. An die Stelle des allgemeinen Religionsbegriffes treten dogmatische Axiome der traditionellen, ungeschichtlich sich verstehenden kirchlichen Lehrauffassungen. Diese werden verstärkt und bestätigt in der Konfrontation mit der Säkularisiertheit der modernen Gesellschaft. In diesem Vorgehen herrscht ein relativ unreflektiertes Verständnis von Säkularisierung vor, das als hermeneutischen Ausgangspunkt wiederum die traditionellen kirchlichen Lehraussagen selbst benutzt. Versuche, diesen Zirkel zu durchbrechen, werden erschwert durch die starke Bindung an die pastoralen Interessen der Kirche, oft verstärkt durch kurzfristigen Ergebniszwang kirchlicher Auftragsforschung und die relative Theorielosigkeit der Disziplin. Der Weg, diesem Dilemma mit Hilfe der Übernahme strukturfunktionalistischer Theoriestücke zu entgehen, legitimiert die vorgegebene Axiomatik mehr als daß sie überwunden wird. Die strukturell-funktionalen Elemente haben bezüglich innerkirchlicher Strukturprobleme restaurierende, konservierende und therapeutische Funktion.

1.5 Integration, Industrialisierung und Säkularisierung

Die kritische Darstellung der religions- und kirchensoziologischen Ansätze konzentrierte sich auf die Punkte, in denen sichtbar werden kann, was sie für die angestrebte Fragestellung nicht leisten, um so die theoretischen Bemühungen zu einem umfassenderen Referenzrahmen für eine angemessene Erklärung und Interpretation zu drängen. Dieser angestrebte weitere Bezugsrahmen der Interpretation muß sich dann u. a. daran bewähren, auch die in der bisherigen Darstellung als nicht genügend oder zu kurzschlüssig bezeichneten Erklärungsmodelle in sich aufnehmen und weiterfüh-

[112] Goddijn, H. W. und P., aaO. 107–108.

ren zu können, auch wenn diese dann im weiteren Verlauf nicht immer explizit einbezogen werden.

Bevor dies jedoch angedeutet bzw. als Postulat für die weitere Durchführung thematisiert werden kann, muß ein weiterer Problemkomplex aufgezeigt werden, der bisher vernachlässigt wurde, der aber für die Behandlung der Auswirkungen des sozialen Wandels auf das Verhältnis von Kirche und Gesellschaft von Wichtigkeit ist. Gemeint ist die zu Beginn[113] als dritte Funktion des Interpretaments der Säkularisierung in der Religions- und Kirchensoziologie bezeichnete Deutung, in welcher der als Entkirchlichung und Entchristlichung gedeutete Prozeß der Säkularisierung in einen unmittelbaren Zusammenhang mit dem Prozeß der Industrialisierung und Verstädterung gebracht wurde. Dieser Zusammenhang war kausal zu deuten versucht worden, und man hatte ihm den Charakter eines mit objektiver Zwangsläufigkeit abrollenden Prozesses verliehen. Da diese Deutung unsere Fragestellung zu beinhalten scheint, soll sie erst jetzt, d. h. in Kenntnis des bisher dargestellten Kontextes, behandelt werden; in der Auseinandersetzung mit diesem wird versucht, die eigene Fragestellung zu präzisieren und vorzustrukturieren.

Die These, die heutige Stellung der Kirche in der modernen Gesellschaft sei vornehmlich das Produkt spezifischer sozialgeschichtlicher Entwicklungen im Zusammenhang der Industrialisierung, »weist als ein umfassendes Interpretament der Zeitgeschichte ein hohes Maß an Plausibilität auf und ist auch und gerade in Kirche und Theologie selbst weithin zur Grundlage der Auseinandersetzung mit der modernen Welt und zur Richtschnur für die Entwicklung neuer kirchlicher Arbeitsformen erhoben worden«[114].

Die Ausarbeitung vornehmlich soziographischer Methoden zu diesem erweiterten Bezugsrahmen einmal für die Interpretation der erhobenen Daten und zum anderen für die Hypothesenbildung neu anzugehender Untersuchungen geschah im Anschluß an das Bemühen, wieder in Verbindung mit der Entwicklung der allgemeinen Soziologie zu gelangen.

Dort war man durch die Kritik an den früheren Evolutions- und Fortschrittstheorien und mit der zunehmenden Genauigkeit sozio-

[113] Vgl. oben 19.
[114] Matthes, J., Religion und Gesellschaft, 82; vgl. auch ders., Die Emigration der Kirche aus der Gesellschaft, Hamburg 1964; Höffner, J., Industrielle Revolution und religiöse Krise; Weyand, A., Formen religiöser Praxis in einem werdenden Industrieraum, Münster 1963; Zulehner, P. M., Religion ohne Kirche? Das religiöse Verhalten von Industriearbeitern, Wien 1969; Schasching, J., Kirche und industrielle Gesellschaft, Wien 1960; K. Brockmöller, Industriekultur und Religion, Frankfurt 1965.

logischer Meßmethoden vorsichtiger geworden mit Aussagen von großer Allgemeinheit über den Gesamtverlauf der menschlichen Entwicklungsgeschichte: »Gerade in Bezug auf den sozialen Wandel gibt es heute, wenn überhaupt, eher Theorien mittlerer Reichweite (Merton)«[115]. Das Syndrom Industrialisierung – Verstädterung – Entkirchlichung kann als eine derartige Theorie angesehen werden. Die Brüder Goddijn erheben das Mertonsche Postulat dann auch zu einem der Kirchen- bzw. nach ihrer Terminologie der Religionssoziologie. »Die in der allgemeinen Soziologie mit soviel Beifall aufgenommene Empfehlung des amerikanischen Soziologen R. K. Merton, sich in der Soziologie mehr mit überprüfbaren Theorien von beschränkter Reichweite zu beschäftigen, ist auch für die Religionssoziologie von großer Bedeutung«[116].

In der Frühphase der Kirchensoziologie war der Zusammenhang von sozialer Entwurzelung infolge der Industrialisierung und Säkularisierungserfahrung gesehen worden. Das Interpretationssyndrom Industrialisierung – Verstädterung – Entkirchlichung und die darauf basierenden pastoralen Programme führten zu der Überzeugung, daß »die soziale Emigration der Kirche weithin eine schichtenspezifische Erscheinung sei, das heißt, eine Frage des ›Verhältnisses‹ zwischen Kirche und Arbeiterschaft, und daß die Industrialisierung als Entstehungsgrund der modernen Industriearbeiterschaft auch die sozialgeschichtlich fixierbare Hauptursache der sozialen Emigration der Kirche sei«[117].

Schon früh wurden die sozialen Folgen der Verstädterung als Kernpunkte dieses Prozesses gesehen, zunehmende Anonymität der Großstadt, innerstädtische Mobilität etc. als Verschärfung und Konzentrierung des Industrialisierungsprozesses gedeutet und als Hauptursachen für Entkirchlichung angesehen. Zunehmend wurde erkannt, daß nicht so sehr Industrialisierung als eben Verstädterung ein angemessener Indikator für Entkirchlichung ist[118]. Praktische Theorien sowohl der Pastoraltheologie als auch der Sozialethik orientieren sich dann leicht an der daraus folgenden globalen Unterscheidung von vorindustrieller und industrieller Gesellschaft. Nun sind Industrialisierung und Verstädterung Kategorien, die

[115] Dreitzel, H. P. (Hg.), Sozialer Wandel. Zivilisation und Fortschritt als Kategorien der soziologischen Theorie, Neuwied/Berlin 1967, 85.
[116] Goddijn, H. W. und P., aaO. 179.
[117] Matthes, J., Die Emigration der Kirche aus der Gesellschaft, 53.
[118] Vgl. Kaufmann, F. X., Zum Problem . . ., aaO. 238. Es »scheint in der Bundesrepublik nicht so sehr die Industrialisierung als die Verstädterung die Entkirchlichung zu begünstigen; dies gilt besonders für die Katholiken« (ebd.).

ebenso vielschichtige Wandlungen, diffuse und heterogene Elemente in einen notwendigen Zusammenhang zu bringen scheinen, zumal in Verbindung mit der gleichfalls vielschichtigen Kategorie Säkularisierung. Zudem bleibt die Frage, ob Industrialisierung und Verstädterung nicht selbst Momente eines globalen Wandlungsprozesses des Gesellschaftsgefüges sind; d. h. eine Durchsicht von Analysen dieses globaleren Prozesses könnte von der Fixierung auf Religion wegführen und zugleich deren veränderte Situation innerhalb eines Wandlungsprozesses zu begreifen versuchen, der Industrialisierung und Verstädterung mitumfaßt, aber mehr zu erklären vermag, da er hinter sie, als deren Folgeprobleme und Verschärfungen, zurückfragt. Es soll also der Frage nachgegangen werden, ob »dieser Entwicklungsprozeß eingebettet [ist] in den Zusammenhang bestimmter geistesgeschichtlicher, politischer und sozialer Vorgänge und Wandlungen, die in entscheidender Weise den Durchbruch der industriellen Revolution erst ermöglicht und der modernen naturwissenschaftlichen Technik ihre gesellschaftliche Dynamik sozusagen *gestattet* haben. Außerdem gehen sie – und das ist wichtig – zum Teil in die Struktur dieser Entwicklung als mitwirkende oder bestimmende Faktoren *dauernd* ein, begleiten und unterhalten sie«[119].

1.6 Weiterführende Zusammenfassung

Wenn man als bisheriges Ergebnis kirchensoziologischer Untersuchungen entwickelter Gesellschaften (Europa und USA als Schwerpunkte kirchensoziologischer Forschungen) festhält, daß traditionell definierte »Kirchlichkeit nur einen geringen Bruchteil der Bevölkerung [charakterisiert], und zwar bezeichnenderweise jenen Teil, der selbst sozusagen am Rande der modernen Gesellschaftsentwicklung steht, so vor allem die Bauern, das Kleinbürgertum, die Überbleibsel ständischer Herkunft innerhalb der Mittelschicht, die noch nicht in den Arbeitsprozeß Eingeschalteten oder die aus dem Arbeitsprozeß schon Ausgeschalteten usf.«, kommt man zu dem Schluß, daß die so definierte »Kirchlichkeit von sozialen Rollen getragen [wird], die an der Vergangenheit orientiert sind«[120].

Hält man andererseits als Ergebnis der Säkularisierungsdiskussion fest, daß die moderne Gesellschaft gekennzeichnet werden kann als

---

[119] Michel, E., Sozialgeschichte der industriellen Arbeitswelt. Ihre Krisenformen und Gestaltungsversuche, Freiburg ⁴1960, 20.

[120] Vgl. Luckmann, Th., Das Problem der Religion in der modernen Gesellschaft, 30–31.

Prozeß der Segregation der Gesellschaft (wie immer von einer christlich bestimmten Herkunft abgeleitet), als Aufgliederung in autonome Teilbereiche wie Wirtschaft, Politik, Recht usw. und daß Kirche in dieser Gesellschaft ein Teilbereich unter anderen geworden ist, stellt sich für das Individuum die Frage, wie es den verschiedenen Erwartungen, Normen und Werten dieser gesellschaftlichen Teilbereiche, in die es verflochten ist, entsprechen kann. Kirchliche Erwartungen kann man so als eine weitere, aber eben zusätzliche Rolle verstehen. Aber »die Werte, die von den Kirchen institutionalisiert wurden, sind ursprünglich totale Lebenswerte gewesen, nämlich Sinnzusammenhänge, die mit allen Gesellschaftsinstitutionen verschränkt waren und folglich die Gesamtbiographie des einzelnen umspannten. Sie können sich nicht als partielle Sinnzusammenhänge behaupten, sozusagen, als Halbtags- und Sonntagswerte«[121].

Es kann dieser Arbeit nicht darum gehen, den geschichtlichen Prozeß, der weithin unbefragt als Säkularisierung gedeutet wird, zu leugnen. Die kritische Sicht der Voraussetzungen und Implikation des Interpretaments Säkularisierung zeigte deren Engführung, die zu einseitigen und daher falschen Konsequenzen führen können. Alle verwendeten Begriffe verweisen auf einen weiteren Bezugsrahmen für die Interpretation des geschichtlichen Prozesses. Besonders die verschiedenen Versionen des Religionsbegriffes – dessen Funktionsbeschreibungen ernst genommen werden müssen – sollten den Theologen herausfordern zu einer Interpretation, die theologischen und kirchlichen Wandel nicht notwendigerweise wiederum als Säkularisierung von Glaube und Kirche begreifen muß[122].

[121] Ebd.
[122] Die vielfachen Inkonsistenzen und Widersprüche der Arbeit von Zulehner, P. M., Die Säkularisierung von Gesellschaft, Religion und Person, Freiburg/Wien 1973, scheinen gerade darin begründet zu sein, daß er einen Säkularisierungsbegriff als brauchbar behauptet, der es dann doch nicht ist. *Religion* wird im Anschluß an P. L. Berger definiert als »jede Wirklichkeitskonzeption, die den unmittelbar erfahrbaren Kosmos übersteigt und die Kategorien des Anderen, des Außeralltäglichen, besitzt«, und er fügt hinzu: »Also auch das herkömmlich formulierte Christentum, selbst aber auch neue Formulierungen etwa einer D. Sölle oder eines H. Cox« (aaO. 60, Anm. 153); *Säkularisierung* heißt dann ebenfalls im Anschluß an Berger »ein Schwinden dieses heiligen Kosmos sowohl aus den institutionellen Strukturen wie aus dem Bewußtsein des einzelnen« (aaO. 60). Obwohl also die Begriffe »Religion« und »Säkularisierung« unter der Kapitelüberschrift »Brauchbare Begriffe« als Bezugsrahmen der Arbeit bestätigt werden, heißt es dann auf S. 220: »Dem aufmerksamen Leser wird aufgefallen sein, daß der Titel dieser Studie den Begriff der Säkularisierung enthält, daß dieser

Wie wir gesehen haben, konnte die Religions- und Kirchensoziologie die Frage nach innerkirchlichem Wandel aufgrund ihres Religions- und Kirchenverständnisses nur sehr bedingt in den Blick bekommen. Für neuere Versuche, wieder eine allgemeine Religionssoziologie als soziologische Disziplin auf dem Standard der allgemeinen Theoriediskussion zu begründen, wird diese Frage zu einem Randproblem, bedingt durch ihren Charakter als soziologische Teildisziplin, die nach den Strukturen der Gesellschaft fragt. Sie behalten entweder einen allgemeinen Religionsbegriff bei, der sich in anthropologische Fragestellungen aufzulösen droht (Luckmann), oder sie entwickeln – der historischen Dimension bewußt – einen substantielleren Religionsbegriff (Matthes, Rendtorff, z. T. auch Berger), der eine Soziologie des Christentums ermöglichen soll, aber doch eine Soziologie der Säkularisate bleibt[123]. Diese Richtung begreift sich zunehmend als Teildisziplin einer allgemeinen Wissenssoziologie. Uns interessiert dagegen der gesellschaftliche Ort der Kirche, und zwar konkret der katholischen, im gesellschaftlichen Wandlungsprozeß, den wir als Prozeß der gesell-

aber dann in den Ausführungen zur Säkularisierung in Österreich nur spärlich verwendet wurde.« Als Grund dafür wird auf S. 221 angegeben: »Doch erweist es sich nicht als angebracht, in soziologischen Analysen gesellschaftlicher und religiöser Prozesse mit einem derart schillernden und vieldeutigen Begriff zu operieren. Vielmehr muß von jenen konkreten Vorgängen gesprochen werden, die mit dem Begriff gemeint sein könnten.« Das genau tut aber Zulehner nicht. Diese Erkenntnis steht in der Schlußzusammenfassung. Daß darüber hinaus der Säkularisierungsbegriff und die mit ihm arbeitende Religionssoziologie ungeeignet sind, innerkirchliche Wandlungsprozesse zu erfassen, zeigt Zulehners Studie ebenfalls sehr deutlich. S. 183 nennt er diejenigen, die »inmitten der neuen Lebenslagen das überkommene Modell des Christentums neu zu definieren« versuchen, »Säkularisten«. Darunter fallen »Politische Theologie, Theologie der Revolution, Gott-ist-tot-Theologie . . . aber auch andere Formen eines ›modernen‹ gesellschaftsdynamischen Christentums«. Alle diese fielen auf S. 60, Anm. 153, aber noch unter »Religion«. Auf S. 206–207 postuliert er fast mit den gleichen Worten und unter der Überschrift »Das offizielle Modell: Wandel in der Kirche«, was vorher noch Säkularismus hieß, was aber »bloß bemessen an einem traditionellen, nicht aber an einem ›redefinierten‹ Modell unkirchlich, bzw. unreligiös ist« (ebd.). Auf S. 216 wiederum nennt er die oben erwähnten Gruppierungen »antisäkularistische«, denen er »innerkirchliche Entwicklungen, die von den Reformen des II. Vatikanischen Konzils bis zu den immer wieder neu entstehenden Basisgruppen« zuordnet. Die Studie Zulehners verdeutlicht die Untauglichkeit dieses Ansatzes zur Untersuchung der Veränderung des gesellschaftlichen Ortes der Kirche, des innerkirchlichen Wandels als auch des Zusammenhangs beider.

[123] Vgl. weiter unten 99–118.

schaftlichen Differenzierung begreifen, um die theologischen Fragen innerkirchlichen Wandels in den Blick zu bekommen. Denn – das zeigt die Diskussion des Säkularisierungsbegriffes sehr deutlich – der Rückzug und die Fixierung auf die Orthodoxiefrage und die Ablehnung kirchlichen Wandels haben die Funktion der Entlastung vor dem Anspruch der Universalität der Botschaft Jesu, deren Tradentin und Zeugin Kirche unter den konkreten Bedingungen konkreter Menschen zu sein hat. Das Bewußtsein einer eindeutigen und stringenten Identität dieser »Orthodoxie« wird durch die Fremddeutung der säkularisiert verstandenen Gesellschaft gestützt und ermöglicht. Sie entwickelt daher alles andere als neue Plausibilitätsstrukturen christlicher Lebens- und Gesellschaftsorientierung.

Die Fixierungen auf den Gegenstand Religion oder auf das Objekt Kirche, deren Definitionskriterien und Funktionsbeschreibungen zudem in vergangenen gesellschaftlichen Situationen gewonnen und verallgemeinert wurden, verengen den Blick auf Säkularisierungsphänomene und Integrationsfunktionen und können die Frage nach der Notwendigkeit und Legitimität bzw. Illegitimität innerkirchlichen Wandels nicht angemessen stellen.

Das Verhältnis des vergesellschafteten Individuums zur Institution Kirche und die gesellschaftliche Funktion der Kirche – als Probleme, die den Interpretamenten Säkularisierung und Integration zugrundeliegen – sind Produkt gesamtgesellschaftlicher Entwicklung und in diesem Kontext angemessener zu interpretieren als in dem bisher – als problematisch – aufgezeigten Blickwinkel von Säkularisierung und Integration.

2. GESELLSCHAFTLICHE DIFFERENZIERUNG UND KOHÄSION

Entfaltung und Präzisierung der Fragestellung in Auseinandersetzung mit klassischen Gesellschaftstheorien

Die kritische Würdigung des Deutungsversuches »Säkularisierung« als Verlust der Funktionszuweisung »Integration« für die Religion in der Entwicklung der Gesellschaft verweist auf Aspekte und Zusammenhänge, deren Bedeutung systematischer aufgearbeitet werden muß, um einen erweiterten Bezugsrahmen zu erhalten. Die Problematisierung des historischen Prozesses als »gesellschaftliche Differenzierung« und die Thematisierung der Frage der »Kohäsion« dieser differenzierten und komplexen Gesellschaft soll Kriterien ermöglichen für eine erneute Diskussion neuerer, diese Komplexität berücksichtigender Thesen über die »Emigration der Kirche aus der Gesellschaft«[1]. Darüber hinaus – und das ist das zentrale Anliegen – dient diese Sicht des historischen Entwicklungsprozesses der Gesellschaft dem Versuch, die Faktizität, die Notwendigkeit und die Legitimität kirchlichen und theologischen Wandels, besonders bezüglich des Verhältnisses von Kirche und Welt, angemessener erfassen zu können.

2.1 Die Komplexität der gegenwärtigen Gesellschaft als Ausgangspunkt der Problemformulierung

Bevor man versucht, die Entwicklung, die zum gegenwärtigen Zustand unserer gesellschaftlichen Wirklichkeit geführt hat, zu analysieren, sollte man sich vergewissern, was denn die zentralen Merkmale dieser Gesellschaft sind. Nach R. König hat sich »das Merkmal der Komplexheit« als das wichtigste herausgestellt, »wenn man die modernen Industriegesellschaften gegenüber allen früheren Gesellschaften abheben will«[2]. Es ist nahezu ein Gemeinplatz geworden, daß wir in einer hoch differenzierten, komplexen, unüberschaubaren, pluralistischen etc. Gesellschaft leben. Auch die neuere soziologische Theoriediskussion hat sich nach längerer Abstinenz von gesamtgesellschaftlichen Theorien dieser Problematik wieder zugewandt, worauf im deutschen Sprachbereich die Diskus-

---

[1] Vgl. weiter unten 98–118.
[2] König, R., Artikel: Komplexe Gesellschaften, in: Fischer Lexikon Soziologie, Frankfurt 1967, 155.

sion zwischen J. Habermas und N. Luhmann[3] am deutlichsten hinweist. Diese gilt u. a. auch dem Bemühen, ein Wissenschaftsverständnis zu entwickeln, das die Komplexität der Gesellschaft und die Ambivalenz der gesellschaftlichen Entwicklung theoretisch zu erfassen und zu analysieren vermag. Man könnte nun an dieser Diskussion ansetzen, um eine gesellschaftliche Analyse zu versuchen. Das aber ist aus mehreren Gründen für unsere Fragestellung weniger günstig. Einmal setzen diese Theoriediskussionen gesellschaftliche Komplexität mehr voraus, als daß sie deren Entwicklung explizit analysieren. Andererseits ist der damit notwendigerweise verbundene hohe Formalisierungs- und Abstraktionsgrad einer Darstellung unseres Problemformulierungsversuches eher hinderlich, so daß es geraten erscheint, zu dieser gesellschaftstheoretischen Diskussion hinzuführen und den Verlauf der gesellschaftlichen Entwicklung expliziter zu thematisieren.

Der theoretische Ansatz der folgenden Darstellung ist dadurch gekennzeichnet, daß die historische Entwicklung der gegenwärtigen Industriegesellschaft zentral als gesellschaftlicher Differenzierungsprozeß begriffen wird[4]. In diesem Prozeß wird dann nach der Kohäsion der sich differenzierenden Gesellschaften gefragt.

Hermeneutischer Ausgangspunkt sind also nicht Säkularisate, die nur in bezug auf eine wie auch immer beschriebene religiöse oder kirchliche Vergangenheit oder ein religiöses »Goldenes Zeitalter«[5] identifiziert und beschrieben werden können, sondern die in mehreren soziologischen Theorien versuchten und ohne direkten religiösen Bezug formulierten zentralen Aspekte des gegenwärtigen gesellschaftlichen Entwicklungsstandes.

In einem ersten Annäherungsversuch, der in der weiteren Diskussion konkretisiert und präzisiert werden muß, ist unsere Gesell-

---

[3] Vgl. Habermas, J./Luhmann, N., Theorie der Gesellschaft oder Sozialtechnologie, Frankfurt 1971.

[4] Vgl. Kaufmann, F. X., Theologie in soziologischer Sicht, 72; Kaufmann geht aus von dem »zentralen gesellschaftlichen Prozeß zunehmender Arbeitsteilung, zunehmender Interdependenz immer größerer Lebensräume, zunehmender Spezialisierung, Komplexität und Unüberschaubarkeit der für das Individuum tatsächlich relevanten Lebensbezüge . . . Dieser Prozeß sei als ›gesellschaftliche Differenzierung‹ bezeichnet« (ebd.). Vgl. auch ders., Sicherheit als soziologisches und sozialpolitisches Problem. Untersuchungen zu einer Wertidee hochdifferenzierter Gesellschaften, Stuttgart 1970, 192 ff und 234 ff. Darüber hinaus verdanke ich erste wichtige Hinweise und Orientierungen für diese Arbeit und besonders für das Kapitel »Gesellschaftliche Differenzierung und Kohäsion« einer Vorlesung über »Gesellschaftliche Differenzierung«, die F. X. Kaufmann im Sommersemester 1969 an der Universität Münster gehalten hat.

[5] Berger, P. L., Kirche ohne Auftrag, Stuttgart 1962, 113.

schaft dadurch gekennzeichnet, daß sich in ihr eine Vielzahl relativ autonomer Teilsysteme gebildet hat, die wir etwa durch Begriffe wie Wirtschaft, Staat, Politik, Kirche, Familie etc. kennzeichnen. Diese Teilsysteme zeigen wiederum eine vielfältige Differenzierung in Handlungszusammenhänge, die wir etwa unter dem Begriff Sozialsystem zu fassen versuchen.

Das einzelne Individuum ist sowohl Mitglied verschiedener Teilsysteme als auch von Gruppen innerhalb dieser Teilsysteme, so daß es problematisch wird, von einer Gruppe als einer Summe von Menschen zu sprechen. Diesem Tatbestand versucht der Systembegriff gerecht zu werden mit seinen Korrelaten Position, Status und Rolle[6]. Die Vielfalt der relativ autonomen Teilsysteme steht zudem untereinander in vielfältigen Interaktionen, die primär nicht auf Personen bezogen sind, sondern auf die Beziehungen zwischen den sozialen Systemen selbst. Luhmann verdeutlicht das theoretische Problem, das sich aus dieser Tatsache ergibt, in seiner Absetzung von der »alteuropäischen Theorie«. In dieser »war vorgegeben, daß der lebende Einzelmensch als Individuum Teil der politischen Gesellschaft sei, daß diese also aus Menschen bestehe – und nicht etwa aus Handlungen, Interaktionen, Rollen, selektiven Sinnstruk-

[6] Wie sich im weiteren Verlauf der vorliegenden Arbeit deutlicher zeigen wird, können Spencer, Durkheim und Simmel als Vorläufer einer Theorie der gesellschaftlichen Differenzierung im weiteren Sinne verstanden werden. Angesichts der Frage, ob man Gesellschaft von den einzelnen Individuen und ihren Handlungen her erklären kann oder ob man sie als übergreifende Einheit verstehen muß, tendieren sie zum letztgenannten Ansatz. Simmel würde diese Alternative zwar ablehnen, er entscheidet sich aber aus methodischen Gründen letztlich doch dafür, bei Gesellschaft anzusetzen, um jenseits individuell verantwortbarer Leistungen sachliche Tendenzen der Gesellschaft objektiv darstellen zu können.
T. Parsons, der als Begründer der strukturell-funktionalen Systemtheorie gilt, unterscheidet Personalsystem, kulturelles System und Sozialsystem. »Das Sozialsystem zeigt Muster von Beziehungen an, durch die Personen miteinander verbunden sind. Hier hat jeder eine soziale Position, das heißt einen Status – dies ist der Ort, den er im sozialen Gefüge einnimmt –, und demgemäß hat er eine Rolle zu spielen«; Schulz, W., Philosophie in der veränderten Welt, Pfullingen 1972, 181; vgl. zum Ganzen aaO. 179–185. Die Problematik des systemtheoretischen Ansatzes und auch die einer differenzierten Gesellschaft wird bei Parsons schon deutlich, nämlich, daß die personale Sphäre nicht vom einzelnen Individuum, sondern funktional vom Ganzen her interpretiert wird: »Allerdings zeichnet sich die Struktur von sozialen Handlungssystemen dadurch aus, daß in den meisten Beziehungen der Handelnde nicht als individuelle Ganzheit beteiligt ist, sondern lediglich mit einem bestimmten differenzierten ›Ausschnitt‹ seines gesamten Handelns. Ein derartiger Ausschnitt, der die Grundeinheit eines Systems sozialer Beziehungen darstellt, wird heute überwiegend als ›Rolle‹ bezeichnet. Die obige Aussage muß daher folgendermaßen umformuliert werden:

turen oder ähnlichem«[7]. Dies ist eine von mehreren, hier nicht weiter diskutierten, theoretischen Konsequenzen der Erfahrung des Individuums, das in einer vielfältigen Interaktion und Kommunikation mit verschiedenen Handlungssystemen steht und für das die Vermittlung zwischen diesen Handlungssystemen nicht mehr unmittelbar vollziehbar ist. Damit werden die Lebensverhältnisse kompliziert.

Eine komplexe Gesellschaft als unser Ausgangspunkt ist also eine Gesellschaft, die zunächst eine relativ große Zahl von Menschen umfaßt, sodann aber ein sehr dichtes Beziehungsgeflecht zwischen diesen Menschen aufweist, und zwar in der Regel nicht unter dem Aspekt ihrer Individualität, sondern unter dem ihres Bezogenseins und ihrer Position in der Vielfalt der sozialen Teilsysteme[8]. Die soziologische Theorie hat sich seit etwa 1920 explizit auf Strukturen und Interaktionen innerhalb der Gruppe bzw. des Systems beschränkt. Sofern von Differenzierung die Rede war, bezog diese sich auf Schichtungs- und Herrschaftsphänomene, auf interne Differenzierung. Es blieb immer eine Ganzheit vorausgesetzt, innerhalb derer sich zwar Differenzierungsphänomene ergaben. Die Frage aber, welche qualitativen Veränderungen dieser vorausgesetzte Bezugspunkt, dieses Ganze durchmacht, wenn es ein gewisses Maß an Differenzierung überschritten hat, wurde nicht zum expliziten Thema der Theoriediskussion[9], bis etwa gegen Anfang 1960 die Diskussion um den Strukturfunktionalismus dieses Defizit aufzuholen begann. Mit dessen Umkehrung bei Luhmann zu einer funktional-strukturellen Systemtheorie wurde beansprucht, die Systembildung selbst thematisieren zu können, »Strukturen

die soziale Struktur ist ein System von Beziehungsmustern zwischen Handelnden in ihrer Eigenschaft als Rollenträger«; Parsons, T., Systematische Theorie in der Soziologie, in: ders., Beiträge zur soziologischen Theorie, hg. von Rüschemeyer, D., Neuwied 1964, 31.
Die Kritik an Parsons richtet sich vor allem auf seine Bestimmung des systemkonformen sozialen Verhaltens, für das der Gesichtspunkt der Funktionserhaltung des Systems das letzte Kriterium darstellt; vgl. Schulz, W., aaO.; Dahrendorf, R., Gleichgewicht und Prozeß: Wider das statische Vorurteil in der soziologischen Theorie, in: ders., Pfade aus Utopia, München 1967, 212 ff; Luhmann, N., Zweckbegriff und Systemrationalität, Tübingen 1968.
[7] Luhmann, N., Komplexität und Demokratie, in: Politische Vierteljahresschrift 10 (1969), 314–325; 315.
[8] Vgl. Willms, B., Funktion, Rolle, Institution. Zur politischen Kritik soziologischer Kategorien, Düsseldorf 1971, 24; vgl. Kaufmann, F. X., Manuskript der Vorlesung »Gesellschaftliche Differenzierung«, 3 f.
[9] Vgl. Tjaden, K. H., Soziales System und Sozialer Wandel, Stuttgart 1972, 269–272.

schlechthin zu problematisieren und nach dem Sinn von Struktur-
bildung, ja nach dem Sinn von Systembildung überhaupt zu
fragen«[10].

In letzter Zeit wird häufiger auf frühe Soziologen des 19. Jahrhunderts verwiesen, besonders auf Spencer, Durkheim und Simmel
und deren Versuche, gesamtgesellschaftliche Theorien zu entwik-
keln[11]. Diese waren sich des qualitativen Umschlags, der die gesellschaftliche Entwicklung der Neuzeit hervorbrachte, durchaus bewußt und versuchten, sie mit vergleichenden Begriffen zu fassen,
von denen die Unterscheidung von F. Tönnies zwischen Gemeinschaft und Gesellschaft wohl die bekannteste ist[12]. Von Wichtigkeit, gerade auch für unsere Fragestellung, sind eher die Unterscheidungen E. Durkheims zwischen mechanischer und organischer Solidarität, wobei die mechanische Solidarität das Kohäsionsprinzip elementarer und die organische das differenzierter und
komplexer Gesellschaften sein soll. Die Entwicklungstheorie
H. Spencers unterscheidet zwischen Kohäsion durch hierarchische
Zwangsorganisationen in kriegerischen Gesellschaften und industriellen Gesellschaften, deren Kohäsion aus der Komplexität der
Bedürfnisse und der Arbeitsteilung erwächst. Bei G. Simmel wird
die Individualität und Subjektivität problematisiert und ihre Freisetzung im gesellschaftlichen Differenzierungsprozeß zu erklären
versucht.

Bevor diese Versuche dargestellt werden können, soll kurz in einer
methodischen Vorbemerkung auf die Voraussetzungen und
Grenzen derartiger Erklärungsversuche hingewiesen werden, um
auch ihre Funktion im Verlauf dieser Arbeit angemessener beurtei-
len zu können.

2.2 *Methodische Vorbemerkungen über das Verhältnis von Statik und Dynamik in der älteren Soziologie*

Die geschichts- und sozialphilosophischen Versuche einer Darstellung der Menschheitsentwicklung, wie sie im 18. Jahrhundert vor
allem in der französischen Aufklärung und in der schottischen
Moralphilosophie[13] entwickelt wurden, werden mit der Entstehung

[10] Luhmann, N., Soziologische Aufklärung. Aufsätze zur Theorie sozialer
Systeme, Köln/Opladen 1970, 114.
[11] Vgl. Kaufmann, F. X., Theologie in soziologischer Sicht, 6.
[12] Vgl. Tönnies, F., Gemeinschaft und Gesellschaft, 1887; auf diese Unterscheidung wurde in der katholischen Soziallehre verschiedentlich zurückge-
griffen. Vgl. Höffner, J., Christliche Gesellschaftslehre, Kevelaer 1962,
34–38.
[13] Vgl. Habermas, J., Theorie und Praxis, Neuwied/Berlin [4]1971, 80–84.

der Soziologie als eigenständiger Wissenschaft dieses spezifischen Gehaltes weitgehend beraubt und verkürzt. Als positive Wissenschaft möchte sie sich der Urteile über Vergesellschaftungsfaktoren enthalten, die den Umkreis der Erfahrung überschreiten. Der Entwicklung der Soziologie als »physique sociale« bei Comte entsprechen methodische Vorentscheide, die lange weiterwirkten. Von daher wird verständlich, daß »in der positiven Soziologie des 19. Jahrhunderts . . . die Unterscheidung zweier Forschungszweige üblich [ist], die in Anlehnung an die Naturwissenschaften als Statik und Dynamik bezeichnet werden. Mit dieser Zweiteilung macht die ältere Gesellschaftslehre die Aspekte der Gleichförmigkeit und der Veränderlichkeit ihres Gegenstandes zu Ansatzpunkten ihres Zugangs zu diesem Gegenstand selbst«[14].

Mit dieser Methodendichotomie wird versucht, die sowohl gleichförmigen wie auch veränderlichen Züge, die die gesellschaftliche Wirklichkeit aufweist, theoretisch zu erfassen.

»Soziale Statik will einen Zustand des Geschichtsprozesses beschreiben, der durch ein Gleichgewicht von Kräften oder die Konstanz von Bewegungen gekennzeichnet sein soll und der so gleichförmige und quasi-naturhafte Erscheinungen repräsentiert«[15]. Die soziale Dynamik stellt dann »solche verselbständigten Verhältnisse als nach Herkunft und Fortgang notwendige dar«[16]. Die dynamischen Interpretationen ziehen die Geschichte dieser Verhältnisse als Zwangsverlauf mit in die Betrachtung ein. Entwicklungen und Fortschritte tragen den Charakter eines gesetzmäßigen Verlaufs, der besonders bei Spencer als universelles Prinzip erscheint. Bei Durkheim, der diesen Evolutionismus überwinden will, verbleiben Elemente, die eine Denkweise begründen, »die später einmal als komparative Statik bezeichnet wird«[17].

Diese komparativ-statische Betrachtungsweise, die mit der Frage nach der Unterscheidung von weniger und höher differenzierten Gesellschaften beginnt, kann – mangels besserer Methoden und trotz aller Vorbehalte – unsere Fragestellung weiterführen. Sie

---

[14] Tjaden, K. H., aaO. 1; vgl. auch Jonas, F., Geschichte der Soziologie, Bd. 2, Reinbek 1968, 98 ff.

[15] Tjaden, K. H., aaO. 5.

[16] Ebd.

[17] AaO. 22; daß diese methodische Frage noch keineswegs geklärt ist, zeigen die oft beziehungslos aufeinanderfolgenden Abhandlungen über Soziales System und Sozialer Wandel in soziologischen Lehrbüchern. In anderer Form wird das Problem weiterverhandelt in neueren Theorien des Sozialen Wandels oder auch in den Diskussionen über das Verhältnis von Theorie und Praxis.

erlaubt auch schon bei dieser Darstellung z. B. implizite Hinweise auf das Verhaftetsein kirchlicher Vorstellungen und Strukturen in weniger differenzierten Gesellschaftsformen. Bei der – in dieser Terminologie also dynamischen – Betrachtungsweise, die nach gesellschaftlicher Differenzierung, gesellschaftlicher Entwicklung und sozialem Wandel, also dem Übergang von weniger zu höher differenzierten Gesellschaften fragt, betrachten wir die Gesetzesaussagen der darzustellenden Theorien nicht als solche, sondern als Problemformulierungen. Die Absicht dieser Arbeit kann nicht sein, eine konsistente Theorie gesellschaftlicher Differenzierung zu entwickeln, die es (noch) nicht gibt, sie versucht vielmehr auf zentrale Probleme hinzuweisen, an denen Theologie, Religionssoziologie und Sozialethik nicht vorbeigehen können, wenn sie Ort und Funktion der Kirche in einer hochdifferenzierten Gesellschaft reflektieren wollen. Dies erscheint möglich, wenn man die gesellschaftliche Entwicklung der Neuzeit in einem ihrer zentralen Aspekte als gesellschaftlichen Differenzierungsprozeß begreift und unter diesem Gesichtspunkt Klassiker der Soziologie befragt.

2.3 Erste und vorläufige Abgrenzung des Phänomens gesellschaftlicher Differenzierung

Nachdem also skizzenhaft auf die gegebene gesellschaftliche Wirklichkeit als eine komplexe hingewiesen wurde und methodische Vorbemerkungen Grenzen und Vorbedingungen der Darstellung zu zeigen versuchten, soll der bisher undefinierte Begriff »gesellschaftliche Differenzierung« näher bestimmt bzw. eingegrenzt werden. Das Verhältnis der Kategorie »gesellschaftliche Differenzierung« zu denen der »gesellschaftlichen Entwicklung« oder des »sozialen Wandels« kann erst im Verlauf der Arbeit näher ausgearbeitet werden, ebenso wie eine präzisere Charakterisierung von gesellschaftlicher Differenzierung selbst. Aber um den Untersuchungsgegenstand bzw. die Gesichtspunkte, unter denen der Gegenstand Gesellschaft historisch analysiert werden soll, traditionell gesagt also das Formalobjekt, identifizieren zu können, müssen einige vorläufige Kriterien angegeben werden, die dies ermöglichen. Denn eine Durchsicht soziologischer Literatur zeigt, daß »gesellschaftliche Differenzierung« kein expliziter, sondern ein mehr impliziter Begriff der soziologischen Theoriediskussion ist. Wo er gebraucht wird, ist er kaum von sozialer Differenzierung unterschieden. Beide Verwendungen beziehen sich fast ausschließlich auf sozialen Wandel innerhalb eines sozialen Systems und nicht auf den Wandel des Systems selbst, der als sozialer Wandel im strengen Sinn zu bezeichnen wäre[18].

Differenz meint im üblichen Sprachgebrauch Unterschied. Unterschiede implizieren aber einen gemeinsamen Bezugspunkt bzw. eine vorausgesetzte Gleichartigkeit, die es ermöglicht, Unterschiede überhaupt feststellen zu können.

Differenzierung meint dann die Herausgestaltung ungleichartiger Einheiten aus ursprünglichen Gleichartigkeiten.

R. Dahrendorf hat in seinem Aufsatz »Über den Ursprung der Ungleichheit unter den Menschen« Ungleichheiten zu klassifizieren versucht[19]. In kritischer Auseinandersetzung mit seinen Kriterien soll der Begriff »gesellschaftliche Differenzierung« präzisiert werden.

a) Dahrendorf unterscheidet zwischen natürlichen und sozialen Unterschieden. Diese unterteilt er in verschiedenartige und verschiedenwertige. Als Beispiele verschiedenartiger natürlicher Unterschiede nennt er Aussehen, Charakter, Interessen. Wenn er davon verschiedenwertige natürliche Unterschiede absetzt (z. B. Intelligenz, Talente, Kräfte), setzt er voraus, daß verschiedenartige Unterschiede gleichwertig sind. Das ist aber eine Frage kultureller Definition (z. B. ob Schönheit und Häßlichkeit in unserer Gesellschaft ein gleichwertiger und nur verschiedenartiger natürlicher Unterschied ist, erscheint zweifelhaft). Natürliche Unterschiede werden zudem soziologisch nur interessant, insofern sie sozial relevant, also von Verhaltensmustern und Erwartungen her definiert werden. Wenn man die Unterscheidung beibehalten will, sollte man von individuellen Unterschieden sprechen und darunter kulturell definierte persönliche Merkmale der Person verstehen.

b) Bei sozialen Unterschieden definiert er verschiedenartige, aber gleichwertige als »soziale Differenzierung« und verschiedenwertige als »soziale Schichtung«. Soziale Unterschiede sind bei Dahrendorf Klassifikationen nach Gesichtspunkten der Sozialstruktur des gesellschaftlichen Komplexes, aber stets auf Personen bezogen. Die Unterscheidungen bewegen sich also innerhalb eines Systems und

---

[18] Vgl. König, R., Artikel: Sozialer Wandel, in: Fischer Lexikon Soziologie, 291.

[19] Vgl. Dahrendorf, R., Über den Ursprung der Ungleichheit unter den Menschen, in: ders., Pfade aus Utopia, 352–379; bes. 355–356. Die Unterscheidung von sozialer und gesellschaftlicher Differenzierung, die im Folgenden durchgeführt wird in Auseinandersetzung mit der Dahrendorfschen Klassifizierung, orientiert sich an einer Mitschrift der Vorlesung von F. X. Kaufmann über »Gesellschaftliche Differenzierung«, die er im SS 1969 an der Universität Münster gehalten hat.

beziehen sich auf Rollen, Positionen und Statusgefüge, nicht auf die Sozialstruktur selbst.

»Soziale Differenzierung« bedeutet nach Dahrendorf verschiedenartige, aber gleichwertige soziale Unterschiede, also die Differenzierung prinzipiell gleichwertiger Positionen und Rollen innerhalb eines Systems. Die Diskussion um den Positions-, Status- und Rollenbegriff hat die Relativität solcher einzelnen Unterscheidungen zwischen verschiedenartig und verschiedenwertig gezeigt. Sie setzt eine Präferenzordnung voraus, die einen intersubjektiven gesellschaftlichen Konsens der untersuchten Gesellschaft oder eine vorgängige kulturelle Definition berücksichtigen muß, um nicht rein subjektive Wertung zu sein. »Soziale Differenzierung« betrifft bei Dahrendorf also Unterschiede, die die Differenzierung der Zuteilung von Personen zu sozialen Strukturmerkmalen beinhalten, und zwar nur dort, wo das herrschende Bewußtsein keine eindeutig definierte Verschiedenwertigkeit der Verschiedenartigkeit feststellt. Wo letzteres der Fall ist, spricht er von sozialer Schichtung.

c) »Gesellschaftliche Differenzierung« fragt nicht wie soziale Differenzierung nach den Beziehungen von Individuen zu sozialen Strukturen, sondern nach der Sozialstruktur selbst, eben nach der Differenzierung der sozialen Struktur. Die Unterscheidung von R. König zwischen mikrosozialen und makrosozialen Differenzierungen[20] trifft wohl weitgehend die zwischen sozialer und gesellschaftlicher Differenzierung, würde aber dem Interesse unserer Arbeit weniger dienlich sein, wie es in den methodischen Vorüberlegungen oben dargelegt wurde.

Wir fragen also unter dem Gesichtspunkt gesellschaftlicher Differenzierung in einem makrosoziologischen Ansatz danach, was sich in Gesellschaften ändert, die sich differenzieren. Kann man inhaltlich und in bezug auf die Sozialstruktur bei elementaren und entwickelten Gesellschaften in gleichem Sinn von Gesellschaft reden? Auch bei »gesellschaftlicher Differenzierung« ist es möglich – wenn man die Relativität solcher Unterscheidungen berücksichtigt –, zwischen verschiedenartiger und verschiedenwertiger Differenzierung zu unterscheiden. Diese Relativierung wird eher berücksichtigt, wenn man horizontale und vertikale Differenzierung auseinanderzuhalten versucht.

Horizontale gesellschaftliche Differenzierung bezieht sich dann auf gesellschaftliche Arbeitsteilung, als »die funktionale Spezifizierung von Handlungszusammenhängen«, und vertikale gesellschaftliche

---

[20] Vgl. König, R., Artikel: Komplexe Gesellschaften, 158.

Differenzierung auf Hierarchiebildung und Institutionalisierung von Herrschaft.

Diese Kriterien sollen vorerst genügen, um den Gesichtspunkt unserer Untersuchung näher zu bestimmen. Die Beschäftigung mit den schon erwähnten Klassikern der Soziologie, Spencer, Durkheim und Simmel, soll dann dazu verhelfen, den Begriff genauer zu fassen und inhaltlich zu füllen.

2.4 Gesellschaftliche Differenzierung und Kohäsion in der biologisch-evolutionistischen Organismuslehre von H. Spencer

Was uns an Spencers umfangreichem und vielschichtigem Werk interessiert, sollte durch die verschiedenen Vorbemerkungen deutlich geworden sein; auch braucht man mittlerweile wohl kaum noch eine Beschäftigung mit seiner Soziologie zu rechtfertigen. Parsons hatte Spencer für tot erklärt[21], aber in bezug auf dessen Konzeption meint H. P. Dreitzel, daß Spencer auch in der Theorie Parsons »doch nicht ganz so tot« sei[22], und Jürgen Ritsert zieht daraus die Konsequenz, daß Spencer zu lesen fruchtbar sei, »ohne daß man gleich eine Wiederauferstehung propagieren müßte«[23]. Wir wollen untersuchen, wie bei ihm gesellschaftliche Differenzierung und Kohäsion gesehen und wie ihr Verhältnis zueinander bestimmt wird.

Um das angemessen angehen zu können, soll skizzenhaft sein allgemeiner Ansatz aufgezeigt werden, da unsere Fragestellung nur von daher verdeutlicht und verständlich gemacht werden kann.

2.4.1 Organismuskonzeption

Eine historische Darstellung des Organismusgedankens bis zu Spencer und dessen Verhältnis zu Vertrags- und Utilitarismuskonzeptionen in der älteren Soziologie kann hier nicht geleistet werden[24]. Auch kann nur hingewiesen werden auf sehr unterschiedliche Organismusbegriffe in der deutschen und englisch-französischen Soziologie, die von verschiedenen vorausgehenden philosophischen Traditionen geprägt sind.

»Der Unterschied zwischen dem cartesianischen und dem kanti-

[21] Vgl. Parsons, T., The Structure of Social Action, Glencoe ³1961, 3.
[22] Vgl. Dreitzel, H. P., Problemgeschichtliche Einleitung, in: ders. (Hg.), Sozialer Wandel, 80.
[23] Ritsert, J., Organismusanalogie und politische Ökonomie. Zum Gesellschaftsbegriff bei Herbert Spencer, in: Soziale Welt 17 (1966), 55–65; 65.
[24] Vgl. Ambros, D., Über Wesen und Formen organischer Gesellschaftsauffassung, in: Soziale Welt 14 (1963), 14–32; Jonas, F., Bd. 2, aaO. 76–89.

schen Organismusbegriff hat sich auch in der Soziologie fortgesetzt. Deshalb erscheint bei manchen französischen und englischen Soziologen, voran bei Comte und Spencer, der Organismusgedanke oft mit mechanischen Vorstellungen durchsetzt, für welche die Begriffe der Statik, der Dynamik und des Gleichgewichts der Kräfte paradigmatisch sind . . . Demgegenüber ist in der deutschen Soziologie, bei Schäffle oder Spann, der Organismusgedanke, gemäß seiner idealistisch-romantischen Herkunft mit dem Begriff des Geistigen verquickt und darf nicht mit seinem naturalistischen Pendant verwechselt werden«[25].

Ambros unterscheidet in der soziologischen Darstellung des Organismusgedankens den begrifflich abstrakten (Tönnies, Spann) und den biologisch vergleichenden (Schäffle, O. v. Giercke) von dem biologisch-evolutionistischen Organismusbegriff Herbert Spencers[26]. H. Spencer gilt als der erste Systematiker der organischen Theorie. »Nachdem die große klassische Tradition – die die wechselseitige Abhängigkeit der Menschen aus den Institutionen und Werten der bürgerlichen Gesellschaft zu erklären versucht hatte, zu einem utilitaristischen Atomismus degeneriert war, greift Spencer auf die Biologie zurück, um gegenüber dem Atomismus die funktionale Einheit der Gesellschaft zu betonen«[27]. Die innere Verwandtschaft zwischen organischer und sozialer Welt liegt bei ihm aber nicht primär in einer äußeren Vergleichbarkeit begründet, »vielmehr gelten ihm die organische und die soziale Welt als verschiedene Stufen einer allgemeinen naturgesetzlichen Entwicklung, in der die nächsthöhere Stufe jeweils eine weitere Entfaltung des zunächst mechanischen, dann organischen, dann überorganischen-sozialen Aggregats bedeutet«[28].

Das universale Entwicklungsgesetz wird auf die Gesellschaft übertragen und gilt auch für deren Evolution.

Eine rationale Interpretation der gesellschaftlichen Entwicklung geht dann davon aus, daß »eine Gesellschaft als Ganzes, getrennt von ihren lebenden Einheiten, Erscheinungen des Wachstums, der Struktur und Funktion analog zu denen des Wachstums, der Struktur und Funktion bei einem Tier [bietet]. Diese . . . Eigentümlichkeiten sind notwendige Schlüssel für jene Zusammenhänge«[29].

[25] Ambros, D., aaO. 19.
[26] Vgl. aaO. 20.
[27] Jonas, F., Bd. 2, aaO. 89.
[28] Ambros, D., aaO. 25.
[29] Spencer, H., zit. nach von Wiese, L., Herbert Spencers Einleitung in das Studium der Soziologie, Köln 1950, 26.

Der Grundgedanke der »biologisch-evolutionistischen Organologie« ist also darin zu sehen, daß die Ähnlichkeit zwischen den natürlichen Organismen und den sozialen Ganzheiten dadurch gegeben ist, daß beide dem gleichen Entwicklungsgesetz unterliegen, dessen »Kurzform umschrieben werden kann als eine fortschreitende Differenzierung und Integrierung aller Einheiten, als ein unumkehrbarer Weg vom Aggregat zum System«[30] oder als »die Entwicklung von unzusammenhängender Gleichartigkeit zu zusammenhängender Ungleichartigkeit«[31]. Die auf der Biologie aufbauende Soziologie »habe die Aufgabe, die Entwicklung der Aggregation (Vergesellschaftung) wiederzugeben« und dabei »den Nachweis zu erbringen, daß das Gesetz von der Entfaltung der Kraft auch die gesellschaftliche Entwicklung im Ganzen und in ihren Teilen beherrsche«[32]. Die Evolutionstheorie Spencers stellt somit den Wandel von der wenig zusammenhaltenden Form zur mehr zusammenhaltenden, den Wandel vom Homogenen und Unkonkreten zum Heterogenen und Konkreten dar. Die Entwicklung der Gesellschaft von der simple society zur Industriegesellschaft ist bei Spencer ein Prozeß der Integration, der durch die Zusammensetzung von Gruppen vor sich geht. Die zunehmende Integration der Menschheit bringt eine zunehmende Differenzierung der Strukturen und Funktionen mit sich, vor allem in Form von Funktionsspezifizierung.

E. Durkheim hat später Spencers Ansatz wegen seines Individualismus und Kontraktualismus kritisiert. Diese Kritik kann aber nur Spencers Darstellung der gegenwärtigen gesellschaftlichen Entwicklungsstufe gelten. Von dieser glaubt Spencer, sie könne nur in individualistischen Ausdrücken beschrieben werden[33]. Dieser Bruch in Spencers Argumentationsweise ist zum Anlaß genommen worden, von unterschiedlichen Soziologien bei Spencer zu reden[34]. »Spencer beschreibt zunächst ein sich selbst bildendes, aus sich heraus wachsendes, sich selbst erhaltendes System, um dann mit einem Sprung über dessen Grenzen hinwegzusetzen und bei seiner Nützlichkeit für den Einzelmenschen zu landen, weil er mit einem Male eine ganz andere Betrachtungsweise, ja Wertung anwendet, die mit der Organologie in gar keinem Zusammenhang steht«[35].

---

[30] Ambros, D., aaO. 24.
[31] Jonas, F., Bd. 2, aaO. 90.
[32] Von Wiese, L., aaO. 7–8.
[33] Vgl. Jonas, F., Bd. 2, aaO. 89.
[34] Vgl. Stark, W., Herbert Spencer's Three Sociologies, in: American Sociological Review 26 (1961), 515 ff.
[35] Ambros, D., aaO. 31.

Spencers Konzeption ist aber keine biologisch vergleichende, sondern eine biologisch-evolutionistische. Neben den Gemeinsamkeiten von Organismus und sozialen Gebilden, die die Gesetzesaussagen über die gesellschaftliche Evolution ermöglichten, stellt er auch Unterschiede zwischen organischen und überorganischen Gebilden fest. In der Gesellschaft stehen die Einzelteile nicht wie im natürlichen Organismus in unmittelbarem Kontakt, sondern sie sind relativ selbständig und beeinflussen sich nur indirekt. Der Gesellschaft fehlt auch, gegenüber einem natürlichen Organismus, ein sensorielles Zentrum. Daraus versucht Spencer abzuleiten, »daß im Organismus das Einzelne zum Wohl des Ganzen, in der Gesellschaft jedoch das Ganze zum Wohl des Einzelnen bestehe«[36]. Doch durch diesen vermeintlichen Bruch können Inkonsistenzen innerhalb der Argumentation oder die Schwierigkeit des Evolutionskonzeptes überhaupt beleuchtet werden, weil darin die hermeneutische Ausgangssituation Spencers verdeutlicht werden kann, die sich in der Darstellung der gesellschaftlichen Entwicklung widerspiegelt. »Daß . . . gerade Produkte- und Dienstleistungstausch als die entscheidenden Prinzipien erscheinen, nach denen sich die Teile des Organismus gruppieren und denen gemäß sie sich aufeinander beziehen, wird man, ohne großen Scharfsinn aufbieten zu müssen, den Erfahrungen jener liberalistischen Ökonomie zuschreiben müssen, die die Prinzipien der Arbeitsteilung und des Warenaustausches selbständiger und interessenmotivierter Privatleute als Grundformen der Organisation der zivilen Gesellschaft begreifen wollte«[37]. Diese Ausgangssituation wird von Spencer selbst gesehen, aber nicht zum Anlaß für Relativierung, sondern als konstitutiv für die Wissenschaftlichkeit der Soziologie genommen[38]. Am zentralen Beispiel der Arbeitsteilung sei das verdeutlicht: »Diese Teilung der Arbeit, welche bekanntlich zuerst von den Nationalökonomen als eine soziale Erscheinung erkannt und darauf von den Biologen als eine Erscheinung bei den lebenden Wesen, welche sie die ›physiologische Arbeitsteilung‹ nannten, nachgewiesen wurde, ist dasjenige, was die Gesellschaft wie das einzelne Tier erst zu einem lebenden Ganzen macht«[39]. Um den Bezug auf die gesellschaftliche Entwicklung noch einmal zu betonen, schreibt er: »denn nun wird offenbar, daß das Prinzip der Arbeitsteilung nicht

---

[36] AaO. 25.
[37] Ritsert, J., aaO. 57.
[38] Vgl. von Wiese, L., aaO. 7–9.
[39] Spencer, H., Die Prinzipien der Soziologie, hg. von B. Vetter, Bd. 2, Stuttgart 1887, 9.

nur auf industrielle, sondern auch auf soziale Einrichtungen im allgemeinen seine Anwendung erleidet«[40]. Die Teilung der Arbeit erscheint ihm als die »Kardinalwahrheit« der Soziologie[41].

2.4.2 Die Unterscheidung zwischen kriegerischen und industriellen Gesellschaften

Wir hatten festgehalten, daß bei Spencer die Entwicklung von der simple society zur Industriegesellschaft ein Prozeß der Integration ist, der durch die Zusammensetzung von Gruppen vor sich geht. Die zunehmende Integration bringt eine zunehmende Differenzierung der Strukturen und Funktionen mit sich. Homogene Gruppen verbinden sich zu zusammengesetzten Gesellschaftstypen. Das kann durch Bündnis oder Unterwerfung geschehen. In den homogenen Gruppen erfolgt marginale Differenzierung; d. h. marginale Differenzen zwischen Individuen machen z. B. aus dem Stärksten den Mächtigsten, den Führer, der von anderen Aufgaben befreit, dessen Herrschaft dann religiös legitimiert und mit der Erblichkeit der Herrschaftsfunktion endgültig institutionalisiert ist. Andererseits führt die Differenzierung der Leistungsfähigkeit in qualitativer und instrumentaler Hinsicht zur Funktionsspezialisierung. Die Darstellung dieser Spezialisierung[42] zeigt deutlich, wie eine allgemeine Tauschrationalität in frühere Gesellschaftsformen retrojiziert wird.

In homogenen Gruppen, in deren ursprünglicher Form »der einzige markante Funktionsunterschied . . . derjenige [ist], der sich aus dem Geschlechtsunterschied ergibt«[43], gehört das Individuum nur zu einer dieser Gruppen. Durch allmähliche Funktionsspezialisierung in den einzelnen Gruppen kommt es zur Intragruppen-Heterogenität und durch Zusammenschluß mehrerer Gruppen zu einer zusätzlichen Intergruppen-Heterogenität, deren jeweilige Spezifizierungen der Handlungszusammenhänge sich zunehmend verselbständigen. Die wachsende Bestimmtheit der Funktionen bedeutet gleichzeitig zunehmende Abgrenzung von anderen Handlungszusammenhängen (Segregation). Damit ist stark verkürzt der Weg von der Gleichartigkeit zur Verschiedenartigkeit und zur Zunahme von Heterogenität angedeutet sowie derjenige der wach-

---

[40] Spencer, H., Einleitung in das Studium der Soziologie, hg. von H. von Marquardsen, Leipzig 1896, 2. Teil, 169.
[41] AaO. 1. Teil, 89.
[42] Vgl. Spencer, H., Die Evolutionstheorie, in: Dreitzel, H. P. (Hg.), aaO. 121–132.
[43] AaO. 123–124.

senden Abnahme des Unbestimmten und der Zunahme des Bestimmten.

Aber die für unsere Arbeit wichtige Frage nach der gleichzeitigen Zunahme des gesellschaftlichen Zusammenhangs, d. h. die nach der Abnahme der Unverbundenheit einzelner Gruppen und der Zunahme ihrer Verbundenheit im Differenzierungsprozeß, die Frage nach der Kohäsion also, wird bei Spencer in einer typischen Weise angegangen und sollte etwas detaillierter dargestellt werden. Was hält größere und differenzierte Einheiten zusammen, und wodurch wird ihre Verbundenheit bedingt? Kohäsion meint also den gesellschaftlichen Zusammenhang, der durch eine besondere Form gesellschaftlicher Organisation bedingt ist.

Wie wir bei der Unterscheidung von Dynamik und Statik gesehen hatten, werden auch bei Spencer »statisch beschreibbare Gesellschaftszustände auf eine dynamisch zu klärende Gesellschaftsentwicklung mittels eines ›Gesetzes‹ bezogen«[44]. Die geschichtliche Evolution der Gesamtnatur, also auch der sozialen Gebilde, stellt sich ihm als ein durchgängiger und allumfassender Vorgang der Differenzierung und Integration dar, der sich als Herkunftsgeschichte nach Ursachen und Wirkungen in »mechanischen Ausdrücken« wiedergeben läßt[45]. Dabei ist der Einfluß Lamarcks und Darwins zu berücksichtigen; die Vorstellungen von Anpassung und Auslese stehen im Vordergrund: »die natürliche Zuchtwahl und das Überleben des Passendsten leite den Weg der Entwicklung auf Erden«[46]. Für die gesellschaftlichen Organisationsformen stellt sich dann die Frage, bis zu welchem Punkt der Entwicklung sie für den Evolutionsprozeß günstig und förderlich und von welchem Punkte ab sie der gesellschaftlichen Entwicklung hinderlich sind. Diese Voraussetzungen und die schon geschilderte unkritische Bejahung einer liberalen Gesellschaftsordnung sind wichtig für seine Einschätzung des Krieges: »Einst war er der Vernichter der Minderwertigen, der Staatengründer, der Erzeuger der Industrie und Kunstfertigkeit, der Erzieher zur Arbeit, der Schöpfer der Disziplin. Aber das gelte nicht mehr für die Gegenwart. Er beseitige nicht mehr die Schwachen, sondern gerade die Tüchtigen; er hemme die industrielle Betätigung und unterdrücke das Mitgefühl. Die körperlichen und geistigen Vorteile, die der Mensch aus der Kriegsdisziplin gewinne, würden von den körperlichen und geistigen (besonders von den geistigen) Nachteilen übertroffen, die sich

[44] Tjaden, K. H., aaO. 9.
[45] Vgl. aaO. 17.
[46] Von Wiese, L., aaO. 7.

aus ihm ergäben, wenn erst eine gewisse Stufe des Fortschritts erreicht sei«[47].

In diesem evolutionstheoretischen Kontext wird erst seine idealtypische Unterscheidung von kriegerischer und industrieller Gesellschaft verständlich. Die leitende Frage für seine diesbezüglichen Analysen ist daher folgende: wie muß eine Gesellschaft organisiert sein, die maximal geeignet ist, Kriege zu führen[48], und wie eine, die maximal individuelle Bedürfnisse befriedigen kann? Danach entwickelt er entsprechende Strukturmerkmale, untersucht bestimmte Gesellschaften auf diese Strukturmerkmale hin und klassifiziert Gesellschaften in kriegerische und industrielle[49].

Die dem kriegerischen Gesellschaftstyp entsprechende Kohäsionsform ergibt sich aus hierarchischer Zwangsorganisation, durch Zwangsveranstaltungen und mehrstufige Hierarchie. Die Kohäsion des industriellen Gesellschaftstyps basiert dagegen auf der Komplexität der Arbeitsteilung, auf Vertrag und Tausch und auf den diesen zugrundeliegenden monetären Bedürfnissen. Die dominierenden Orientierungen des kriegerischen Gesellschaftstyps sind danach folgende: Eine solche Gesellschaft ist im wesentlichen nach außen orientiert, die differenzierten Gruppen kooperieren im Hinblick auf Verteidigung gegen äußere Feinde, sie strebt wirtschaftliche Autarkie, also Unabhängigkeit von außen an; der Gewährleistung des Zusammenhangs der Gesellschaft durch Zwangsveranstaltung entspricht eine stark zentralisierte gesellschaftliche Organisation, ein Organisationsmonopol des Staates; das Prinzip der Institutionalisierung der Interaktion ist der Status, d. h. in diesem Gesellschaftstyp stehen die Mitglieder in sukzessiven Abstufungen der Unterordnung. In einer kriegerischen Gesellschaft gibt es positive und negative Normen, d. h. die zentrale Instanz schreibt nicht nur vor, was man nicht tun darf, sondern auch das, was man positiv tun soll. Auch die Territorialorganisation ist vorherrschend, die Bedeutung der Vererbung des Status wird betont, und der Starrheit des Prinzips entsprechen sozialpsychologische Widerstände gegen gesellschaftliche Veränderungen. Zusammenfassend kann man sagen, es herrscht eine Art allgemeine Dienstpflicht des Volkes, die Individuen sind in der Regel nur in eine Gruppe eingeordnet: vom

---

[47] AaO. 18–19.
[48] Vgl. Spencer, H., Die Prinzipien der Soziologie, Bd. 3, 669; »Haben wir erst untersucht, wie eine in realer Weise für den Krieg organisierte Gesellschaft beschaffen sein müßte, so sind wir auch eher im Stande, bei wirklichen Gesellschaften die Charaktere herauszufinden, welche der Krieg zu Tage gefördert hat« (ebd.).
[49] Vgl. aaO. 668–754.

Idealtyp her entspricht der kriegerische Gesellschaftstyp der vertikalen gesellschaftlichen Differenzierung, und diese ist die Basis der gesellschaftlichen Kohäsion[50].

Dagegen ist der industrielle Gesellschaftstyp im wesentlichen nach innen orientiert, der gesellschaftliche Zusammenschluß dient der Verteidigung der Individualität und des Privateigentums. Der Staat wacht als Schlichtungsinstanz über die Einhaltung diesbezüglicher Spielregeln. Die Kohäsionsprinzipien dieses freiwilligen Zusammenschlusses der Bürger sind Vertrag, Tausch, Gleichordnung der Individuen und Statuszuweisung nach Anstrengung und Leistung. Der industrielle Gesellschaftstyp kennt nur negative Regulationen, er fördert Mobilität, Bildsamkeit und Anpassungsfähigkeit der Individuen und der gesellschaftlichen Organisation; wirtschaftlicher Austausch und Freihandel sind selbstverständlich. Die industrielle Gesellschaft basiert auf der Achtung der Rechte des anderen, dem Ausschluß der Wiedervergeltung und auf einem hohen Maß von menschlichen Gefühlen. Der industrielle Typ ist nach Meinung Spencers weniger eine Folge der Industrialisierung als vielmehr der Friedfertigkeit. Vom Idealtyp her entspricht dieser Typ gesellschaftlicher Organisation der horizontalen Differenzierung, deren Kohäsion auf der Arbeitsteilung gleicher Individuen beruht[51].

Unterstellt man im Sinne des Gesetzescharakters der Evolutionstheorie einen einlinigen Fortschrittsprozeß, müßte man den kriegerischen Typus mit archaischen und den industriellen mit modernen Gesellschaftsformen identifizieren. Aber Spencer betont immer wieder, daß es industrielle Gesellschaftstypen auch auf primitiveren Entwicklungsstufen und kriegerische auf entwickelteren gegeben habe; es gebe keine Garantien dafür, daß sich der industrielle Gesellschaftstyp durchsetzt, und er betont weiter, daß die industrielle Gesellschaft jederzeit auf das hierarchisch-autoritär strukturierte Statussystem zurückfallen kann[52]. Nimmt man die offensichtliche Inkonsequenz von Realanalysen und Evolutionsgesetz ernst und betrachtet den Versuch, durch Übernahme von biologischen Gesetzen – deren schon erkenntnistheoretisch problematische Gültigkeit für sozialwissenschaftliche Analysen hier nicht diskutiert werden muß – zu erklärungsfähigen Aussagen zu kommen, als Problemformulierungen, kann man zusammenfassend festhalten: Die Frage, wie gesellschaftliche Entwicklung möglich

---

[50] Vgl. aaO. 668–680.
[51] Vgl. aaO. 710–724.
[52] Vgl. Ambros, D., aaO. 65.

ist, die gleichzeitig Differenzierung und Kohäsion und damit Stabilisierung leistet, findet bei Spencer eine erste theoretische Formulierung als zentrales soziologisches Problem, dessen Lösung nach wie vor ansteht.

Der Begriff gesellschaftliche Differenzierung kann in Fortführung der Spencerschen Entwicklungstheorie nun näher präzisiert werden als Fortschritt sozialer Einheiten zu größerem Umfang, größerem Zusammenhang, größerer Vielgestaltigkeit und Bestimmtheit[53]. »Aus einem Zustand undifferenzierter, unbestimmter gesellschaftlicher Homogenität entsteht im historischen Prozeß gesellschaftlicher Differenzierung eine Vielzahl inhaltlich bestimmter, in sich integrierter und untereinander in unterschiedlicher, jedoch überwiegend nicht hierarchischer Weise verbundener Handlungszusammenhänge, in die das Individuum nur noch partiell integriert ist, an denen es ›teil hat‹, von denen es nicht ein ›Teil ist‹. Gesellschaft kann nicht mehr als Großgruppe, sondern nur noch als Komplex sozialer Systeme bestimmt werden»[54].

Die Sicherheit Spencers, mit dem Entwicklungsgesetz gesellschaftliche Evolution erklären zu können, ist heute größerer Skepsis gewichen. Diese bezieht sich ebenso auf seinen liberalen Optimismus gegenüber der bürgerlichen Tauschgesellschaft. Beide Probleme, also die entscheidenden Ursachen der gesellschaftlichen Differenzierung und die Ambivalenz der industriellen Gesellschaft, kennzeichnen das Werk Emile Durkheims, dessen Versuche daher kurz dargestellt und diskutiert werden.

2.5 Gesellschaftliche Differenzierung und Kohäsion im soziologischen Denken E. Durkheims

Jonas beschreibt den Diskussionsstand, dem sich E. Durkheim gegenübersah: »Ein Empirismus, der nicht zur Theorie fand, und eine Theorie, die im Unbestimmten verharrte, wurden … mit einem Willen konfrontiert, der die Gesellschaft aus sich heraus neu schaffen wollte«[55]. Die Vertrags- und Organismustheorien traditioneller Herkunft konnten unter dem Eindruck außenpolitischen Machtkampfes und der sozialen Frage im Innern nicht mehr überzeugen. Der moralische Aspekt trat in den Vordergrund. »Dort das blinde Naturgesetz, hier der freie Wille des Menschen – das waren zwei Alternativen, die je für sich nicht überzeugen konnten, und

[53] Vgl. Spencer, H., Die Prinzipien der Soziologie, Bd. 2, 176–177.
[54] Kaufmann, F. X., Sicherheit, 195–196.
[55] Jonas, F., Bd. 3, aaO. 30.

zwar weder unter dem Gesichtspunkt der theoretischen Verifizierung noch der praktischen Handlung ... Die große Meisterschaft von Emile Durkheim (1858–1917) liegt nun darin, wie er diese verschiedenen Momente, die zu seiner Zeit die soziologische Theorie beherrschten ... zusammenfaßt in einer soziologischen Theorie, die zugleich rational durchsichtig, empirisch beweisbar und moralisch verpflichtend sein soll«[56]. Er ist also zugleich Theoretiker und Moralist, und diese Feststellung betrifft sowohl die Behandlung des Problems gesellschaftlicher Differenzierung und Kohäsion in seinem Frühwerk, auf das wir uns hier konzentrieren, als auch gerade den späteren theoretischen Umschlag seines Forschungsinteresses und der Bewertung der gesellschaftlichen Entwicklung, auf die wir kurz eingehen werden.

Schon in seiner in Latein abgefaßten Dissertation über Montesquieu und Rousseau[57], aber besonders in seiner Habilitationsschrift über die Arbeitsteilung[58] sowie in »Die Regeln der soziologischen Methode«[59], beschäftigt sich Durkheim mit der Fragestellung gesellschaftlicher Differenzierung und Kohäsion, wenn auch natürlich in anderer Terminologie. In seinem Werk über den Selbstmord[60] macht sich dann die negativere Bewertung der Arbeitsteilung und die fast ausschließliche Betonung der Integrationsproblematik bereits deutlich bemerkbar, die dann seine späteren Arbeiten beherrschen und die auch für seine religionssoziologischen Überlegungen von Ausschlag sind. In der ersten Arbeitsphase ist also das Problem der gesellschaftlichen Differenzierung dominierend, in der zweiten das der Integration.

In Durkheims Terminologie ist der Prototyp gesellschaftlicher Differenzierung die Arbeitsteilung. »Wenn Durkheim von Arbeitsteilung spricht, bezieht er sich nicht auf die technologischen, sondern auf die gesellschaftlichen Aspekte ... Gesellschaftliche Arbeitsteilung bedeutet gesellschaftliche Differenzierung«[61].

Für die nähere Bestimmung dieser gesellschaftlichen Arbeitsteilung

[56] Ebd.
[57] Durkheim, E., Quid Secundatus politicae scientiae instituendae contulerit, Bordeaux 1892; übersetzt von Cuvillier, A., in: Durkheim, E., Montesquieu et Rousseau précurseurs de la sociologie, Paris 1953; vgl. Kaufmann, F. X., Manuskript der Vorlesung »Gesellschaftliche Differenzierung«, 34.
[58] Durkheim, E., De la division du travail social, Paris ⁷1960.
[59] Durkheim, E., Regeln der soziologischen Methode, hg. und eingeleitet von R. König, Neuwied/Berlin ³1970.
[60] Durkheim, E., Der Selbstmord. Mit einer Einleitung von Klaus Dörner und einem Nachwort von René König, Neuwied/Berlin 1973.
[61] Israel, J., Der Begriff Entfremdung. Makrosoziologische Untersuchung von Marx bis zur Soziologie der Gegenwart, Reinbek 1972, 176.

und der daraus sich ergebenden Kohäsionsproblematik sind zwei Gedankengänge zu skizzieren: einmal die Unterscheidung verschiedener Gesellschaftstypen, die er als Typologie zunehmender Komplexität begreift, und zum anderen die Unterscheidung zwischen mechanischer und organischer Solidarität als unterschiedliche Kohäsionsprinzipien unterschiedlicher Gesellschaftstypen. Doch sind vor dieser Darstellung einige methodische Hinweise nötig.

2.5.1 Zum Soziologieverständnis und zur Methode E. Durkheims

Durkheim versteht den Vorgang der Typenbildung als klassifikatorischen Vorgang und nennt jenen Teil der Soziologie, dessen Aufgabe es ist, die sozialen Typen zu klassifizieren, soziale Morphologie. Er betont, daß es unmöglich sei, diese Typenbildung aufgrund einer vollständigen Induktion zu finden, d. h. er geht nicht davon aus, daß er zunächst die Fülle der Eigenschaften der Objekte klassifiziert, um verallgemeinerte Aussagen machen zu können; das sei nie möglich. Die eigentlich experimentelle Methode strebe gerade dahin, »an die Stelle der alltäglichen Tatsachen, die nur in großer Zahl gesammelt beweiskräftig sind und infolgedessen immer nur suspekte Schlüsse ermöglichen, die entscheidenden Tatbestände oder experimenta crucis zu setzen«[62]. Jonas findet es »sehr kennzeichnend, daß sich Durkheim an entsprechender Stelle seiner ›Regeln‹ nicht auf die modernen Experimentatoren bezieht, die mit hypothetisch durchgeführten Induktionsreihen Sachverhalte zu ergründen suchen, sondern auf Bacon und seinen noch der Alchimie verhafteten Begriff der experimenta crucis, denen die animistische Vorstellung zugrundeliegt, daß man die Natur auf die Folter spannen könne, um sie zu zwingen, ihre Wahrheit zu offenbaren«[63]. Diese Methode setzt voraus, daß man schon weiß, was die entscheidenden Tatsachen sind, die zur Typenbildung geeignet sind. Das verweist wiederum auf Durkheims Verständnis von Soziologie: »Um von Soziologie sprechen zu können, müssen zwei notwendige Voraussetzungen erfüllt sein: Erstens muß diese Wissenschaft einen spezifischen Gegenstand haben, der sich von den Gegenständen aller anderen Wissenschaften unterscheidet. Zweitens muß dieser Gegenstand in der nämlichen Weise wie die Tatbestände aller anderen Wissenschaften beobachtet und erklärt werden können«[64]. Die Soziologie als Wissenschaft könne es nur

[62] Durkheim, E., Regeln, 167.
[63] Jonas, F., Bd. 3, aaO. 40–41.
[64] Aron, R., Hauptströmungen des soziologischen Denkens, Bd. 2, Köln 1971, 58.

deshalb geben, weil das Soziale ein vom Individuellen deutlich abgrenzbar selbständiger Gegenstand sei. Gegenüber zeitgenössischen Strömungen in Nationalökonomie und Soziologie, die das Soziale aus den Bedürfnissen der Individuen erklären wollen, betont Durkheim, man würde »die Soziologie als Wissenschaft negieren, würde man behaupten, daß sich die Gesellschaft aus Individuen zusammensetze«[65]. Dagegen fordert er, »die soziologischen Tatbestände als Dinge [zu] behandeln«, und definiert: »Ein soziologischer Tatbestand ist jede mehr oder weniger festgelegte Art des Handelns, die die Fähigkeit besitzt, auf den Einzelnen einen Zwang auszuüben, oder auch die im Bereich einer gegebenen Gesellschaft allgemein auftritt, wobei sie ein von ihren individuellen Äußerungen unabhängiges Eigenleben besitzt«[66]. Die Begriffe »Zwang« und »unabhängiges Eigenleben« sowie die Feststellung, daß soziale Tatbestände allgemein, weil kollektiv sind, führt dazu, einen weiteren zentralen Begriff von Durkheims Methodenlehre aufzuzeigen, den des Kollektivbewußtseins.

2.5.2 Kollektivbewußtsein und Solidarität

Der Begriff »conscience collective« ist ambivalent – besonders im Frühwerk –, und an ihm wird sich der Umschlag der Theorie bei Durkheim vollziehen. Einmal meint »conscience collective« die gemeinsamen Glaubensvorstellungen, die durchschnittlich akzeptierten moralischen Werte, die das Handeln regulieren[67]. »Das paßt auch vollkommen zusammen mit den Feststellungen Durkheims am Anfang des ›Vorwortes‹ zur ersten Auflage des Buches über die Arbeitsteilung, er wolle . . . traiter les faits de la vie morale d'après la méthode des sciences positives; also mit wissenschaftlichen Mitteln die Fakten der sozialen Obligationen (denn das heißt, vie morale) untersuchen, als die Wirkungen der sozialen Normen auf das Handeln«[68]. Das Soziale ist bei Durkheim eine ahistorische, überindividuelle Natur: »das ist im Grunde das Wesentlichste an dem Begriff des sozialen Zwangs. Sein Inhalt erschöpft sich darin, daß die kollektiven Handlungs- und Denkweisen eine Realität außerhalb der Individuen besitzen, die sich ihnen jederzeit anpassen müssen«[69]. Von diesem schon in den »Regeln« ausgeführten

[65] Jonas, F., Bd. 3, aaO. 37.
[66] Durkheim, E., Regeln, 114.
[67] Vgl. Durkheim, E., De la division du travail social, 46. »L'ensemble des croyances et des sentiments communs à la moyenne des membres d'une même société forme un système déterminé qui a sa vie propre; on peut l'appeler la conscience collective ou commune« (ebd.).
[68] König, R., Einleitung, in: Durkheim, E., Regeln, 29.
[69] Durkheim, E., Regeln, 99.

Verständnis des Sozialen, von der Natur des »fait social« und des sozialen Zwanges her wird verständlich, wie Durkheim wissen kann, was entscheidende Tatbestände sind, deren Realität im experimentum crucis offenbar wird, und wie er zu Gesetzen mit universeller Geltung kommt und darauf aufbauend Typen klassifizieren kann[70].

Andererseits wird aber »der Begriff Kollektivbewußtsein ... benutzt, um die ›mechanische Solidarität‹ zu begründen, von der es dann aber heißt, daß in der arbeitsteiligen Gesellschaft, die gleichzeitig die vorwiegend ›kontraktuelle‹ Gesellschaft ist, die mechanische Solidarität zurückgehe und damit konsequenterweise auch das Kollektivbewußtsein, das durch eine zunehmende Individualisierung der einzelnen Bewußtseine abgelöst werde. Es liegt auf der Hand, daß beide Theorien völlig unvereinbar miteinander sind«[71]. Parsons meinte, dieses zweite Verständnis von Kollektivbewußtsein habe Durkheim »völlig aus der Bahn seines ursprünglichen Ansatzes geworfen«[72], während König versucht, den frühen Durkheim der ersten Schaffensperiode mit dem späteren der zweiten zu korrigieren: »alle jene Momente sollen beiseite geschoben werden, die aus dem zweiten Begriff des Kollektivbewußtseins stammen, der weder Durkheims zentralen theoretischen Anliegen entspricht, noch in der späteren soziologischen Theorie eine wesentliche Rolle gespielt hat«[73]. Für unsere Fragestellung ist aber zunächst die Problemstellung im Zusammenhang mit diesem zweiten Begriff des Kollektivbewußtseins interessant sowie die Spannung zwischen beiden Begriffen im Frühwerk, um dann nach den Gründen zu fragen, die ihn zur völligen Umbewertung dieses Problemzusammenhanges geführt haben.

2.5.3 Gesellschaftliche Entwicklung und zunehmende Komplexität

Es wurde bereits kurz aufzuzeigen versucht, wie Durkheim aufgrund seines Soziologieverständnisses, seiner Konzeptionen des Kollektivbewußtseins, des sozialen Zwangs und des fait social und der damit implizierten Methode, Soziales nur durch Soziales erklären zu können, glaubt, entscheidende Tatsachen identifizieren zu können, die ihm eine Typenbildung als Klassifikation nach zunehmender Komplexität ermöglichen. Die vorgefundenen komplexen

---

[70] Vgl. Jonas, F., Bd. 3, aaO. 40–41.
[71] König, R., Einleitung, 34.
[72] Parsons, T., zit. nach König, E., Einleitung, 30.
[73] AaO. 38. Dieser Satz ist bezeichnend für die Durkheimrezeption R. Königs.

Gesellschaften können seinem Verständnis des Sozialen nach »in Wirklichkeit nur verschiedene Kombinationen ein und derselben ursprünglichen Gesellschaft«[74] sein. Diese ursprüngliche Gesellschaft findet er im Anschluß an und in Auseinandersetzung mit Spencer[75] in der Horde als »sozialem Aggregat, das in seinem Inneren kein elementares Aggregat umfaßt noch auch je eines umfaßt hat und das unmittelbar in Individuen zerfällt«[76]. Sie ist gekennzeichnet durch »die vollständige Abwesenheit von Teilen«, sie besteht »nicht nur aus einem einzigen Segment«, sondern weist »auch keine Spuren früherer Segmentierung« auf[77]. Durkheim geht also von einem Zustand aus, der völlig undifferenziert ist. Gegenüber Spencer und anderen individuell ansetzenden Gesellschaftstheorien seiner Zeit betont er, daß das Individuum nie so total den sozialen Obligationen unterworfen gewesen sei wie in den einfachen Gesellschaften: »aus autonomen Individualitäten – wie man sie sich vorstellt – kann sich nichts außer Individuellem entwickeln, folglich auch keine Kooperation entstehen, die eine soziale Tatsache ist und sozialen Gesetzen unterliegt. Daher kann der Psychologe, der damit beginnt, sich auf das Ich zu beschränken, nicht hinausziehen, das Nicht-Ich zu finden. Kollektives Leben ist nicht aus individuellem Leben entstanden, sondern das individuelle Leben ist im Gegenteil aus dem kollektiven hervorgegangen«[78]. Diese problematische Position ist für Durkheims Gesellschafts- und Menschenbild zentral und bleibt es für alle Nachfahren, für die – in anderer Terminologie – als dominierender Ausgangspunkt soziologischer Theoriebildung die Aufgabe der Konstanthaltung der Gruppe oder des Systems gilt.

Durkheim bezeichnet die Urhorde als »monosegmentäre Gesellschaft«. Der nächste Typ zunehmender Komplexität ist die »einfache polysegmentäre Gesellschaft«. Sie kann eine einfache Aneinanderlagerung sein oder durch ein hierarchisches Prinzip verbunden, also horizontal oder vertikal differenziert sein. Der nächstfolgende Typ ist die »einfach zusammengesetzte polysegmentäre Gesellschaft«, dem die »zweifach zusammengesetzten polysegmentären Gesellschaften« folgen. Das Strukturprinzip Durkheims ist einfach: jeder höhere Typus entsteht durch eine Wiederholung von

[74] Durkheim, E., Regeln, 173.
[75] Vgl. aaO. 169–170.
[76] AaO. 170.
[77] Vgl. ebd.
[78] Vgl. Durkheim, E., De la division du travail social, zit. nach Israel, J., aaO. 184; vgl. Kaufmann, F. X., Manuskript der Vorlesung »Gesellschaftliche Differenzierung«, 39.

Gesellschaften des gleichen Typus, nämlich des nächst niedrigen. Man kann das als Durkheims Entwicklungsgesetz bezeichnen. Wichtig ist, daß alle dargestellten Typen eine segmentäre Organisation haben; sie bestehen aus Segmenten, nicht aus Individuen, sind gleichartig und weisen keine Verschiedenheit auf[79]. Diese Typen haben grundsätzlich universalen Charakter. Man muß dann nur noch zusätzliche äußere Variablen in Zusatzhypothesen finden, die aus einem sozialen Phänomen z. B. ein typisch französisches machen. Diese erklären sich aus der Konzeption des sozialen Milieus, dessen Hauptmerkmale »die Zahl der sozialen Einheiten oder das Volumen der Gesellschaft und der Konzentrationsgrad der Masse oder ihre dynamische Dichte« sind[80]. Damit hört in den »Regeln« die Typologie auf; er gelangt in diesem Buch nicht zu einer sozialen Morphologie der modernen arbeitsteiligen Gesellschaft; diese wird aber im Werk über die Arbeitsteilung im Kontext der Unterscheidung von mechanischer und organischer Solidarität versucht. Deren Behandlung schließt sich hier auch aus dem Grunde an, weil wir nach der Kohäsion der nicht-modernen arbeitsteiligen, also der bis jetzt dargestellten Gesellschaftsorganisationen fragen müssen.

2.5.4 Mechanische und organische Solidarität

Aus den bisher dargestellten Eigenschaften von Durkheims Verständnis vom Sozialen und der Soziologie sollte deutlich sein, daß die Arbeitsteilung für ihn eine moralische Frage ist. Durkheim glaubt die Frage nach dem moralischen Charakter der Arbeitsteilung bejahen zu können, wenn sie ein funktionales Äquivalent dessen ist, was traditionellerweise unter Moral verstanden wird, und deren Funktion ist für ihn die soziale Kohäsion. Das Prinzip des Zusammenhalts von Gesellschaft ist generell Solidarität, und diese manifestiert sich in Rechtsregeln, deren Basis die »conscience collective« ist. Der weitere Schritt der Operationalisierung geschieht durch die Feststellung, daß es nur zwei Klassen von Rechtsregeln gibt, nämlich

1. die Regeln, die repressive Sanktionen erfordern, und
2. die Regeln, die restitutive Sanktionen nach sich ziehen.

Die Konsequenz aus dieser Unterscheidung ist dann, daß die verschiedenen Gesellschaften danach unterschieden werden können, welchen Anteil die repressiven und welchen die restitutiven Rechtsregeln im Gesamt der Gesetze haben[81].

---

[79] Vgl. Durkheim, E., Regeln, 171–175.
[80] Jonas, F., Bd. 3, aaO. 41.
[81] Vgl. Durkheim, E., De la division du travail social, 27–34; vgl. Kauf-

Die allgemeinste Qualifikation der beiden Solidaritätsformen, die dieser Unterscheidung zugrundeliegt, lautet dann: mechanische Solidarität beruht auf Ähnlichkeit und organische Solidarität auf Unähnlichkeit. »Der Gegensatz zwischen beiden Solidaritätsformen verbindet sich mit dem Gegensatz zwischen den segmentären und den Gesellschaften mit moderner Arbeitsteilung. Eine Gesellschaft mit mechanischer Solidarität ist weitgehend auch eine segmentäre Gesellschaft«[82]. Daß beide Begriffe nicht völlig identisch sind, erklärt sich aus der oben aufgezeigten unterschiedlichen Konzeption der »conscience collective«.

In segmentären Gesellschaften und bei der mechanischen Solidarität dominiert das Kollektiv. Der Zusammenhalt der Gesellschaft beruht auf der Gemeinsamkeit von Vorstellungen, Gefühlen und Werten. Die Normen sind stark affektiv besetzt, da der Zusammenhalt durch sie gegeben ist. Daher ist ein emotionaler Widerstand gegen die Verletzung der Normen und daher des Zusammenhaltes gegeben. »In einer Gesellschaft, in der mechanische Solidarität vorherrscht, gibt es wenig oder gar keine sozialen Unterschiede. Die Individuen sind sich daher ähnlich. Der gleichen Gruppe angehörend, befolgen sie die gleichen Normen, haben die gleichen Wertvorstellungen und äußern die gleichen Ideen. Dieser Typ der Konformität erfordert starken gesellschaftlichen Druck, und Konformität hält ihrerseits die Gesellschaft zusammen«[83].

Im Gegensatz zu Spencer ist die Autorität hier die Gruppe, das einzelne Segment, und nicht ein einzelner als Führer. Daraus ergibt sich eine diffuse Autorität. Auch ein einzelner Führer erzwingt Autorität nur als Repräsentant der Gruppe oder genauer der conscience collective, und insofern ist der diffuse Charakter der Autorität konsequent. In den überschaubaren, nicht komplexen Segmenten ist ein Großteil der Normen differenziert, auf konkrete Situationen und Sachbereiche bezogen. Die Menschen, die unter Bedingungen mechanischer Solidarität leben, sind, ähnlich wie in Spencers kriegerischer Gesellschaft, fremdenfeindlich und auf Autarkie aus[84]. Aus der Analyse der mechanischen Solidarität leitet Durkheim ab, »daß nicht die Gesellschaft aus dem Individuum, sondern das Individuum aus der Gesellschaft geboren wird«[85].

---

mann, F. X., Manuskript der Vorlesung »Gesellschaftliche Differenzierung«, 40 f.
[82] Aron, R., aaO. 20.
[83] Israel, J., aaO. 175.
[84] Vgl. Durkheim, E., De la division du travail social, 35–78.
[85] Aron, R., aaO. 23.

Das bedeutet einmal historische Priorität, da die segmentären Gesellschaften, wo jeder allen gleicht, die historisch ersten sind. Dem folgt bei Durkheim aber auch eine logische Priorität bei der Deutung der sozialen Phänomene. »Wenn die mechanische Solidarität der organischen zeitlich voraufgegangen ist, so lassen sich die soziale Differenzierung und die organische Solidarität nicht dadurch erklären, daß man von den Individuen ausgeht. Die Nationalökonomen, die die Arbeitsteilung mit dem Interesse der einzelnen erklären, irren sich also. Die Rationalität des individuellen Verhaltens als Begründung für diese Erscheinung anzuführen, bedeutet für Durkheim einen Umsturz der Ordnung. Wenn man behauptet, daß die Menschen sich die Arbeit geteilt und jedem einen besonderen Beruf zugewiesen haben, um die kollektive Rentabilität zu erhöhen, so geht man davon aus, daß sich die einzelnen vor der gesellschaftlichen Differenzierung voneinander unterschieden haben und sich ihres Unterschiedes bewußt waren. Tatsächlich konnte aber das Bewußtsein der Individualität nicht vor der organischen Solidarität und der Arbeitsteilung existieren. Die rationale Suche nach einer größeren Rentabilität vermag die soziale Differenzierung nicht zu erklären, weil jene letztere voraussetzt«[86]. Es sei nochmals an die beiden unterschiedlichen Konzeptionen von conscience collective erinnert, wobei man sich zunehmend fragen muß, ob sie wirklich so unterschiedlich sind, wie Parsons und König uns glauben machen wollen, oder ob nicht vielmehr die Realanalysen in dem Buch über die Arbeitsteilung sich weniger als später methodischen Denkverboten fügen und die zunehmende Entökonomisierung der Theorie gesellschaftlicher Arbeitsteilung noch weniger fortgeschritten ist[87].

Wir hatten festgestellt, daß organische Solidarität gegenüber der auf Ähnlichkeit basierenden mechanischen auf Unähnlichkeit beruht, auf einer durch gemeinsame Normen geregelten Komplementarität und daß die Individualität dominiert. In Gesellschaftsorganisationen mit organischer Solidarität gibt es spezifische Organe für spezifische Tatbestände, was sich in der Ausdifferenzierung der Rechtsprechung z. B. in spezialisierten Gerichten dokumentiert. Auf Regelverletzung wird nicht affektiv reagiert, sondern rational, d. h. es wird versucht, den durch die Normverletzung entstandenen anomalen Zustand aufzuheben. Der Bereich der gemeinsamen Überzeugungen reduziert sich zunehmend auf abstrakte Vorstel-

---

[86] AaO. 24.
[87] Vgl. Hofmann, I., Bürgerliches Denken. Zur Soziologie Emile Durkheims, Frankfurt 1973, 37–47.

lungen vom Sein-Sollenden; die Normen werden entsprechend zunehmend genereller und abstrakter[88].

Nach Durkheim kann die Komplementarität der Bedürfnisse Arbeitsteilung nicht erklären. Aber noch weniger genügt diese Komplementarität offensichtlich, um die Kohäsion einer hochgradig arbeitsteiligen Gesellschaft zu erklären. Die auf Arbeitsteilung beruhende organische Solidarität impliziert generelle und abstrakte, aber doch die Interessen von Individuen transzendierende Normen, die »nicht vertraglichen Elemente des Vertrages« (Parsons), Institutionen, die die Beziehungen der Menschen auf Dauer stellen. Ein weiteres für Durkheim zentrales Problem ist die Frage, wie nicht-affektiv besetzte Normen für die Motivation des Individuums effektiv und solidaritätsfördernd sein können. Sein antiindividualistischer Ansatz, die Tatsache, daß gesellschaftliche Arbeitsteilung die Freisetzung der Individualität bewirkt, und nicht umgekehrt, verschärft dieses Problem. Das führt zu Durkheims Vorstellung von gesellschaftlicher Entwicklung, zur Frage nach der Entstehung der Arbeitsteilung.

2.5.5 Der Übergang von mechanischer zu organischer Solidarität und das Verhältnis von gesellschaftlicher Differenzierung und Kohäsion

Der evolutive Gedanke ist bei Durkheim weniger stark herausgearbeitet als bei Spencer, und das ist – wie schon mehrfach betont – durch die teilweise Widersprüchlichkeit seines Ansatzes bedingt. Trotzdem ist der evolutive Gedanke, zumindest im Werk über die Arbeitsteilung, vorhanden. Der Anteil der mechanischen Solidarität geht zurück und der der organischen nimmt stark zu und wird zum dominierenden Kohäsionsprinzip in modernen Gesellschaften. Noch deutlicher wird der evolutive Aspekt durch den Hinweis, daß zunächst der segmentäre Gesellschaftstyp aufgelöst sein muß, damit sich organische Solidarität entwickeln kann[89]. Ebenso setzt die Freisetzung des Individuums die Auflösung der segmentären Gesellschaft voraus. Die Frage, wie die Entwicklung von mechanischer zu organischer Solidarität zu denken ist, konzentriert sich auf Durkheims im Gegensatz zu früheren Theoretikern formulierte Position, daß die Auflösung des segmentären Gesellschaftstyps die Ursache der Arbeitsteilung und nicht diese die Ursache für die Auflösung des segmentären Typs sei. Das Problem bleibt, »jenen Weg zwischen den verglichenen Gesellschaftszustän-

---

[88] Vgl. Durkheim, E., De la division du travail social, 79–102.
[89] Vgl. aaO. 149–176.

den zu kennzeichnen, auf dem deren spezifische Differenz zutage tritt«[90].

Bereits in seiner Dissertation hatte Durkheim festgestellt, daß für Montesquieu die wichtigste Ursache für die Gestalt einer Gesellschaft das »Volumen« der Bevölkerung sei. Durkheim unterscheidet aber dort schon zwischen »Volumen« und »Dichte« und unterstreicht ihre relativ unabhängige gegenseitige Variabilität[91].

Durkheims generelle These ist, daß die Arbeitsteilung proportional zum Volumen, zur Größe und zur Dichte der Gesellschaften variiert.

Eine individualistische Interpretation der Entwicklung zur Arbeitsteilung scheidet aus. Diese muß als existentiell soziales Phänomen durch eine soziale Ursache erklärt werden können.

Wenn das Wachstum der Gesellschaft auch zu einer größeren Dichte führt, werden die Segmente durchlässiger, es kommt zu einem höheren Interaktionsgrad zwischen den Angehörigen verschiedener Segmente, und dieses Phänomen bezeichnet Durkheim als moralische Dichte. »Zu der wachsenden Zahl muß ... die materielle und moralische Dichte hinzutreten. Materielle Dichte ist die Zahl der Einzelpersonen, die auf einer bestimmten Fläche leben, während die moralische Dichte die Intensität der Kommunikations- und Austauschbeziehungen zwischen diesen einzelnen ist. Je stärker die Beziehungen zwischen den Individuen ausgestaltet sind, desto enger arbeiten sie zusammen und desto entwickelter sind ihre Handlungs- und Wettbewerbsbeziehungen. Die soziale [in unserer Terminologie gesellschaftliche – H. L.] Differenzierung ist mithin die Folge einer Kombination zwischen dem Volumen und der materiellen und moralischen Dichte einer Gesellschaft«[92].

Durch die gesteigerte Dichte kommt es zu einer Intensität des Lebensaktes und zu einem Kampf um vorhandene Ressourcen[93]. Spezialisierung und Differenzierung vermindern das Konfliktpotential. Die gesellschaftliche Differenzierung soll nach Ansicht Durkheims die friedliche Lösung des Kampfes ums Dasein darstellen. Dies wird weiterhin ermöglicht, wenn die Spezialisierung von Funktionen institutionalisiert wird, wenn also gesellschaftliche Differenzierung gleichzeitig zur Segregation führt und letztlich zur Bildung von Teilsystemen.

[90] Tjaden, K. H., aaO. 22.
[91] Vgl. König, R., Einleitung, 25–26.
[92] Aron, R., aaO. 28.
[93] Vgl. Durkheim, E., De la division du travail social, 248; »C'est que la lutte pour la vie y est plus ardente« (ebd.); vgl. Kaufmann, F. X., Manuskript der Vorlesung »Gesellschaftliche Differenzierung«, 45 f.

Gesellschaftliche Differenzierung kann also als Ausweg aus einer überintegrierten Situation verstanden werden. Sie dient primär internen Spannungsverhältnissen als Ausgleich, und nicht, wie etwa bei N. Luhmann, primär der Anpassung eines Systems an die Umwelt.

Gesellschaftliche Differenzierung führt dazu, daß nicht mehr gleiche Individuen durch äußeren Zwang äußerlich mechanisch miteinander verbunden bleiben, sondern als ungleiche, die aufeinander angewiesen sind, miteinander verknüpft werden in einer neuen Form der Solidarität, die »organische« genannt wird, weil in ihr wie in einem Organismus unterschiedliche Funktionen verbunden sind[94]. Nach diesem Ansatz kann Durkheim dann auch die Vertragstheorie rezipieren, da er nicht in Abrede stellen kann, daß Verträge aufgrund freier Willensentscheidungen eine immer größere Rolle spielen. »Dieses Vertragselement ist aber nur ein Derivat der Gesellschaftsstruktur und selbst des kollektiven Bewußtseinszustandes in der modernen Gesellschaft . . . Die vertraglichen Vereinbarungen zwischen den einzelnen sind Bestandteile eines Gesellschaftsgefüges, das diese nicht selbst bestimmen. Die durch die Differenzierung bewirkte Arbeitsteilung ist die Grundbedingung für die Existenz eines Vertragsbereiches. Auch hier findet sich der Gedanke der Priorität der Sozialstruktur gegenüber den individuellen Erscheinungen«[95]. Erst die Gesellschaftsstruktur vermittelt bei Durkheim die Erkenntnis, was die einzelnen sind und weshalb sie frei untereinander Vereinbarungen treffen können. Aber »in dieser individualistischen Gesellschaft besteht das Hauptproblem darin, ein Minimum an Kollektivbewußtsein zu konservieren, weil ohne dieses die organische Solidarität zur gesellschaftlichen Auflösung führte«[96]. Diese Fragestellung führt Durkheim zu einer pessimistischeren Sicht der moralischen Qualität der Arbeitsteilung und der organischen Solidarität. Das wird deutlich in der doppelten Bedeutung des Anomiebegriffes. In dem Buch über die Arbeitsteilung resultiert Anomie aus einer Arbeitsteilung, in der die einzelnen Organe zu beziehungslos nebeneinanderstehen, ihre Kontakte nicht auf Dauer gestellt sind: eine Fehlentwicklung, die abgestellt werden kann. Im Werk über den Selbstmord meint Anomie den Zustand, daß der einzelne nicht genügend in eine soziale Gruppe integriert ist. Damit ist der Umschlag des Forschungsinteresses angedeutet, dem Durkheim in seinen weiteren Werken fast aus-

---

[94] Vgl. Jonas, F., Bd. 3, aaO. 42.
[95] Aron, R., aaO. 26.
[96] AaO. 28.

schließlich nachgeht: Von der Fragestellung der gesellschaftlichen Differenzierung und der Kohäsion der arbeitsteiligen Gesellschaft zur Integration des Individuums, zu einer Hypostasierung und Hyperspiritualisierung des Sozialen[97]. Die Gesellschaft wird endgültig zu einer Entität sui generis hypostasiert, zu einem »Aggregat, das denkt, fühlt, will«[98].

2.5.6 Hypostasierung des Sozialen und die Integration des Individuums im Spätwerk Durkheims

Im Werk über den Selbstmord verliert das Individualbewußtsein wieder sein Eigenrecht, das Kollektivbewußtsein der organischen Solidarität wird dem der mechanischen Solidarität angepaßt. Die kollektiven Vorstellungen werden wieder zum umfassenden Normen- und Wertsystem, zum sozialen Zwang, der die Individuen von außen ergreift und sie sich unterwirft. »Auf den Begriff des Kollektivbewußtseins fixiert, der das Individuum dem Allgemeinen notwendig subsumieren muß, begibt sich Durkheim jeder Möglichkeit der Distinktion legitimierten (normalen) und nicht-legitimierten (anormalen) Zwangs. Zwang ist immer gesellschaftlicher Zwang und als solcher normal«[99].

»Suspekt ist ihm das nicht hinlänglich Angepaßte, nie Anpassung selbst«[100].

»Kann nicht Moral, worunter Durkheim so heterogene Dinge wie Normen, Werte, Ideen, Religion subsumiert, den Gesellschaftszustand selbst angreifen? Diese Frage läßt der Durkheimsche Ansatz nicht zu. Eine Moral, die den bestehenden Gesellschaftszustand transzendiert, kann es für Durkheim nicht geben, da für ihn Moral das Produkt der Gruppe ist«[101]. In diesem Kontext gehören eben gerade auch Durkheims religionssoziologische Arbeiten. Religion und Wissenschaft sind aus dem Kollektivleben entstanden, sie sind die eigentlichen Mächte, die das Kollektivleben integrieren. Für den Durkheim der laizistischen 3. Republik gilt sein Wissenschaftsverständnis auch für die Religionssoziologie: »la pensée scientifique n'est qu'une forme plus parfaite de la pensée réligieuse«[102]. Was bei der beschriebenen Ausgangssituation angestanden hätte, den Einfluß sozialer Faktoren im Leben des einzelnen zu untersu-

---

[97] Vgl. Jonas, F., Bd. 3, aaO. 42.
[98] Durkheim, E., Soziologie und Philosophie. Einleitung von Theodor W. Adorno, Frankfurt 1967, 73.
[99] Eickelpasch, R., aaO. 21.
[100] Adorno, Th. W., Einleitung, in: Durkheim, E., Soziologie und Philosophie, 26.
[101] Eickelpasch, R., aaO. 21.
[102] Zit. nach Eickelpasch, R., aaO. 22.

chen, wurde so zur Herrschaft des fait social über den einzelnen, und aus dem Postulat, die soziologische Bedingtheit von Wissen und Werten zu thematisieren, wurde die hypostasierte geistige und moralische Überlegenheit der Gesellschaft, in der das Individuum zum passiven Element degenerierte und verschwand[103].

2.6 Gesellschaftliche Differenzierung und Individualität im soziologischen Werk Georg Simmels

Individuierung wurde bei Durkheim in »De la division du travail« noch als Korrelat der Vergesellschaftung begriffen, wurde im Begriff der organischen Solidarität, vermittelt durch Arbeitsteilung und Äquivalententausch, berücksichtigt. Später jedoch ist Integration für ihn nur noch von oben möglich.

»Die Entwicklung von der vorindustriellen Gesellschaft der repressiven mechanischen Solidarität zur rational organisierten Gesellschaft der organischen Solidarität wird gleichsam anthropologisch rückgängig gemacht: die Individuierungsprozesse erklärende Entwicklungstheorie wird zugunsten einer allgemeinen Theorie aufgegeben, die nicht mehr nach Individuierung, sondern nur noch nach der verhaltensstabilisierenden Wirkung von Normen fragt«[104]. Die Dialektik von Kollektiv-Allgemeinem und Individuell-Besonderem wird zunehmend ignoriert[105].

Georg Simmel ging in seiner Konzeption von Soziologie dagegen einmal von der Erfahrung aus, daß Vergesellschaftung unter dem Vorwand ihrer Funktionalität für das menschliche Zusammenleben zum inhumanen Selbstzweck entarten kann[106]. Andererseits spricht er »zugleich von der Unmöglichkeit, die Selbstbestimmung des Individuums ohne die Gesellschaft und ihre Institutionen theoretisch denken und praktisch realisieren zu können«[107]. Die Selbstbestimmung des Individuums im Vergesellschaftungsprozeß steht im Mittelpunkt des Simmelschen Denkens. Dabei wird Individualität auch als Chance eines höheren Reflexionsvermögens, als Bewußtseinsphänomen, nicht als anthropologische Konstante vorausgesetzt: die »Ausbildung der Individualität« wird im Prozeß der gesellschaftlichen Differenzierung zu erklären versucht.

---

[103] Vgl. Jonas, F., Bd. 3, aaO. 35.
[104] Hofmann, I., aaO. 29.
[105] Vgl. Adorno, Th. W., Einleitung, 13.
[106] Vgl. Schnabel, P. E., Die soziologische Gesamtkonzeption Georg Simmels. Eine wissenschaftshistorische und wissenschaftstheoretische Untersuchung, Stuttgart 1974, 18.
[107] AaO. 33.

2.6.1 Zur soziologischen Gesamtkonzeption Georg Simmels

Dieses Vorgehen zu ermöglichen, setzt eine andere als die bisher dargestellten Konzeptionen von Soziologie voraus. Simmel hat eine solche in verschiedensten Anläufen, die die üblich gewordenen Grenzziehungen oft genug sprengten und zu widersprüchlichsten Rezeptionen Anlaß gaben, versucht[108]. Er zog aus der Erkenntnis, »daß sich weder das Individuum in seiner abstrakten Vereinzelung noch das an sich inhaltsleere Phänomen Gesellschaft für die Soziologie zum Thema machen ließen, die notwendige Konsequenz: Er bedient sich eines Kunstgriffes, der die tatsächliche Diskrepanz von Individuum und Kollektiv auf die Ebene phänomenologischer Abstraktion transportiert, wo die ›Einheit‹ beider von einer ›Dritten‹, der Erfahrung der Vergesellschaftung des Menschen als eines Vorgangs konkreter Geschichte her bestimmt werden kann«[109].

P. E. Schnabel hat in einer ausführlichen Rezeptionsgeschichte nachgewiesen, daß es verfänglich ist, lediglich einzelne Elemente aus der »Gesamtkonzeption« Simmels zu isolieren, was besonders häufig mit dem Teil geschehen ist, den Simmel die »reine oder formale Soziologie« genannt hat und der er die Aufgabe zugewiesen hatte, »aus den Erscheinungen das Moment der Vergesellschaftung [herauszuziehen] ... wie die Grammatik die reinen Formen der Sprache von den Inhalten sondert, an denen die Formen lebendig sind«[110]. Diese sollte, systematisch geordnet, psychologisch begründet und historisch beschrieben, der Formulierung eines kategorialen Bezugsrahmens für die Einzelforschung und für die Auswahl ihrer Problemstellungen dienen.

Sie wird ergänzt und eingegrenzt durch zwei philosophische Fragenkomplexe, die er Erkenntnistheorie und Metaphysik nennt und die als »denkpsychologische und philosophische Korrektive einer nur begrenzt erkenntnis- und aussagefähigen Spezialwissenschaft und damit als integrative Bestandteile einer Gesamtkonzeption sozialwissenschaftlichen Erkennens«[111] fungieren. Mit ihrer Hilfe wird der Entwurf einer »kritischen, den Status quo überwindenden, gesellschaftlich realisierbaren Alternative« versucht, ein theoretischer Vorgriff auf das historische Ganze, die zugleich mit der sozialen Wirklichkeit konfrontiert wird und so die Funktion eines »Regulativs des Erkennens« ermöglicht[112].

---

[108] Vgl. aaO. 39–151.
[109] AaO. 148.
[110] AaO. 152.
[111] AaO. 154.
[112] Vgl. aaO. 18–19.

»Deshalb mochte Simmel die soziale Wirklichkeit als Kontrastfall zu einer utopischen Gesellschaftsform verstanden wissen, die eine ›natürliche‹ Freiheit des Individuums – die Selbstbestimmung des Individuums in und durch Gesellschaft ermöglicht«[113]. G. Simmels Gesamtkonzeption sozialwissenschaftlichen Erkennens versucht, »den Widerspruch zwischen dem Einheitsbedürfnis des Erkennens und Handelns und der Unmöglichkeit, dieses Bedürfnis im Rahmen der Erfahrungswissenschaft befriedigen zu können, aufzulösen ... ohne dabei der Gefahr Vorschub zu leisten, daß entweder die bestehenden sozialen Verhältnisse auf dem Umweg ihrer empirischen Explikation hypostasiert werden oder die Theorie von der gesellschaftlichen Verwirklichung der Vernunft zum geschlossenen, Erkenntnis- und Handlungsprozesse prädisponierenden System erstarrt«[114].

2.6.1.1 Die transzendentale Begründung der Gesellschaft

Dadurch also, daß Simmel den Begriff der Gesellschaft zur regulativen Idee der Soziologie macht, versucht er zu vermeiden, entweder Gesellschaft vom Subjekt her aufzulösen oder sie als Objektives zu hypostasieren[115]. »Die regulative Idee ist die Antizipation des Allgemeinen, das es ermöglicht, eine Reihe von Erfahrungen nicht nur äußerlich subsumtiv zusammenzufassen, sondern in neuer Art und Weise so logisch zu verbinden, daß die Konstitution der Erfahrung durch ihre Gegenstände und die Konstitution der Gegenstände durch die Erfahrung nicht in der phänomenologischen Inhaltlichkeit verschwinden, sondern die Vermittlung beider zur Erkenntnis der Sache wird«[116]. Nach Simmel kann daher nur eine transzendentale Begründung der Gesellschaft als regulativer Idee verhindern, daß »die Sache des Erkennens in der Unmittelbarkeit und Unbestimmtheit der aufgegriffenen Erscheinungen verschwindet und die Erkenntnis zum maßstablosen Relativismus subjektiver Meinungen degeneriert«[117].

Simmel, der hier an Kants transzendentalem Naturbegriff anknüpft, weiß sehr genau um die Grenzen der Analogie mit der Natur: »Die entscheidende Differenz der Einheit einer Gesellschaft gegen die Natureinheit aber ist diese: daß die letztere – für den hier

---

[113] AaO. 19.
[114] AaO. 225.
[115] Vgl. Schrader-Klebert, K., Der Begriff der Gesellschaft als regulative Idee. Zur transzendentalen Begründung der Soziologie bei Georg Simmel, in: Soziale Welt 19 (1968), 97–105; 105.
[116] AaO. 104.
[117] AaO. 105.

vorausgesetzten Kantischen Standpunkt – ausschließlich in dem betrachtenden Subjekt zustande kommt, ausschließlich von ihm und aus den an sich unverbundenen Sinneselementen erzeugt wird; wogegen die gesellschaftliche Einheit von ihren Elementen, da sie bewußt und synthetisch-aktiv sind, ohne weiteres realisiert wird und keines Betrachters bedarf«[118].

Da aber bei Simmel sich die Idee der Gesellschaft durch die Erfahrungen der Vergesellschaftung der Individuen in konkreter Geschichte vermittelt, die durch das Handeln der Menschen erzeugt und erhalten wird, setzt diese die Konstitution von Sinn, die für die Natur erst transzendental geleistet werden muß, als von der geschichtlichen Existenz und Praxis der Menschen produziert, voraus. Diese Einsicht verhilft Simmel zu einem weiteren Schritt, der in Auseinandersetzung vor allem mit W. Dilthey vollzogen wird[119] und unserer Fragestellung weiterhilft.

Menschliches Handeln wird nicht unmittelbar durch Zusammenwirkung aller Systeme der Kultur in ihrer jeweiligen Ganzheit bestimmt. »Der Einzelne agiert nicht im Angesicht von in toto ihm gegenüberstehenden ›Systemen‹, sondern nur jener Partialitäten, die nach der differentiellen Verteilung der Kultur in seine konkreten Gruppen fallen. Und noch darüber hinaus: diese aus den objektiven Gebilden herausgelösten Partialitäten treten erst einmal nicht gegenüber als stellvertretend für die ›Systeme‹, denen sie objektiv angehören. Vielmehr werden sie von den Gruppen zu typischen Handlungsfolgen in typischen Situationen arrangiert, die seitens der Gruppe von Inhabern typischer sozialer Stellungen erwartet werden. Sie treten ihm somit gegenüber als Teile von sozialen Rollen«[120].

Im Kontext des Zusammenhangs von gesellschaftlicher Differenzierung und Individualität wird bei Simmel »die Historisierung des Individuums bei Dilthey ... in eine Soziologisierung verschärft«[121].

Durch diese kurzen Hinweise sollte ersichtlich werden, daß die Feststellung richtig ist, wonach »das Getragensein moderner Individualität und Freiheit durch die gesellschaftliche Differenzierung ... Simmels Hauptthema [ist]«[122], daß »der Mensch in der gesell-

---

[118] Simmel, G., Soziologie. Untersuchungen über die Formen der Vergesellschaftung, München/Leipzig ²1922, 22.
[119] Vgl. Tenbruck, F. H., Georg Simmel 1858–1918, in: KZfSS 10 (1958), 587–614; 596–601.
[120] AaO. 598.
[121] AaO. 611.
[122] AaO. 603.

schaftlichen Differenzierung und Rationalisierung seine wachsende Freiheit erwirbt«[123].

2.6.1.2 Das Individuum als soziologische Apriorität

G. Simmel bliebe seinem Verständnis von Soziologie und der Grenzen ihrer Erkenntnismöglichkeiten nicht treu, wenn er nicht der Feststellung, daß soziales Handeln des Menschen sozial vermittelt ist, nicht die andere Feststellung folgen ließe, daß die Soziologie nicht klären kann, wie der Mensch als bestimmt Handelnder möglich ist[124]. Die Einheit der Subjektivität ist für Simmel nur philosophisch begründbar und wird für die Soziologie als nur phänomenal erfaßbare formale Einheit vorausgesetzt, sie gilt ihr als »soziologische Apriorität«[125].

Die Möglichkeit, den Menschen soziologisch durch die Konstellation seiner Rollen zu definieren, ist bedingt durch den phänomenologischen Begriff der geschichtlich differenzierten Welt und dadurch begründet, daß dieses Bestimmungsverhältnis den Menschen als Einheit seiner Handlungsmöglichkeiten, als Individuum voraussetzt[126].

Für ein richtiges Verständnis des Ansatzes von G. Simmel gilt es, dies festzuhalten. Es bedeutet, »daß jedes Element einer Gruppe nicht nur Gesellschaftsteil, sondern außerdem noch etwas ist. Als soziales Apriori wirkt dies, insofern der der Gesellschaft nicht zugewandte oder in ihr nicht aufgehende Teil des Individuums nicht einfach beziehungslos neben seinem sozial bedeutsamen liegt, nicht nur ein Außerhalb der Gesellschaft ist, für das sie willig oder widerwillig Raum gibt; daß der einzelne mit gewissen Seiten nicht Element der Gesellschaft ist, bildet die positive Bedingung dafür, daß er es mit anderen Seiten seines Wesens ist: die Art seines Vergesellschaftetseins ist bestimmt oder mitbestimmt durch die Art seines Nicht-Vergesellschaftet-Seins«[127]. Der nicht in der Gesellschaft aufgehende Teil des Menschen meint also nicht bloß den ausgesparten Freiheitsraum einer subjektiven Privatheit oder den

[123] AaO. 611.
[124] Vgl. Schrader-Klebert, K., aaO. 111.
[125] Zu Simmels soziologischen Aprioritäten vgl. Simmel, G., Soziologie, 23–30; Schrader-Klebert, K., aaO. 110–118.
[126] Vgl. dazu die Kritik, die Tenbruck im Anschluß an Simmel, in: ders., Zur deutschen Rezeption der Rollentheorie, in: KZfSS 13 (1961), 3 ff, gegenüber der an Durkheim orientierten Auffassung Dahrendorfs, in: ders., Homo sociologicus. Ein Versuch zur Geschichte, Bedeutung und Kritik der Kategorie der sozialen Rolle, Köln/Opladen 1958, übt.
[127] Simmel, G., Soziologie, 26.

die Rollen ergänzenden »ganzen Menschen«, »sondern es ist die Möglichkeit des Menschen, sich zu entscheiden, d. h. die Identität seiner selbst als die Identität einer Tätigkeit zu setzen, seine Aktivität in eine Sache zu investieren und sich darin selbst zu bestimmen. Dieses Setzen ist ein bewußtes und kann daher auch zum Entgegengesetzten werden. Jede Bestimmung setzt ein Selbstsein voraus, von dem her sich erst die Qualität des jeweiligen Beziehungsverhältnisses mißt, je nachdem, welchen Ort es innerhalb der Spannweite zwischen den Polen des völligen Aufgehens-in einerseits und des gänzlichen Distanziert-Seins andererseits einnimmt«[128].

Die Konzeption eines transzendental begründeten Begriffs von Gesellschaft als regulativer Idee und des ebenso begründeten Subjekts und ihrer Vermittlung durch die Erfahrung der Vergesellschaftung des Menschen als eines Vorgangs konkreter Geschichte soll sowohl die Möglichkeit eröffnen, Wirklichkeit zu erkennen als auch diese Wirklichkeit zu durchschauen. Sie soll Soziologie als kritische Wissenschaft begründen, die erkennt, daß gegenwärtige Wirklichkeit nichts Letztes für das Erkennen ist. Das kann sie u. a. auch dadurch, daß sie die Erfahrung der Vergesellschaftung des Menschen als einen Vorgang konkreter Geschichte aufzuzeigen versucht.

2.6.2 Die Freisetzung der Subjektivität durch gesellschaftliche Differenzierung

Dadurch, daß G. Simmel das erkenntnistheoretische Problem einer fundierenden Einheit auf den Erfahrungszusammenhang der Vergesellschaftung des Menschen zurückführt, durch den die Idee der Gesellschaft als die den Menschen wesentlich bestimmende erst produziert wurde, ist aus der traditionellen theoretischen Frage nach dem Prinzip der Wissenschaft die Frage nach der Möglichkeit dieser Wissenschaft geworden. Heute würde man diesen Ansatz als die Frage nach dem Zusammenhang der wissenschaftlichen Erkenntnis und der ihr vorausgesetzten Praxis formulieren[129]. Für Simmels Soziologie ist der geschichtliche Horizont der Erfahrung konstitutiv. Die jeweils problematische Erfahrung der gegenwärtigen Welt wird zu ihrem Impuls. Schon in seiner Auseinandersetzung mit W. Dilthey zeigte sich, daß die Tatsache der gesellschaftlichen Differenzierung eine Voraussetzung seiner soziologischen Arbeit ist: Der einzelne handelt nicht im Kontext der jeweiligen Gesamtkultur, sein Handeln wird vielmehr bestimmt durch jene

[128] Schrader-Klebert, K., aaO. 114.
[129] Vgl. aaO. 101.

Partialitäten, die nach der differentiellen Verteilung der Kultur in seine Gruppen fallen. Gesellschaftliche Differenzierung wird hier vorausgesetzt. Wo sie als Prozeß thematisiert wird[130], führt Simmels Beitrag gegenüber Durkheim und Spencer nicht wesentlich weiter. Interessant ist sein spezifischer Gesichtspunkt: Was geschieht mit dem Individuum im Prozeß der gesellschaftlichen Differenzierung? Individualität ist für Simmel keine Selbstverständlichkeit und keine unveränderliche Konstante, sondern ein erklärungsbedürftiger Zustand. Zunehmende Freisetzung des Individuums, verbunden mit der Chance eines höheren Reflexionsvermögens, hängen eng mit dem Prozeß der gesellschaftlichen Differenzierung zusammen. Simmels Hauptaugenmerk galt ja »der wechselseitigen Bestimmung von Individuum und Gesellschaft, die ihrer Definiton nach die sich gegenseitig bedingenden Pole des sozialen Lebens darstellen. Im Verlauf ihrer historisch-dialektischen Entwicklung, der Dialektik von Freiheit und Zwang, werden seiner Meinung nach Stadien einer Menschheitsentwicklung sichtbar«[131], die ihren steten Impuls einmal aus dem Differenzierungsstreben des Individuums bezieht, das aber andererseits nur im Kontext konkreter Erfahrungen der Vergesellschaftung als ihrem »historisch-materiellem Korrelat«[132] begriffen werden kann.

Simmel unterscheidet Sozialformen idealtypisch in komplexe und elementare danach, ob das Individuum freigesetzt oder in sie eingebunden ist. »Je kleiner und primitiver die Gruppe war, der der Mensch durch den Zufall seiner Geburt angehörte, desto weniger Freiheit besaß er ihr als Einheit gegenüber; denn die Gruppe war auf den Zusammenhalt ihrer Mitglieder angewiesen, wollte sie in einer prinzipiell feindlichen Umwelt überleben«[133]. Simmel setzt, ähnlich wie Spencer, für elementare Sozialformen kleine abgeschlossene Gruppen voraus, die sich in einer prinzipiell feindlichen Umwelt gegenüber dieser definierten. Der einzelne gehört nur einer Gruppe an, er hat keinerlei Existenz außerhalb der Gruppe. Er definiert sich durch seine Gruppe. In dieser herrschen starke Abhängigkeit und fester Zusammenhang. Die Interaktionsmuster zwischen den Individuen sind vollständig, die Beziehungen stark

---

[130] Vgl. Simmel, G., Über soziale Differenzierung. Soziologische und psychologische Untersuchungen, Leipzig 1890; ders., Die Kreuzung sozialer Kreise, in: ders., Soziologie, 305–344; ders., Die Erweiterung der Gruppe und die Ausbildung der Individualität, in: ders., Soziologie, 527–573; ders., Philosophie des Geldes, München/Leipzig ⁵1930.
[131] Schnabel, P. E., aaO. 205.
[132] AaO. 209.
[133] AaO. 206.

emotional besetzt und die soziale Kontrolle innerhalb der Gruppe ist absolut.

Ähnlich wie Durkheim sieht Simmel einen Zusammenhang zwischen Größenwachstum und zunehmender Freisetzung der Individualität. Dadurch, daß die Gruppe größer wird, werden Interaktionen jedes mit jedem unwahrscheinlicher, die soziale Kontrolle wird lockerer und damit der Spielraum für die Individuen größer. Andererseits erhofft sich der einzelne infolge der gesteigerten Konkurrenz einen Vorteil durch Spezialisierung. Führt diese Spezialisierung zur Segmentierung im Sinne Durkheims, kann die Individualität verringert werden; das Individuum in einer so spezialisierten Gruppe hat weniger Individualität als in der vorausgehenden plurifunktionalen Gruppe, da der Horizont der Möglichkeiten kleiner geworden ist.

Eine weitere interessante Feststellung Simmels betrifft die Tendenz zur Gleichartigkeit von Gesellschaften infolge der Funktionsspezialisierung ihrer Teile. Ohne Kontakte und ohne kulturelle Diffusion gleichen sich zunehmend die entsprechend funktionsspezialisierten Teilgruppen verschiedener Gesellschaften einander an und verringern dadurch das Konfliktpotential zwischen diesen durch die Verständigungsmöglichkeit der spezialisierten Teilgruppen.

In all diesen bisher geschilderten Sozialformen bleibt aber das Individuum noch – mehr oder weniger – eingebunden. Es bewegt sich entweder nur in einer Gruppe, in einem Kreis oder in sich ergänzenden, aber nicht widersprüchlichen konzentrischen Kreisen.

Zunehmendes Größenwachstum und weitergehende Differenzierung durch Spezialisierung bringt die Chance mit sich, daß die Segmentierung allmählich aufweicht. Dadurch kann sich das Individuum mehreren Gruppen assoziieren, es kann verschiedene Funktionen in verschiedenen Gruppen annehmen.

Die Konfiguration der konzentrischen Kreise war nach Simmel charakteristisch noch für mittelalterliche Sozialformen. Diese »hatten das Eigentümliche, den einzelnen nicht als einzelnen, sondern als Mitglied eines Kreises zu ergreifen und ihn als solchen weiteren Kreisen einzugliedern. Die Vereinigung aus Vereinigungen stellt zwar den einzelnen in eine Mehrheit von Kreisen, allein, da sie sich nicht eigentlich schneiden, so haben sie zum Problem der Individualität ein eigenes, von den nachher zu erörternden soziologischen Konstellationen der letzteren ein gesondertes Verhältnis«[134]. In modernen Gesellschaften, in denen der einzelne Mitglied ver-

[134] Simmel, G., Die Kreuzung sozialer Kreise, 312.

schiedenster Gruppen ist und also auch mit verschiedensten Erwartungen und Normen konfrontiert wird, muß der mögliche und zunehmende Konflikt zwischen diesen im einzelnen Individuum selbst ausgetragen werden. »Der moralischen Persönlichkeit erwachsen ganz neue Bestimmtheiten, aber auch ganz neue Aufgaben, wenn sie aus dem festen Eingeordnetsein in einen Kreis in den Schnittpunkt vieler Kreise tritt. Die frühere Unzweideutigkeit und Sicherheit weicht zunächst einer Schwankung der Lebenstendenzen ... Daß durch die Mehrheit der sozialen Zugehörigkeiten Konflikte innerer und äußerer Art entstehen, die das Individuum mit seelischem Dualismus, ja Zerreißung bedrohen, ist kein Beweis gegen ihre festlegende, die personale Einheit verstärkende Wirkung. Denn jener Dualismus und diese Einsicht tragen sich wechselseitig: gerade weil die Persönlichkeit Einheit ist, kann die Spaltung für sie in Frage kommen; je mannigfaltigere Gruppeninteressen sich in uns treffen und zum Austrag kommen wollen, um so entschiedener wird das Ich sich seiner Einheit bewußt«[135].

Hat die Gesellschaft diesen Grad an Differenzierung erreicht, kann Konfliktlösung nicht mehr wie bisher von einer übergeordneten Instanz wahrgenommen werden; Konflikte müssen mehr und mehr innerhalb des Individuums selbst und allein ausgetragen werden[136]. Die Einsicht, die schon bei Spencer und Durkheim gezeigt werden konnte, ergibt sich auch hier: Zweifellos hängt die Gesellschaft noch zusammen, aber vielleicht immer weniger aufgrund von Normen. Diese Tendenz, die sich im Prozeß der gesellschaftlichen Differenzierung zeigt, erweist sich als zunehmende Abstraktheit und Generalisierung von Werten und Normen, wenn überhaupt Intersubjektivität über die spezifischen Zusammenhänge der Teilsysteme hinaus noch möglich ist. Simmel weiß sehr wohl darum, daß wirtschaftliche Liberalisierungsprozesse und die durch die Geldwirtschaft bedingte Versachlichung des sozialen Lebens und die Arbeitsteilung zum Gegenteil der von ihm angestrebten individuellen Befreiung, zur Entfremdung gerät. Er hat kein Rezept. Er versteht seine soziologische Arbeit vielmehr als die Suche nach der richtigen Korrelation zwischen Freiheit und Zwang, bei dem weder Entfremdung noch völlige Isolierung als Kehrseiten des Differenzierungsprozesses erwartet werden müssen. Die Unabhängigkeits-

---

[135] AaO. 313.
[136] Über Simmels Beitrag zur modernen Konflikttheorie vgl. Tartler, R., G. Simmels Beitrag zur Integrations- und Konflikttheorie der Gesellschaft, in: Jahrbuch für Sozialwissenschaften 16 (1965), 1 ff; Schnabel, P. E., aaO. 139–142.

verhältnisse, denen die Entwicklung der Geldwirtschaft Vorschub leistet, dürfen nicht mit der Freiheit verwechselt werden, die Simmel meint: »Was wir Freiheit nennen, steht mit dem Prinzip der Persönlichkeit im engsten Zusammenhang, in so engem, daß die Moralphilosophie oft genug beide Begriffe als identisch proklamiert hat«[137].

Für ihn ist mit dem Differenzierungsprozeß »lediglich die historisch bislang günstigste soziale Ausgangsbasis für die Selbstbestimmung der individuellen Persönlichkeit im Rahmen des Arbeitsprozesses gegeben«[138].

2.7 Weiterführende Zusammenfassung

Mit der Kategorie »gesellschaftliche Differenzierung« wurde versucht, die historische Entwicklung zur gegenwärtigen komplexen Gesellschaft als Entwicklung sozialer Einheiten zu größerem Umfang, größerem Zusammenhang, größerer Vielgestaltigkeit und Bestimmtheit aufzuzeigen.

Die Durchsicht früherer Entwicklungstheorien, deren Bedingungen und Grenzen angedeutet wurden, indem sie im Zusammenhang der jeweiligen Konzeption von Soziologie diskutiert und auf ihren jeweiligen gesellschaftlichen Kontext hingewiesen wurde, zeigte trotz verschiedener Ansätze Gemeinsamkeiten der Beobachtung eines historischen Prozesses, dessen Auswirkungen im Industrialisierungsprozeß von den Autoren intensiv erfahren wurde.

In einfacheren und elementaren Sozialformen gehört das Individuum nur einer Gruppe, einem Segment an. Die Segmentierung der Gesellschaft ist bereits Differenzierung in spezialisierte Handlungszusammenhänge. Die Urhorde (Spencer) oder die monosegmentäre Gesellschaft (Durkheim) sind dagegen soziale Aggregate, die unmittelbar in Individuen zerfallen; diese bewegen sich lediglich in diesem einzigen sozialen Kreis (Simmel).

Überlebenszwang, Größenwachstum und/oder Differenzierungsstreben der Individuen führen zur weiteren Differenzierung von Handlungszusammenhängen. Die spezialisierten Teilgruppen der Gesellschaft verfestigen sich als Segmente. Das Individuum gehört jeweils nur einem Segment an. Die Gesellschaft zerfällt jetzt in Segmente, nicht in Individuen.

Kohäsion meint den gesellschaftlichen Zusammenhang, der jeweils durch eine bestimmte Form gesellschaftlicher Organisation bedingt ist.

[137] Simmel, G., Philosophie des Geldes, 319.
[138] Schnabel, P. E., aaO. 210.

Die einzelnen Segmente lagern sich entweder horizontal aneinander (Durkheim: horizontale Differenzierung) oder werden durch eine hierarchische Anordnung zusammengehalten (Spencer, Durkheim: vertikale Differenzierung). Sie sind soziale Aggregate, keine sozialen Systeme. In ihnen dominiert das Kollektiv, nicht das Individuum. Dieses definiert sich durch die Gruppe. Die Kohäsion segmentärer Gesellschaften beruht auf hierarchischem Zwang oder auf mechanischer Solidarität: jedenfalls auf Ähnlichkeit, auf der Gemeinsamkeit von Vorstellungen, Gefühlen und Werten. Sozialer Zwang, soziale Kontrolle und gesellschaftlicher Druck sind stark ausgeprägt. Es gibt positive und negative Normen und Sanktionen. Beruht die Kohäsion auf hierarchischer Zwangsorganisation, stehen die Mitglieder in sukzessiven Abstufungen der Unterordnung. Die Interaktionen werden in einem Statusgefüge institutionalisiert.

Die Autorität als die eines Führers oder als eines Repräsentanten der Gruppe bzw. der conscience collective ist diffus, nicht wie in komplexen Gesellschaften systemspezifisch. Die Normen sind andererseits differenziert, auf überschaubare, konkrete Situationen und konkrete Sachbereiche bezogen.

Das Individuum gehört entweder aneinandergelagerten Segmenten an, und dort ist seine Individualität noch geringer als in der ursprünglichen plurifunktionalen Gruppe. Oder es bewegt sich in mehreren Kreisen, hierarchisch geordnet, deren Erwartungen und Normen sich aber nicht in ihm kreuzen, sondern es konzentrisch umgeben. Soziale Konflikte können von einer übergeordneten Instanz geregelt werden.

Durch weiteres Größenwachstum, gesteigerte Konkurrenz und zunehmende materielle und moralische Dichte einer Gesellschaft weicht die Segmentierung allmählich auf. Die durch das jeweilige Soziologieverständnis bedingte Auseinandersetzung, ob die Auflösung des segmentären Gesellschaftstyps die Ursache für die Arbeitsteilung ist oder umgekehrt, braucht in unserem Zusammenhang nicht weiterverfolgt zu werden.

Die moralische Dichte meint die Intensität der Kommunikations- und Austauschbeziehungen. Simmels Beobachtung, daß diese Auflösung der Segmentierung nur möglich ist, wenn ein generalisiertes Austauschmittel, nämlich Geld vorhanden ist, zeigt eine wichtige Bedingung auf für die soziale Entwicklung vom Aggregat zum System. Mit ihm ist ein gesellschaftliches Generalisierungsmedium gefunden, das die Segregation von funktionell differenzierten und spezialisierten Systemen ermöglicht, wenn es damit gelingt, die hochspezialisierten Leistungen gesellschaftlicher Teilsysteme anderen Systemen zugänglich zu machen und gleichzeitig einen Gegenwert dafür zu erhalten.

Daß damit die Ursache des gesellschaftlichen Wandels von kriegerischen zu industriellen Gesellschaften, von mechanischer zu organischer Solidarität, von konzentrischen Kreisen zu den im einzelnen Individuum sich kreuzenden sozialen Kreisen nicht ausreichend geklärt sein kann, ist offensichtlich. Daß auch religiöse Deutungssysteme (nicht nur im Sinne Max Webers) innovatorische Funktionen im gesellschaftlichen Entwicklungsprozeß hatten, soll damit nicht geleugnet werden. Hier sollen aber sozial-strukturelle Veränderungen in den Vordergrund gestellt werden, um nicht die gegenwärtige Situation einseitig als Produkt eines zunehmenden Abfalls vom christlichen Glauben oder als dessen Selbstaufhebung verfälschend zu deuten. Es wird hier nicht versucht, eine konsistente Theorie gesellschaftlicher Entwicklung aufzuzeigen, sondern es sollen Probleme sozial-struktureller Veränderungen dargestellt werden, die für die Situationsbestimmung der Kirche in einer sich verändernden Welt konstitutiv sind.

Die industrielle Gesellschaft oder die gesellschaftliche Organisation der organischen Solidarität stellt sich dem Individuum dar als unüberschaubare, tendenziell horizontlose, in der sich die sozialen Kreise mit ihren Normen und Werten nur noch in ihm selbst kreuzen. Das Individuum ist in die unterschiedlichsten Handlungszusammenhänge nur noch partiell integriert, es hat an ihnen teil, aber es ist nicht mehr nur noch Teil von ihnen. Sie treten ihm gegenüber als Teile von sozialen Rollen.

Die gesellschaftliche Kohäsion basiert auf der Arbeitsteilung verschiedenartiger, aber gleichwertiger Individuen, die organische Solidarität aber auf Unähnlichkeit. Der Bereich der gemeinsamen Werte und Überzeugungen reduziert sich zunehmend auf abstraktere Vorstellungen vom Sein-Sollenden; die Normen und Werte werden entsprechend zunehmend genereller und abstrakter. Die Rechtsregeln ziehen restitutive Sanktionen nach sich, während in segmentären Gesellschaften die Sanktionen repressive und emotionale Reaktionen auf die Verletzung der kollektiven Vorstellungen waren, da diese den Bestand der Gruppe bedrohte. Die Autorität ist nicht mehr diffus, sondern es gibt spezifische Organe für spezifische Tatbestände.

Die Individualität wird zunehmend freigesetzt und in wissenschaftlichen Reflexionen thematisiert. Das Individuum kann sich verschiedensten Gruppen anschließen, es wird vertragsfähig.

Mit wachsender gesellschaftlicher Differenzierung geht parallel der Zwang zu größerer Abstraktheit und Generalisierung von Normen und Werten einher. Die die Interessen des Individuums transzendierenden Normen, die »nicht-vertraglichen Elemente des Vertrags«, welche die Beziehungen der Menschen auf Dauer stellen, werden zum Problem: wie können nicht affektiv besetzte Normen für die Motivation des Individuums solidaritätsfördernd sein und gesellschaftliche Kohäsion bewirken? Oder funktioniert die gesellschaftliche Arbeitsteilung nur deshalb, weil sie technisch funktioniert und so immer mehr vom Individuum absehen kann und es letztlich zerstört?

Andererseits kann die Spaltung der Persönlichkeit nur dann bewußt werden, wenn die Identität der Person vorausgesetzt bleibt; je verschiedener und entgegengesetzter die Rollenerwartungen ihm gegenüber sind, desto entschiedener wird das Ich sich seiner Einheit bewußt. Gegen diesen Optimismus spricht, daß eine überstarke Differenzierung der Arbeitsmittel und -situationen eine größere Teile der menschlichen Persönlichkeit umfassende Selbstverwirklichung verhindert. Die Differenzierung legt dem Individuum Handlungszwänge auf als Produkte einer Sachkultur, die aus sich heraus, d. h. ohne noch vom gestaltenden Willen des Subjekts abhängig zu sein, Form und Sinn erzeugen. Diese wirken sich als (zer)störend für den Individuations- und Sozialisationsprozeß aus, so daß das Band zwischen den nach Selbstbestimmung strebenden Menschen und den als Hilfsmittel ihrer Befreiung produzierten Sachobjekten zerreißen kann und zur totalen Entfremdung gerät.

Wenn die Kreuzung von sozialen Kreisen im Individuum unüberschaubar, die Horizontlosigkeit von Gesellschaft in seinem Erfahrungsbereich manifest wird, wenn seine verschiedenen und auch widersprüchlichen Rollen nicht mehr personell miteinander vermittelt werden können, wird das Horizont- und Gestaltbedürfnis des Menschen zunehmend im Denken thematisiert. Die Ganzheitsidee von Gesellschaft in wissenschaftlichen Reflexionen und die Thematisierung des Verhältnisses von Theorie und Praxis hat darin ihre sozial-strukturelle Basis.

Bei fortgeschrittener gesellschaftlicher Differenzierung ist die Transferierbarkeit von Normen, Werten und Sanktionen von System zu System nicht mehr selbstverständlich. Die differenzierten Teilsysteme hängen weiterhin zusammen. Gesellschaftliche Kohäsion, bedingt durch eine bestimmte, selbst unübersehbar gewordene gesellschaftliche Organisation, besteht, wenn auch problematisch geworden, weiter: aber offensichtlich immer weniger aufgrund von Normen und Werten.

Das Problem der Transferierbarkeit gilt auch für die Thematisierung des Verhältnisses von Theorie und Praxis: Theorien werden weitgehend in anderen Teilsystemen der Gesellschaft entwickelt als in denen, in welchen Praxis erlebt und geleistet werden muß.

Der Versuch, die Entwicklung zur modernen komplexen Industriegesellschaft als Prozeß gesellschaftlicher Differenzierung zu sehen und darin das Problem der gesellschaftlichen Kohäsion mitzureflektieren, zeigt, daß keine Ganzheit, kein Weltbild mehr einen tragfähigen Zusammenhang zu vermitteln vermag. In diesem Kontext können die Interpretamente Säkularisierung und Integration wieder aufgegriffen und in einen weiteren Zusammenhang gestellt werden. Nicht nur die Kirche steht in einem Entwicklungsprozeß, von dem her dann die gesellschaftlichen Veränderungen erkannt und erklärt werden könnten. Vielmehr ist die Kirche ein Teilsystem der Gesellschaft, wie immer von ihr mitbewirkt, und die Situation der Kirche selbst wie auch das Verhältnis von Kirche und Gesellschaft können nur innerhalb des Prozesses von gesellschaftlicher Differenzierung und Kohäsion angemessen thematisiert werden.

3. DIE EMIGRATION DER KIRCHE AUS DER GESELL-SCHAFT UND DIE EMIGRATION DER THEOLOGIE AUS DEM NATURRECHT

Zur Kontinuität der Fragestellung unter veränderten gesellschaftlichen, kirchlichen und wissenschaftlichen Bedingungen

3.1 Säkularisierung, Emigration und gesellschaftliche Differenzierung

Am Beispiel Max Webers und Emile Durkheims wurde versucht, den Zusammenhang von Religionsbegriff, gesellschaftlicher Situation, kultureller Tradition und soziologischem Theorieansatz aufzuzeigen. Dadurch sollte den religionssoziologischen Theorien über Säkularisierung und Integrationsfunktion der Religion ihr objektivistischer Schein der Exaktheit und evidenten Plausibilität genommen werden, der oft genug sowohl für progressiv sich verstehende Anpassungsstrategien als auch für gettoisierende Verteidigungspositionen einer »reinen«, aber zunehmend gesellschaftsirrelevanten Lehre fraglos in Anspruch genommen wird.

Als ausschlaggebend für die Aporien der diskutierten religionssoziologischen Aussagen wurde auf die mangelnde Reflexion der historischen Vermittlung des religionssoziologischen Instrumentariums und ihrer definitorischen Voraussetzungen verwiesen. Als Teildisziplin der allgemeinen Soziologie glaubte und glaubt die Religionssoziologie abstrahieren zu können vom Selbstverständnis des zu untersuchenden Gegenstandes, auch im Falle der Kirche, um nicht ihren eigentlichen Gegenstand, die Gesellschaft und die Allgemeinheit ihrer Aussagen aufgeben zu müssen.

Die Kirchensoziologie andererseits blieb weithin einem monolithischen Kirchenbild verhaftet, machte kirchenrechtlich fixierte Erwartungen zu Kriterien der Meßbarkeit von Kirchlichkeit, ohne allzusehr die Voraussetzungen der eigenen Kriteriologie, nämlich das dialektische Verhältnis von Kirche und Gesellschaft mit- und vorauszureflektieren.

Die abnehmende kirchliche und gesellschaftliche bzw. staatliche Sanktionsfähigkeit stützte und förderte die letztlich dem einzelnen Subjekt angelastete mangelnde Glaubensbereitschaft und manifestierte sich zunehmend in dieser Sicht im Bild der säkularisierten Gesellschaft, in die hinein eine in ihrem Wesen unwandelbare Kirche wirken müsse. Dem gesellschaftszentrierten Ansatz der Religionssoziologie, der Religion und Kirche ausschließlich im

Hinblick auf deren Funktionen für und in der Gesellschaft bestimmen zu können glaubte, stand und steht ein ekklesiozentrisches, der kirchensoziologischen Arbeit vorgelagertes, aber sie bestimmendes Erkenntnisinteresse gegenüber, das vor allem der Legitimation gegenwärtiger (amts-)kirchlicher Verfaßtheit, einem festgestellten Kirchenbild galt, aber auch der pastoralen Sorge um die Ermöglichung des Zeugnisses der Kirche in der Gesellschaft.

Die Skizzierung eines gesamtgesellschaftlichen, auch die Institution Kirche umgreifenden Prozesses gesellschaftlicher Differenzierung sollte zeigen, daß sich in der Entwicklung zur gegenwärtigen komplexen Gesellschaft sozial-strukturelle Veränderungen ergeben haben, die zusammen mit ihren Folgeproblemen alle Institutionen betreffen. Diesen Prozeß nur negativ unter dem Aspekt der Säkularisierung begreifen zu wollen, vereinseitigt einen Teilaspekt, was kirchlicherseits noch einmal dadurch verschärft wird, daß offensichtlich epochal bestimmte Sozialstrukturen der Kirche zu unveränderlichen Glaubensbestandteilen selbst erklärt und verstanden werden. Darauf wird später kurz eingegangen.

Zuvor soll aber, im Kontext der Aussagen über gesellschaftliche Differenzierung und der damit zusammenhängenden Kohäsionsproblematik, die These der Emigration der Kirche aus der Gesellschaft noch einmal aufgegriffen werden und im Zusammenhang neuerer soziologischer Theorien, die die funktionale und strukturelle Differenzierung der Gesellschaft mitbedenken, diskutiert werden, um die soziologischen und theologischen Fragen nach dem gesellschaftlichen Ort der gegenwärtigen Kirche in der gegenwärtigen komplexen Gesellschaft angemessen formulieren zu können.

3.1.1 Die Voraussetzungen der Emigrationsthese

Im Gefolge E. Durkheims und des amerikanischen Funktionalismus bezeichnet man mit Kirche »einen Typus sozialer Organisiertheit innerhalb des die veränderbaren, besonders aber auch die unveränderbaren Weltbestände deutenden, sinnproduzierenden und -tradierenden Systems Religion«[1]. Die Funktionen dieser sozialen Organisiertheit von Religion waren dann die der Integration des einzelnen ins soziale Ganze und die Kompensation für unaufhebbare Entfremdung, Leid und Frustration, oder deutlicher auf die Kohäsionsproblematik bezogen: »Jede Gesellschaft verspürt das Bedürfnis eines Systems von Gefühlen und transzendenten Werten, damit sie zusammenhält. Hauptfunktion der Religion ist

---

[1] Dienel, P., Artikel: Kirche, in: Bernsdorf, W. (Hg.), Wörterbuch der Soziologie, Stuttgart ²1969, 537.

es, für den ›sozialen Kitt‹ zu sorgen und die Gefühle, welche der Gesellschaft Solidarität verleihen, zu rechtfertigen und zu rationalisieren«[2]. Nach G. Kehrer hat die Kirche für die »normative Integration des Individuums in die moderne Gesellschaft«[3] und für die »kultische Repräsentanz des akzeptierten Wertsystems«[4] zu sorgen.

Auf die Bedingungen und Grenzen eines solchen Ansatzes wurde im Kapitel über »Säkularisierung und Integration« schon eingegangen. Im Anschluß an die Überlegungen im Kapitel über »gesellschaftliche Differenzierung und Kohäsion« könnte man diese Funktionsbestimmungen als in einer Sozialform der konzentrischen Kreise gewonnene und in die Sozialform der sich kreuzenden Kreise ungeschichtlich projizierte begreifen. Diese Funktionen von Religion sind möglich – und vielleicht sinnvoll – in einer segmentären Gesellschaft. Differenziert sich die Gesellschaft funktional und strukturell weiter im Sinne der Segregation von Teilsystemen, stellt sich das Problem, ob sie im gleichen Sinne von Werten zusammengehalten werden kann.

Die Emigration der Kirche aus der Gesellschaft kann dann aber nicht als eine Folge der Ablehnung religiöser und christlicher Werte durch eine mehr oder weniger große Gruppe von Individuen oder der Gesellschaft interpretiert werden, die durch eine im Gefolge von Industrialisierung und Verstädterung sich verringernde soziale Kontrolle gestützt wird. Die Kirche ist vielmehr in diesen gesellschaftlichen Wandel miteinbezogen. Sie kann die Veränderungsprozesse nicht »aus einer Art Zuschauerposition vor sich ablaufen [sehen], um sich dann nachträglich aus ihrer *eigentlichen* Unbetroffenheit heraus von ihnen betroffen zu fühlen, weil sie ihr Konsequenzen abnötigen«[5]. Der Funktionswandel der Kirche fiele so aus dem Zusammenhang eines umgreifenden gesellschaftlichen Wandlungsprozesses heraus; dessen Analyse erlaubt aber keineswegs so einfache und eindeutige Zurechnungen wie die der Emigration der Kirche aus der Gesellschaft oder die der Entchristlichung. Der Prozeß der gesellschaftlichen Differenzierung sagt als solcher nichts aus, was global als Entchristlichung und Entkirchlichung gedeutet werden könnte. Vielmehr erweist sich als seine Folge eine Situation, in der es umfassender darum geht, »was unter den immer komplizierter werdenden und immer neue Schwierigkeiten produ-

[2] Rummay, J./Maier, J., Soziologie, Nürnberg 1954, 170.
[3] Kehrer, G., Religionssoziologie, 92.
[4] AaO. 132.
[5] Matthes, J., Die Emigration der Kirche aus der Gesellschaft, 35.

zierenden gesellschaftlichen Verhältnissen und Lebensbedingungen
›gelten soll‹, woran wir uns überhaupt noch halten, wonach wir uns
richten können; anders: wie heute ›gut und böse‹ bestimmt werden
können. Es geht um eine Reformulierung von verhaltenssteuernden
Sinnsystemen« überhaupt[6].

Die Kirche ist im Prozeß der gesellschaftlichen Differenzierung ein
Teilsystem unter anderen geworden. »Im Laufe der gesellschaftlichen Evolution werden Religionssysteme im Gesellschaftssystem
ausdifferenziert als Teilsysteme mit besonderen Funktionen neben
Politik, Wirtschaft, Familie, Wissenschaft. Die Stärke und die
Ebenen der Ausdifferenzierung sowie der Grad an Teilsystemauto-
nomie in der Wahrnehmung gesellschaftlicher Funktionen sind
evolutionär variabel und erreichen heute ein Ausmaß ohne historische Parallelen«[7]. Die Kohäsion dieser Teilsysteme ist – wie darzustellen versucht wurde – zum Problem geworden. Gesellschaftliche
Generalisierungsmedien müssen abstrakter und generalisierter werden; ebenso die Werte und Normen, sowohl die der Gesamtgesellschaft als auch die der Teilsysteme und der in ihnen wiederum
institutionalisierten Handlungszusammenhänge. Die Transferierbarkeit von Werten, Normen und Sanktionen von Teilsystem zu
Teilsystem ist schwieriger, wenn nicht zum Teil unmöglich geworden. Sie können sich widersprechen und sich unversöhnlich anta-
gonistisch gegenüberstehen. Andererseits müssen sie politisch reguliert werden, da sie politisch wirksam sind, sein wollen und auch
sein müssen, wenn auch in komplexen Gesellschaften anders als in
elementareren Sozialformen.

Das Teilsystem Politik hat die Funktion, für das Gesamtsystem
verbindliche Entscheidungen zu treffen. »Der qualitative Unterschied des politischen Subsystems zu allen anderen Subsystemen
eines gesellschaftlichen Gesamtsystems ist aber mit der Bestimmung der Funktion, für die Gesamtgesellschaft verbindlich zu
entscheiden, gegeben. Denn es ist ein Unterschied, ob ein Subsy-
stem wie Wirtschaft oder Wissenschaft in einer Interdependenz
von Funktionen gesamtgesellschaftlich vermittelt ist oder ob ein
System angenommen wird, dessen spezifische Funktion es ist,
gesamtgesellschaftlich zu entscheiden«[8].

An dieser Stelle müßte nun die Kategorie »Macht« thematisiert

[6] Dahm, K. W., Religiöse Kommunikation und kirchliche Institution, in:
Dahm, K. W./Luhmann, N./Stoodt, D., Religionssystem und Sozialisation, Darmstadt/Neuwied 1972, 164.
[7] Luhmann, N., Religion als System. Thesen, in: aaO. 11.
[8] Willms, B., Funktion, Rolle, Institution, 33.

werden und die Problematik des Kompetenzbereiches gesamtgesellschaftlicher Entscheidungen.

Wir wollen uns in unserem Zusammenhang auf die zunächst
plausible, aber problematische These konzentrieren, wonach »die
Einsicht in die Unhaltbarkeit inhaltlicher Allgemeinheiten zu der
klaren Erkenntnis der Formalisierung als Errungenschaft führt«[9],
von der her Luhmann dann weiterfolgert, »daß das politische
System seine Identität nicht mehr von der Gesellschaft ableiten
kann, wenn es von der Gesellschaft gerade als ein kontingentes,
auch anders mögliches System gefordert wird. Es muß sich dann in
einer mit alteuropäischen Begriffen nicht mehr zu erfassenden
Bewußtseinslage durch Strukturselektion selbst identifizieren«[10].
Luhmann führt die aufgezeigten Folgeprobleme der gesellschaftlichen Differenzierung radikalisiert weiter. Sie werden nicht, wie
noch bei Simmel, ambivalent als Befreiung des Individuums und
zugleich als dessen Bedrohung und totale Entfremdungsmöglich-
keit gesehen: »Komplexe Gesellschaften werden nicht mehr über
normative Strukturen zusammengehalten und integriert; ihre Einheit stellt sich nicht länger intersubjektiv über eine durch die Köpfe
der vergesellschafteten Individuen hindurchreichende Kommunikation her; die unter Steuerungsaspekten behandelte Systeminte-
gration wird vielmehr von einer unter Lebensweltaspekten zugänglichen Sozialintegration unabhängig«[11]. Das Selbst- und Weltver-
ständnis des Menschen wird bei Luhmann von der Systemidentität
abgekoppelt und rutscht entweder in die Provinzialität ab, wenn es
»alteuropäisch«, d. h. an normativen Ansprüchen orientiert bleibt,
oder es löst sich von Normorientierungen überhaupt[12]. Gegen
diese Legitimation der »Stabilisierung eines naturwüchsigen Ge-
sellschaftssystems *über* den Köpfen seiner Bürger« protestiert
J. Habermas energisch im Namen »einer sei's drum: alteuropäischen Menschenwürde«[13]. Er hält an »jenen allgemeinen und
unvermeidlichen Präsuppositionen fest, die, wie immer kontrafak-
tisch, der Rede und damit der sozio-kulturellen Lebensform so

[9] Vgl. aaO. 30.
[10] Luhmann, N., Politikbegriff und die »Politisierung« der Verwaltung, in:
Demokratie und Verwaltung, Berlin 1972, 220.
[11] Habermas, J., Legitimationsprobleme im Spätkapitalismus, Frankfurt
1973, 180.
[12] Vgl. aaO. 180–181.
[13] Vgl. aaO. 196. Vgl. auch ders., Können komplexe Gesellschaften eine
vernünftige Identität ausbilden?, in: Habermas, J./Henrich, D., Zwei Reden. Aus Anlaß der Verleihung des Hegel-Preises 1973 der Stadt Stuttgart
an Jürgen Habermas am 19. Januar 1974, Frankfurt 1974, 23–84.

innewohnen, daß sie die Prozesse der Vergesellschaftung an den Imperativ einer Ausbildung von Ich- und Gruppenidentitäten binden«[14].

Einig sind sich aber diese neueren soziologischen Analysen doch gerade darin, daß als Folge der gesellschaftlichen Differenzierung keine Ganzheit, kein Weltbild mehr zu tragen vermag: die Weltbilder und die weltstabilisierenden Deutungssysteme gehörten heute unwiderruflich der Vergangenheit an[15].

Für unseren Zusammenhang bedeutet das, daß man zunächst von einer Emigration der Weltbilder sprechen müßte, bevor man von einer Emigration der Kirche aus der Gesellschaft spricht. Dadurch könnte die Emigrationsthese relativiert werden. Die Kirche und die Theologie könnten unbefangener in einen Dialog mit anderen eintreten auf der Suche nach einer neuen gesellschaftlichen Identität und nach verhaltenssteuernden Sinnsystemen »unter den Bedingungen einer hochdifferenzierten wissenschaftlichen Zivilisation«[16]. Das Monopol auf Weltauslegung und Wertbestimmung hat die Kirche unwiderruflich verloren, dennoch wird »ihr aber eine arbeitsteilig-organisatorische Zuständigkeit für Sinnfragen, für ›letzte Werte‹ und vor allem für Kontingenzbewältigung nach wie vor zugeschrieben«[17].

Wenn also die Beobachtung zutrifft, »daß angesichts ständig sich steigernder Komplexität kein theologisches und kein theoretisches System in der Lage scheint, die Wahrheit des Ganzen, sozusagen eine gesamtgesellschaftliche Sinnformel zu formulieren«, wenn diese »angesichts dieser Komplexität vielleicht nur partikular formulierbar, d. h. relativ zur geschichtlichen Situation und zum gesellschaftlichen Interesse der die Formulierung vertretenden Institution« ist, kann dann die »Darstellung einer gesamtgesellschaftlichen Sinnformel« oder die gesellschaftliche Identität selbst »anders gedacht werden denn als realisierte Kommunikation«[18]. Die Beantwortung dieser Fragen hängt davon ab, ob und wie kirchliches Selbstverständnis einerseits und Gesellschaft und Gesellschaftstheorien andererseits der Kirche eine solche Funktion im Hinblick auf Gesellschaft zugestehen. In religionssoziologische und gesellschaftstheoretische Ansätze gehen, wie schon zu zeigen versucht wurde, verschieden vermittelte Vorverständnisse und Religionsbegriffe ein, die die Emigrations- und Säkularisierungsaussa-

---

[14] AaO. 70.
[15] Vgl. Habermas, J., Legitimationsprobleme, 166.
[16] Vgl. Dahm, K. W., Kommunikation und kirchliche Institution, 133.
[17] Ebd.
[18] Vgl. aaO. 133–134.

gen bestimmen und die bei einem Dialog aufgedeckt werden müssen, wenn kirchliches Selbstverständnis nicht fremdbestimmt, d. h. durch eine im jeweiligen soziologischen Theorieansatz begründete Funktionszuweisung unkritisch vereinnahmt werden soll. Das kann nicht dahingehend mißverstanden werden, daß Kirche und Theologie gesellschaftliche Probleme nicht vorfänden und auch soziologisch vermittelt aufgreifen müßten, denn das ist die Ausgangsbasis dieser Untersuchung überhaupt. Es sollte lediglich auch bei neueren Theorieansätzen noch einmal darauf hingewiesen werden, daß diese kritisch geprüft werden müssen, auch in ihrer Bedeutung für die Verwendung des Religions- und Kirchenverständnisses sowie für die Bestimmung des Verhältnisses von Kirche und Gesellschaft. Es muß geprüft werden, welche vermeintlichen kulturellen Selbstverständlichkeiten in die Analyse miteinfließen, die die Aussagen über Religion und Kirche verfälschen können, auch wenn sie sich als theologisch informiert ausgeben.

3.1.2 Theologische Fragen gegenüber Konzeptionen der Emigration der Kirche aus der Gesellschaft

Für eine soziologische Theorie gegenwärtiger komplexer Gesellschaften ist der historische Bezug konstitutiv. Andererseits wird aber zunehmend deutlich, »daß eine Theorie der sozialen Evolution heute noch kaum ausgebildet ist, obwohl sie Grundlage der Gesellschaftstheorie sein müßte«[19]. Diese Forderung nach überzeugenden Modellen soziokultureller Evolution gilt auch für die Systemtheorie N. Luhmanns und andere Theorien selbstregulierender Systeme. Sie können die nicht befriedigende Lösung der Bezugspunktproblematik, d. h. der Identifizierung der Zielwerte oder Gleichgewichtszustände sozialer Systeme, anders als im Falle biologischer Systeme, nur auf der Grundlage einer Theorie der sozialen Evolution leisten[20]. »Nur eine Theorie der sozialen Evolution, die den Begriff des ›Todes‹ sozialer Systeme präzise formuliert als Rückfall auf eine frühere Entwicklungsstufe oder Übergang zu einer neuen Phase, kann verhindern, daß die Disjunktion von sozialem Wandel – sozialer Stabilität völlig verschwimmt. Denn eine solche Theorie muß implizit definieren, welche Veränderungen als relevant gelten können«[21].
Nun ist es interessant zu beobachten, daß gerade im Kontext dieser

[19] Habermas, J., Legitimationsprobleme, 7.
[20] Vgl. Döbert, R., Systemtheorie und die Entwicklung religiöser Deutungssysteme. Zur Logik des sozialwissenschaftlichen Funktionalismus, Frankfurt 1973, 67.
[21] AaO. 69.

zentralen Schwierigkeit sowohl bei Luhmann[22] als auch bei Habermas[23], der sich darin Döbert anschließt[24], Religion und Kirche thematisiert werden. Auch hier offenbart sich die Komplexität der historischen Entwicklung als Schwierigkeit für die Theorie. Aber der andere Blickwinkel kann den der traditionellen Religions- und Kirchensoziologie ergänzen und zu weiteren Fragestellungen führen.

Gesellschaft ist nach N. Luhmann »dasjenige soziale System, das seine eigene Selektivität begründet, indem es Sinn konstituiert und damit die Generalisierung von Möglichkeiten auf das Selektionspotential der jeweiligen sozialen Strukturen und Prozesse abstimmt«[25]. Die Funktion von Religion bezieht sich dann »letztlich auf dieses zentrale gesellschaftliche Syndrom der Konstitution und Reduktion eines Selektionsverhältnisses«[26]. Sie »liegt in der Bereitstellung letzter, grundlegender Reduktionen, die die Unbestimmtheit und Unbestimmbarkeit des Welthorizontes in Bestimmtheit oder doch Bestimmbarkeit angebbaren Stils überführen. Sie ist für alle vorneuzeitlichen Gesellschaften zentral gewesen. In der heutigen Gesellschaft scheint sich eine Lage anzubahnen, in der die Teilsystemfunktionen wie Politik, Wirtschaft, Forschung, Erziehung, Familienleben jeweils füreinander ausreichend bestimmbare Umwelten sicherstellen, so daß Gesellschaft nur noch diese Interdependenz gewährleisten muß«[27].

Mit diesem funktionalen Religionsbegriff stößt Luhmann in seiner Analyse des Verhältnisses von religiöser Dogmatik und gesellschaftlicher Evolution aber auf die Schwierigkeit, »daß die *politische* Verfolgung und Kreuzigung des Jesus von Nazareth als *Negativum* in seiner eigenen Lehre *religiös* interpretierbar war und als

[22] Vgl. Luhmann, N., Religiöse Dogmatik und gesellschaftliche Evolution, in: Dahm, K. W./Luhmann, N./Stoodt, D., aaO. 15–132; ders., Institutionalisierte Religion gemäß funktionaler Soziologie, in: Concilium 10 (1974), 17–22; ders., Die Organisierbarkeit von Religion und Kirche, in: Wössner, J. (Hg.), Religion im Umbruch, 245–285.
[23] Vgl. Habermas, J., Legitimationsprobleme, 22–24, 163–168; ders., Können komplexe Gesellschaften eine vernünftige Identität ausbilden?, 24–48.
[24] Vgl. Habermas, J., Können komplexe Gesellschaften eine vernünftige Identität ausbilden?, 77, Anm. 5; Döbert, R., Zur Logik des Übergangs von archaischen zu hochkulturellen Religionssystemen, in: Eder, K. (Hg.), Entstehung von Klassengesellschaften, Frankfurt 1973, 330–363; ders., Die evolutionäre Bedeutung der Reformation, in: Seyfahrt, C./Sprondel, W. M. (Hg.), Seminar: Religion und gesellschaftliche Entwicklung. Studien zur Protestantismus-Kapitalismusthese Max Webers, Frankfurt 1973, 303–312.
[25] Luhmann, N., Religiöse Dogmatik und gesellschaftliche Evolution, 19.
[26] AaO. 20.
[27] Luhmann, N., Religion als System, 11–12.

Heilsgeschehen dogmatisiert werden konnte«[28]. Diese Tatsache widerspricht zentral seiner Funktionsbestimmung von Religion. Er glaubt aber »von diesem besonderen und besonders folgenreichen Sonderfall« absehen zu können[29], auch für die weitere Analyse der abendländischen Entwicklung. Will und kann man aber von diesem »Sonderfall« nicht absehen, ist dann mit Luhmann problemlos zu folgern, daß »die mit der Ausdifferenzierung verbundene, nur noch aspekthafte Interpretation der Welt . . . schon nicht mehr Interpretation der *Welt*« ist und daß »im Verzicht auf eine Interpretation der Welt . . . schon der Beginn des Verzichts auf die gesellschaftliche Funktion« liegt[30]? Gründet sich eine gesellschaftliche Funktion der Kirche nicht gerade auf eine Theologie des Kreuzes? Geht eine so verstandene gesellschaftliche Funktion der Religion nahtlos in einem Religions- und Kirchenbegriff des soziologischen Funktionalismus auf, oder ist sie nicht auch der Protest gegen diese Form einer »politischen Religion«[31]? Ist der weitgehende Verlust der hier beschriebenen Integrations-, Kohäsions- und Weltbildfunktion der Kirche nur negativ als Emigration der Kirche aus der Gesellschaft zu deuten oder auch als Befreiung zu einer auf dem Kreuzestod Jesu basierenden anderen gesellschaftlichen Funktion der Kirche?

Diese Fragen muß man auch gegenüber Döberts und Habermas' Abriß der Religionsgeschichte stellen, in der »die religiöse Entwicklung als Manifestation der Entfaltung der kommunikativen Kompetenz begriffen werden kann«[32]. Die Reduktion der Religion auf die Weltbildfunktionen religiöser Deutungssysteme in enger Anlehnung an funktionalistische Religionsbegriffe (R. N. Bellah und Th. Luckmann) erfaßt ebensowenig wie Luhmanns Konzeption die spezifischen Aussagen der christlichen Tradition. Die Herausstellung der Bedeutung des strengen Monotheismus der Hochreligionen für die agrarischen hochkulturellen Gesellschaften vergißt die auch politisch und sozialgeschichtlich bedeutsame christliche Trinitätslehre[33] ebenso wie die Tradition des Kreuzes.

---

[28] Luhmann, N., Religiöse Dogmatik und gesellschaftliche Evolution, 46.
[29] Vgl. ebd.
[30] Vgl. ebd.
[31] Vgl. Moltmann, J., Theologische Kritik der politischen Religion, in: Metz, J. B./Moltmann, J./Oelmüller, W., Kirche im Prozeß der Aufklärung, München/Mainz 1970, 11–51.
[32] Döbert, R., Systemtheorie, 152; vgl. Habermas, J., Können komplexe Gesellschaften eine vernünftige Identität ausbilden?, 34–41.
[33] Vgl. Peterson, E., Der Monotheismus als politisches Problem. Ein Beitrag zur politischen Theologie im Imperium Romanum, Leipzig 1935.

Eine Analyse mit Hilfe der funktionalistischen Religionsbegriffe ist dann verständlichermaßen unfähig, neuere theologische Reflexionen angemessen zu begreifen. Döbert sieht »hinter der traditionellen Fassade« nur noch den eigenen »tentativ rekonstruierten Umriß des modernen ›Glaubenssystems‹«, nämlich »rationale Vernunfttätigkeit«[34]. In dieser neueren Theologie wird für Habermas Gott lediglich »zum Namen für eine kommunikative Struktur«, und er folgert, daß »aus *dieser* kritischen Gedankenmasse die Idee des *persönlichen* Gottes kaum noch konsequent zu retten sein dürfte«[35].

Die Kirche ist unwiderruflich funktionslos geworden, und aus dieser »selbstverständlichen« Feststellung und aus dem verwendeten Religionsbegriff ergibt sich die Verwirrung, wenn Theologen dennoch der eigenen Position vergleichbar »Vernünftiges« sagen[36].

3.1.2.1 Joachim Matthes, Trutz Rendtorff

Die Behauptung der Transformation von Religion in Vernunft und die Reduktion des Religionsbegriffes auf diese Funktion kehrt anders, aber grundsätzlich dennoch wieder auch in neueren religionssoziologischen Versionen der Emigrationsthese. Nach J. Matthes ist Religion zwar »ein mit dem Kirchensystem verbundenes, aber eigengewichtiges und in sich differentes System von Kulturmustern, in denen religiöse Werte in Verhaltensweisen und Denkorientierungen umgesetzt worden sind und werden und in ein Feld locker gruppierter Religiositätsstile, in denen sich religiöse Werte mit erfahrenen und antizipierten Situationsdeutungen verbinden«[37]. Die tradierte Dichotomie von Kirche und Gesellschaft soll nach Matthes und Rendtorff religionssoziologisch mit Hilfe der Konzeption »Kulturreligion« überwunden werden. Die Forderung, daß es die Kirche in der Gesellschaft, aber unterschieden von ihr, geben müsse, wird als ein »überhöhtes Selbstverständnis« von Kirche zurückgewiesen. Sie bewirke eine »quasi-theoretische

---

[34] Vgl. Döbert, R., Systemtheorie, 137–139.
[35] Vgl. Habermas, J., Legitimationsprobleme, 166–167; Habermas bezieht sich auf Pannenberg, Moltmann, Sölle und Metz; vgl. auch ders., Können komplexe Gesellschaften eine vernünftige Identität ausbilden?, 40–41.
[36] Vgl. dazu auch Günther, H., Walter Benjamin und die Theologie, in: Stimmen der Zeit 98 (1973), 33–46; Günther bezieht sich auf die Benjamininterpretation von Habermas, in: Unseld, S. (Hg.), Zur Aktualität Walter Benjamins, Frankfurt 1972; er verweist auf die Schwierigkeit, die Habermas hat, Benjamin angemessen zu verstehen, da er »die Sinn- und Weltauslegungen der Religionen differenzlos dem Mythos zuschlägt« (aaO. 34).
[37] Matthes, J., Kirche und Gesellschaft, 149.

Kopflastigkeit des vernünftigen Handelns« und intendiere, von einer längst aus dem kulturellen System »emigrierten Kirche aus« in die Gesellschaft »>hinein< zu handeln, und zwar in einer gesellschaftlich wirksamen Weise«[38]. Das Konzept »Kulturreligion« eröffne die Möglichkeit, »Religion eben als religiöse Gesinnung und so auch als religiöses Ethos unabhängig vom System der Kirche zu definieren, zu ergreifen und zu realisieren«[39]. Daher könne und solle man nach der »schon vollzogenen Überwindung der bloß kirchlichen Gestalt des Christentums« keine Soziologie der Kirche mehr betreiben, sondern eine »Soziologie des Christentums oder der christlichen Welt«[40].

Der evangelische Theologe W. D. Marsch stand diesem auf einer »Theorie des neuzeitlichen Christentums« seines Kollegen Trutz Rendtorff basierenden Ansatz sehr skeptisch gegenüber. »Wenn der christliche Glaube sich nur noch zu liberal-humanistischen oder progressiv-reformistischen ethischen Zielen zu bekennen braucht, die historisch einlösbar sind, dann ist der neuprotestantische Streit um die Kirche tatsächlich seinem Ende nahe: Die gesellschaftliche Relevanz der Kirche wird dann ebenso wie die Annahme einer säkularisierten Welt zunehmend gleichgültig werden. Einer ›sozialen Organisiertheit von Religion‹ bedarf es um so weniger, je mehr die Christlichkeit der humanen Vernunft allgemein begriffen und realisiert ist«[41].

Seinem Verständnis von Kirche folgend, in welchem er dieser »eine vorläufige und stellvertretende Verwirklichung des Reiches Gottes auf Erden zutraut, wie Jesus sie angekündigt hat«, und in welchem er »auf einem geschichtlich nicht einlösbarem Noch-Nicht« insistiert[42], formuliert er gegenüber der Konzeption »Kulturreligion« einige wichtige Fragen: »Kann man denn damit rechnen, daß sich das Christliche unserer Kultur schon durchgesetzt hat bzw. sich immer weiter durchsetzen wird? Sind nicht kulturreligiöse Programme immer wieder der Revision, der Erneuerung am biblischen Erbe – wir können auch sagen: der Umkehr, metanoia bedürftig, wenn sie nicht im Nebel eines allgemeinen Ethos verkommen sollen, das an seinen Zielen bald irre wird und sich mit dem ›kleinen Glück‹ erbaulich-biedermeierlicher Bürgerlichkeit abfindet? Kann man an die Christlichkeit der neuzeitlichen Vernunft angesichts

---

[38] Vgl. Matthes, J., Die Emigration der Kirche aus der Gesellschaft, 64–67.
[39] Vgl. Rendtorff, T., Zur Säkularisierungsproblematik, 224.
[40] Vgl. aaO. 225–226.
[41] Marsch, W. D., Institution im Übergang, 134.
[42] Vgl aaO. 134–135.

ihrer Krisen und Katastrophen *glauben*? Hängt dieser Glaube nicht doch letztlich davon ab, wie wir's mit dem christlichen Gott halten: Ist es *schon* heraus, was er uns den biblischen Überlieferungen gemäß, vor allem durch Jesus, zu verstehen gibt, oder steht *noch* aus, was in jenen Überlieferungen erst utopisch-eschatologisch vorweggenommen wurde?«[43]

Säkularisierungs- und Emigrationsthesen markieren nach Marsch immer wieder eine eschatologische Differenz: »Und die Kirche wird *Ort des Übergangs* zwischen Christlichem und Weltlichem bleiben – bis hin zu einem ›Ende der Geschichte‹, das die gläubig-hoffende bzw. transzendental-logisch argumentierende Vernunft nur zu antecepieren und in Handlungsimpulse einer kirchlich-weltlichen Praxis zu übersetzen vermag«[44].

3.1.2.2 Peter L. Berger, Thomas Luckmann

Ein kurzer Blick auf den religionssoziologischen Ansatz von P. L. Berger und Th. Luckmann vergegenwärtigt uns noch einmal den Zusammenhang zwischen gesellschaftlicher Differenzierung als sozio-strukturellem Prozeß und der Situation des Individuums, der hier im Hinblick auf Religion thematisiert wird.

Berger unterscheidet eine objektive oder gesellschaftliche Dimension der Säkularisierung von einer subjektiven oder personalen[45]. Luckmanns Analyse dieser objektiven Dimension deckt sich mit der von P. L. Berger. Unter Säkularisierung verstehen sie den »Prozeß, durch den Teile der Gesellschaft und Ausschnitte der Kultur aus der Herrschaft religiöser Institutionen und Symbole entlassen werden. Wenn wir von Gesellschaft und Institutionen der modernen abendländischen Geschichte sprechen, verstehen wir Säkularisierung natürlich als Rückzug der christlichen Kirchen aus Bereichen, die vorher unter ihrer Kontrolle oder ihrem Einfluß gestanden haben – als Trennung von Kirche und Staat, als Enteignung von Kirchengut oder als Emanzipation der Erziehung von der Autorität der Kirchen«[46]. Auch Luckmann meint mit Säkularisierung »die Lösung der institutionellen Normen und Werte aus dem Kosmos religiöser Sinngebung«[47]. Für das Individuum bedeutet

---

[43] Ebd.

[44] AaO. 135.

[45] Vgl. Berger, P. L., Zur Dialektik von Religion und Gesellschaft. Elemente einer soziologischen Theorie, 102–104.

[46] Vgl. aaO. 103.

[47] Luckmann, Th., Religion in der modernen Gesellschaft, bisher unveröffentlicht; zitiert nach Zulehner, P. M., Säkularisierung von Gesellschaft, Religion und Person, 57.

dies, daß sein Verhalten nicht mehr durch in Gesellschaft und gesellschaftlichen Teilsystemen institutionalisierte Normen geregelt wird. Dadurch, daß die von den Kirchen als »spezialisierten religiösen Institutionen monopolistisch verwalteten traditionellen Lebensdeutungen« aus der Sozialstruktur der industriellen Gesellschaften entfernt werden, verlieren sie nach Luckmann »ihre Relevanz für den Alltag der Bevölkerung« und »dementsprechend jeden unmittelbaren Einfluß auf die alltäglichen Verhaltensschemata der Person«[48].

Auch Berger und Luckmann gehen in ihren Analysen aus von der Tatsache der gesellschaftlichen Differenzierung und ihren Folgen[49]: Die gesellschaftlichen Teilbereiche entwickeln eine interne Autonomie, ihre Handlungsnormen werden rationalisiert und gelten mehr oder minder autonom nur innerhalb der einzelnen Bereiche. Für das Individuum werden sie »hinsichtlich ihrer Gültigkeit zwangsläufig relativiert«[50]. Diese »auf der Gesellschaftsentwicklung beruhende Tendenz zur Relativierung« gilt auch für die traditionell religiösen Vorstellungen[51]. »Die institutionell fixierten Normen und Vorstellungen«, deren Zusammenhang zwar institutionell vorgeformt ist, bestätigen sich aber als Sinnzusammenhang »weder in den sukzessiven, von internen zweckrationalen Institutionsnormen bestimmten Lagen, noch in zusammenhängenden Erfahrungen in der Gesamtgesellschaft«[52]. Dadurch gerät der einzelne zwangsläufig in den Konflikt »zwischen den spezifisch religiösen Normen und den mehr oder minder autonomen Normen der anderen Institutionsbereiche«, und dieser Konflikt »trägt also zur Auflösung des institutionell fixierten religiösen Sinnzusammenhangs bei«[53].

Diese auf der Gesellschaftsentwicklung beruhende Auflösung der »Plausibilitätsstrukturen«[54] kann nun dazu führen, daß das Individuum religiöse Vorstellungen in eine »scharf lokalisierte Bewußtseinsschicht versetzt«. Dann brauchen sie mit anderen Normen

[48] Vgl. ebd.
[49] Vgl. Luckmann, Th., Das Problem der Religion, 55–60.
[50] Vgl. aaO. 56.
[51] Vgl. aaO. 58.
[52] Vgl. aaO. 61.
[53] Vgl. aaO. 61–62.
[54] Berger, P. L., Zur Dialektik von Religion und Gesellschaft, 44–45: »Welten werden sozial errichtet und sozial erhalten. Die Beständigkeit ihrer Wirklichkeit, sowohl objektiv (als allgemeine Gewißheit ihrer Faktizität) wie subjektiv (als Faktizität der individuellen Gewißheit), hängt aber von spezifischen gesellschaftlichen Prozessen ab, nämlich von Prozessen, die diese spezielle Welt ständig erneuernd erhalten. Eine Unterbrechung dieser

»nicht unbedingt in einen affektiv und kognitiv entscheidenden Konflikt treten«[55]. Widerspricht das aber gerade nicht dem eigentlichen Sinn religiöser Vorstellungen, die der Intention nach den gesamten Sinnzusammenhang der individuellen Lebensführung umgreifen wollen? Nach Luckmann kann man dem Konflikt nur dann ausweichen, »wenn die Normen und Vorstellungen spezifisch religiöser Art ihres Sinnes im wesentlichen entleert werden und nur noch als Rhetorik fungieren«[56]. Lediglich der, »der dem Gültigkeitsanspruch der spezifisch religiösen Vorstellungen aus sozialbiografischen Gründen überhaupt nicht ausgeliefert ist, erlebt selbstverständlich keinen Konflikt mehr«[57]. In unserem Kontext könnte man ergänzen, daß auch derjenige, der den Normen und Werten der segregierten Teilsysteme und der in ihnen institutionalisierten Handlungszusammenhänge aus sozialbiografischen Gründen nicht, nicht mehr oder noch nicht konfrontiert wird, diesem Konflikt nicht oder doch nur abgeschwächt ausgesetzt ist.

Berger und Luckmann unterscheiden sich in der Einschätzung des Schicksals der Religion im Zustand der beschriebenen Säkularisierung. Nach Berger gibt es neben der Säkularisierung der Gesellschaft und der Kultur auch eine Säkularisierung des Bewußtseins: »mindestens in Europa und den Vereinigten Staaten [lebt] heutzutage eine ständig wachsende Zahl von Menschen . . . die sich die Welt und ihr eigenes Dasein auch ohne religiösen Segen erklären«[58] kann. Für Luckmann dagegen wäre eine religionslose Person keine menschliche mehr[59].

Dieser Unterschied resultiert aus der Verschiedenheit der verwendeten Religionsbegriffe. Luckmann gebraucht in der Tradition E. Durkheims einen funktionalen Religionsbegriff, der sich allerdings von einem strukturell-funktionalen dadurch unterscheidet, daß bei ihm Funktionalität »nicht auf spezifisch institutionellen Konstellationen« beruht, die »auf den Status universaler Gültigkeit hinaufgeschraubt« würden, sondern »auf gewissen fundamentalen anthropologischen Bedingungen«[60]. »Das wesentliche an seiner

---

Prozesse umgekehrt bedroht die (objektiv-subjektive) Wirklichkeit der besagten Welt. Deshalb braucht jede Welt eine gesellschaftliche ›Basis‹ für ihre Dauerhaftigkeit als Welt, die für bestimmte Menschen wirklich ist. Diese ›Basis‹ können wir ihre Plausibilitätsstruktur nennen.«

[55] Vgl. Luckmann, Th., Das Problem der Religion, 62.
[56] Vgl. aaO. 63.
[57] Ebd.
[58] Berger, P. L., Zur Dialektik von Religion und Gesellschaft, 104.
[59] Vgl. Zulehner, P. M., Säkularisierung von Gesellschaft, Religion und Person, 58.
[60] Vgl. Berger, P. L., Zur Dialektik von Religion und Gesellschaft, 167.

Definition der Religion ist die Fähigkeit des menschlichen Organismus, seine biologische Natur in der Konstruktion objektiver, moralisch zwingender, allumfassender Sinnwelten zu überschreiten. Deshalb ist Religion für Luckmann nicht nur *das* soziale Phänomen (wie für Durkheim), sondern tatsächlich *das* anthropologische Phänomen *par excellence*. Er setzt Religion gleich mit symbolischer Selbsttranszendierung. Alles genuin Menschliche ist demnach *ipso facto* religiös. Nicht religiös am Menschen ist demnach nur seine animalische Natur, d. h. genauer der Bestandteil seiner biologischen Konstitution, den er mit anderen Tieren *gemeinsam* hat«[61].

Berger unterstreicht und betont seine Übereinstimmung mit Luckmanns anthropologischen Voraussetzungen[62] und dessen »Kritik an einer Religionssoziologie . . . die sich allein auf die Kirche, eine historisch relative Institutionsform von Religion konzentriert«[63]. Andererseits bestreitet er aber die Brauchbarkeit einer Definition, die Religion mit dem Menschlichen schlechthin gleichsetzt: »Es ist eine Sache, die anthropologischen Grundlagen der Religion in der menschlichen Exzentrizität aufzudecken, eine ganz andere aber, Religion und Selbst-Transzendierung gleichzusetzen. Schließlich gibt es sehr verschiedene Formen der Selbst-Transzendierung mit den dazugehörigen symbolischen Sinnwelten, auch wenn die anthropologische Herkunft identisch ist«[64]. Berger entscheidet sich daher für eine mehr substantiale Definition und postuliert im Anschluß an R. Ottos Kategorie des Heiligen einen heiligen Kosmos. Unter Religion versteht er dann »menschliches Glauben und Handeln gegenüber einem heiligen Kosmos«[65]. Dieser heilige Kosmos ist aber andererseits auch vom Menschen geschaffen: »Religion ist das Unterfangen des Menschen, einen heiligen Kosmos zu errichten. Anders ausgedrückt: Religion ist Kosmisierung auf heilige Weise«[66]. In der Religion greift nach Berger »die Externalisierung, d. h. die Selbstentäußerung des Menschen, soweit über ihn hinaus, daß der Wirklichkeit seine eigenen Sinnsetzungen auferlegt. Religion impliziert die Projektion menschlicher Ordnung in die Totalität des Seienden. Anders ausgedrückt: Religion ist der

---

[61] Ebd.
[62] Vgl. ebd.; Berger verweist dabei auf ihr gemeinsames Buch: Die gesellschaftliche Konstruktion der Wirklichkeit, Frankfurt 1969, [3]1972.
[63] Ebd.
[64] Ebd.
[65] Berger, P. L., Betrachtungen über die Zukunft der Religion, in: Schatz, O. (Hg.), Hat die Religion Zukunft, Graz/Wien/Köln 1970, 52.
[66] Berger, P. L., Zur Dialektik von Religion und Gesellschaft, 26.

kühne Versuch, das gesamte Universum auf den Menschen zu beziehen und für ihn zu beanspruchen«[67].

Dieser Bedeutung von Religion für die »Welterrichtung« entspricht diejenige für die »Welterhaltung«. Wird die Gültigkeit der bestehenden Gesellschaftsordnung, in welcher Form auch immer, in Frage gestellt, reicht nach Berger »die Faktizität der sozialen Welt oder irgendeines ihrer Teilbereiche als Selbstlegitimation« nicht mehr aus; sie verliert ihren Gewißheitscharakter. »Dann muß die Gültigkeit der Gesellschaftsordnung bewiesen werden, und zwar sowohl der Herausforderer wegen als auch um derer willen, die ihnen zu begegnen haben«[68]. Diese Legitimierung intendiert »die Entstehung von Symmetrie zwischen subjektiven und objektiven Wirklichkeitsbestimmungen«[69].

Die Funktionszuweisung für Religion, die Berger hier vollzieht, unterscheidet sich nicht wesentlich von den bisher dargestellten: »Religion war von jeher das am weitesten verbreitete und das bewährteste Medium für Legitimierung. Jedes Legitimierungsmedium wahrt und bewahrt gesellschaftlich definierte Wirklichkeit. Religion legitimiert so besonders wirkungsvoll, weil sie die ungesicherten Wirklichkeitskonstruktionen ›wirklicher‹ Gesellschaften mit einer äußersten und obersten Wirklichkeit verknüpft. Das heißt, sie gibt den zerbrechlichen Wirklichkeiten der sozialen Welt das Fundament eines heiligen *realissimum*, welches *per definitionem* jenseits der Zufälligkeiten menschlichen Sinnens und Trachtens liegt«[70]. Anders gesagt: »Menschlich konstruierter Nomos erhält kraft religiöser Legitimation einen kosmischen Status«[71].

Von diesem Religionsbegriff her, der sich inhaltlich an der abendländischen Geschichte, so also an der Geschichte des Christentums orientiert, wird die mit Luckmann wieder übereinstimmende Beschreibung der »objektiven Säkularisierung der Sozialstruktur« verständlich: »Wie ›wirklich‹ private Religiosität auch für den einzelnen sein mag, die klassische Aufgabe der Religion, eine gemeinsame Welt zu errichten, die dem ganzen gesellschaftlichen Leben seinen letzten und für jedermann verbindlichen Sinn gibt, kann sie [die privatisierte Religion – H. L.] nicht mehr erfüllen. Statt dessen beschränkt sie sich auf gesellschaftliche Enklaven des sozialen Lebens, die sich von den säkularisierten Sektoren der

---

[67] AaO. 28.
[68] Vgl. aaO. 31.
[69] Vgl. aaO. 32.
[70] Ebd.
[71] AaO. 35.

modernen Gesellschaft abgesondert haben«[72]. In diesen Enklaven des sozialen Lebens kann der einzelne an den religiös legitimierten Normen festhalten »und zugleich seine Tätigkeit in der öffentlichen Sphäre ohne jede Rücksicht auf religiöse Werte irgendwelcher Art betreiben«[73].

Die Religion und erst recht die Kirche als soziale Organisiertheit von Religion sind beide aus der Gesellschaft emigriert. Religion manifestiert sich nur noch »als öffentliche Rhetorik und private Tugend. Insoweit sie also gemeinschaftlich ist, fehlt ihr ›Wirklichkeit‹, und insoweit sie ›wirklich‹ ist, fehlt ihr Gemeinschaftlichkeit. Diese Situation stellt eine schwere Zerreißprobe für die traditionelle Aufgabe der Religion dar, die gerade in der Errichtung einer integrierten Sammlung von Wirklichkeitsbestimmungen bestand, die den Mitgliedern einer ganzen Gesellschaft als gemeinsame Sinnwelt diente«[74].

Betrachtet man die soziologische Tradition, in der P. L. Berger und Th. Luckmann stehen und die sie weiterführen, wird deutlicher, daß und wie sie den Prozeß der gesellschaftlichen Differenzierung voraussetzen und seine Folgen beschreiben, an denen Religion teilhat: am allgemeinen Rückzug auf partikulare Interaktionssysteme. Allgemeine und übergeordnete Sinnstrukturen werden nicht mehr in öffentlichen Institutionen vermittelt, letzter Sinn wird nur noch in Kleinstgruppen artikuliert[75]. Bergers und Luckmanns Theorieansatz der »Gesellschaftlichen Konstruktion der Wirklichkeit«[76] versucht den symbolischen Interaktionismus (G. H. Mead) und die Analysen der sozialen Lebenswelt (A. Schütz) weiterzuführen. Ausgangs- und Angelpunkt des Theorieansatzes ist die These, daß Sinn immer sozial hergestellter Sinn ist und sich in Kommunikation und Interaktion konstituiert. In komplexen Gesellschaften aber wandert kommunikative Interaktion, in welcher Konsensus hergestellt wird, in partikulare Untersysteme ab. Diese »Sinnprovinzen« werden einerseits zunehmend irrelevant für die Gesamtgesellschaft und deren Wissen und drohen andererseits zur beliebigen Konvention zu entarten[77].

[72] AaO. 128.
[73] Ebd.
[74] AaO. 128–129.
[75] Luckmann, Th., Das Problem der Religion, 72–74.
[76] Vgl. Berger, P. L./Luckmann, Th., Die gesellschaftliche Konstruktion der Wirklichkeit. Eine Theorie der Wissenssoziologie.
[77] Habermas fordert daher, daß Sinn in *Diskurs*, d. h. in umgangssprachlicher Verständigung auf seinen universalen Geltungsanspruch hin befragt werden muß. Ein Sinnsystem kann demnach erst dann als legitimiert gelten,

Theologische Rückfragen, welche die Analysen von Berger und Luckmann ernst nehmen, aber ihre Verabsolutierung und Resignation in Frage stellen, müßten an ihrer handlungstheoretischen Ausgangsthese ansetzen. Es sollte dabei nicht darum gehen, Analysen der historischen und gegenwärtigen Funktionen von Religion und Kirche apologetisch abzuwehren. Abgewehrt werden soll lediglich die Versuchung, die Funktionen von Religion und die Aufgaben der Kirche in den so analysierten völlig aufgehen zu lassen, sie ungeschichtlich zu verallgemeinern und zu verabsolutieren.

Bevor auf eine auch bei Berger und Luckmann vernachlässigte Tradition des kirchlichen Selbstverständnisses des Verhältnisses von Kirche und Gesellschaft und der darin und damit gemachten Erfahrungen eingegangen werden kann, sollen auch zum theoretischen Ansatz der religionssoziologischen Arbeit von Berger und Luckmann aus theologischer Sicht einige Fragen referiert werden.

Objekt der Betrachtung dieses handlungstheoretischen Ansatzes ist soziales Handeln. Dadurch, daß nicht primär die Gesamtgesellschaft oder das Individuum Objekt der Analyse ist, wird zwar eine oft vereinseitigende Dichotomie von Gesellschaft und Individuum vermieden[78]. Es fragt sich aber, ob diese soziologisch-sozialpsychologische Vorgehensweise den gesamtgesellschaftlichen Aspekt genügend in den Blick bekommt. Es scheint, als ob die auf ihr aufbauende Religionssoziologie so Religion zwar in weniger differenzierten Gesellschaften auch unter Berücksichtigung ihres gesamtgesellschaftlichen Bezugs definieren, aber die so definierte Religion und die Kirche als deren Organisiertheit im Prozeß der gesellschaftlichen Differenzierung nur noch untergehen lassen kann. Geht aber die Aufgabenbestimmung und das Selbstverständnis von Kirche nicht in der Funktionsbestimmung von Berger und auch nicht in dem auf Anthropologie reduzierten Religionsbegriff von Luckmann auf, weil man historisch bedingte Verhältnisbestimmungen von Kirche und Gesellschaft nicht in einem fixen Religions- und Kirchenbegriff verdinglichen will, kann man einerseits

wenn es sich einmal in der sozialen Interaktion einer Gruppe als gültig erweist und zudem der Konfrontation der faktischen Zustände der Gesellschaft mit dem möglichen Zustand aufgrund eines erreichten Wissenbestandes und der damit ermöglichen Zukunftsperspektive standhält. Vgl. Habermas, J./Luhmann, N., Theorie der Gesellschaft oder Sozialtechnologie, 164 f; Fischer, W., Sinnkonstruktion. Die Legitimität der Religion in der sozialen Lebenswelt, in: Marsch, W. D., Plädoyers in Sachen Religion, 192–212; 206.
[78] Vgl. Fischer, W., aaO. 193.

nach Traditionen und Interpretationen suchen, die sich den dargestellten Analysen nicht fügen, andererseits aber zunächst die Voraussetzungen des dargestellten Theorieansatzes befragen.

W. Pannenberg hat die Ausgangsthesen der religionssoziologischen Arbeit P. L. Bergers kritisch untersucht. Da er sich dabei primär auf die anthropologischen und handlungstheoretischen Ansätze bezieht, kann seine Kritik auch für Th. Luckmann gelten. Pannenberg geht aus von der Behauptung Bergers, daß der »methodische Atheismus der Religionssoziologie«, die in »der von Feuerbach ausgehenden religionsphilosophischen Tradition Religion als Projektion, nämlich als Selbstentäußerung des Menschen« begreift, »noch keine Vorentscheidung der Frage impliziere, ob den religiösen Projektionen eine Wirklichkeit außer uns entspreche oder nicht«[79]. Pannenberg zeigt dann, daß in der faktischen Durchführung Bergers Religionssoziologie gegen dessen Absicht zu einer atheistischen Deutung der religiösen Phänomene tendiert. Die Formulierung, Religion sei »eine gigantische Projektion menschlicher Sinnhaftigkeit in die öde Leere des Universums«, sei kaum zu vereinbaren mit der zugestandenen Möglichkeit, »daß die menschlichen Sinnprojektionen einem ›allumfassenden Sinn‹ entsprechen, der den Menschen selbst miteinschließt«[80].

Indem Berger »die Sinngebilde des religiösen Bewußtseins ebenso wie die Ordnungen des gesellschaftlichen Lebens als Ausdruck und Produkt menschlichen Handelns deutet . . . können die religiösen Gehalte nicht anders denn als Schöpfungen des Menschen in den Blick kommen«. Religiöses Sinnbewußtsein erscheint von vornherein und exklusiv als Ausdruck menschlicher Sinngebung[81].

Selbst in der These, daß »die religiösen Überlieferungen ›zurückwirken auf das Handeln des Alltags und es gelegentlich von Grund auf verändern‹«, enthält »der Gedanke des Zurückwirkens selbst . . . bereits die Voraussetzung einer nicht schon religiös fundierten Welt alltäglicher Praxis, in der religiöse Ideen ihre ›Verwurzelung‹ haben und auf die sie eben darum allenfalls zurückwirken können«[82].

Der religiöse Glaube an die Überlegenheit und Unabhängigkeit der göttlichen Macht gegenüber dem Menschen erweist sich in der faktischen Durchführung der Religionssoziologie Bergers als ver-

[79] Vgl. Pannenberg, W., Signale der Transzendenz. Religionssoziologie zwischen Atheismus und Wirklichkeit, in: Evangelische Kommentare 7 (1974), 151–154; 151.
[80] Ebd.
[81] Vgl. aaO. 152.
[82] Ebd.

dinglichter Ausdruck eines entfremdeten Bewußtseins, das die Produkte menschlicher Tätigkeit nicht mehr als seine eigenen Produkte erkennt, sondern als fremde Gegebenheit annimmt. Wenn Berger solcher Argumentation entgegenhält, »daß seine Darstellung die Möglichkeit nicht ausschließt, daß den menschlichen Projektionen eine Wirklichkeit außer uns entspricht«, bleibt doch die Frage, »ob es Gründe geben kann, diese Möglichkeit für wirklich gegeben zu halten«[83]. Auf dem Boden der handlungstheoretischen Betrachtungsweise Bergers ist nach Pannenberg diese Möglichkeit nicht gegeben. Auch die »Signale der Transzendenz«, die Berger in seinem Buch »Auf den Spuren der Engel«[84] zu erkennen glaubt, verfallen »der Versuchung zur Verdinglichung ... die in solchen Signalen mehr sehen will als Produkte des eigenen Bewußtseins«[85].

Pannenberg verweist auf neuere sprachtheoretische Arbeiten, die s. E. eine Revision des handlungstheoretischen Rahmens der Religionssoziologie ermöglichen, aber dennoch im Sinne Bergers bei der Anthropologie ansetzen können: »Wenn aber die Sprache nicht als Produkt eines Handelns zu verstehen ist, sondern umgekehrt alles Handeln schon sprachlich artikulierbare Sinnerfahrung voraussetzt, dann läßt sich auch die Sinnerfahrung nicht auf eine Sinnstiftung durch Handeln zurückführen ... Die religiösen Gehalte stellen sich dann nicht mehr schon deshalb, weil sie Sinngebilde sind, als Produkte menschlichen Handelns dar. Dennoch bleibt solches Handeln im Spiel, weil Sinnerfahrung der Sinndeutung bedarf, um zu klarer Bestimmtheit zu gelangen. Damit behalten auch Bergers Untersuchungen über Legitimationsfunktionen und Entfremdungsaktivität religiöser Traditionen ... ihr Gewicht. Sie verlieren nur ihren Anspruch darauf, eine erschöpfende Darstellung der religiösen Phänomene zu liefern. Erst die Einsicht in die Dialektik von Sinngehalt und Sinndeutung läßt wirklich – im Sinne der Intention Bergers – die Frage offen, welche Wirklichkeit den Projektionen der religiösen Überlieferung entspricht. Erst sie erlaubt es auch, die ›Signale der Transzendenz‹ in den anthropologischen Phänomenen als Hinweise auf Sinnzusammenhänge ernstzunehmen, die menschlicher Sinndeutung vorgegeben sind«[86].

Der sprachtheoretischen und vor allem theologischen Problematik und Relevanz dieser Überlegungen kann hier nicht weiter nachge-

---

[83] Vgl. ebd.
[84] Berger, P. L., Auf den Spuren der Engel. Die moderne Gesellschaft und die Wiederentdeckung der Transzendenz, Frankfurt 1970.
[85] Pannenberg, W., aaO. 152.
[86] AaO. 152–153.

gangen werden. Es sollte lediglich – in Weiterführung der bisherigen Vorgehensweise – aufgezeigt werden, daß und wie in religionssoziologische Theorieansätze theologisch wichtige und problematische Voraussetzungen eingehen, die die Durchführungen, die inhaltlichen Aussagen und Ergebnisse der Analysen entscheidend prägen.

Die Betonung der Dialektik von Sinndeutung, Sinnerfahrung und Sinngehalt verweist aber auch auf eine in der herkömmlichen Religionssoziologie vernachlässigte Dimension: die des kirchlichen Selbstverständnisses des religionssoziologisch zu analysierenden Gegenstandsbereiches, die mit ihm gemachten historischen Erfahrungen und die Veränderungen dieses Selbstverständnisses. Dabei geht es – der Intention der Arbeit gemäß – nicht um die in der Religionssoziologie gebräuchlichen Versuche, wissenssoziologisch die gesellschaftlichen Bedingtheiten dogmatischer Lehraussagen zu untersuchen. Primär soll vielmehr versucht werden, auf dem Hintergrund der bisherigen religionssoziologischen Aussagen und der gesellschaftstheoretischen Überlegungen über gesellschaftliche Differenzierung kirchlichen Traditionen und Reflexionen nachzugehen, die eine Verhältnisbestimmung von Kirche und Gesellschaft zu leisten beanspruchten.

Die Religionssoziologie hat dabei m. E. eine der für diese Fragestellung relevantesten Denkfiguren merkwürdigerweise wenig beachtet, merkwürdig vor allem auch deshalb, weil sie wie kaum eine andere gesellschaftlich wirksam geworden ist und trotz aller Kritik frag-würdig geblieben ist: gemeint ist die Tradition des Naturrechts.

3.2 Klassische Naturrechtslehren als theologischer Ort der Thematisierung des Verhältnisses von Kirche und Welt im Prozeß der gesellschaftlichen Differenzierung

Als Ergebnis der bisherigen Überlegungen könnte unter der Perspektive einer kritischen Behandlung des Naturrechts festgehalten werden: Die Religionssoziologie hat sich in ihrem Religionsbegriff eine geschichtlich bedingte Vorstellung von Religion gemacht, diese ungeschichtlich verallgemeinert, forschungstechnisch instrumentalisiert und oft genug im Hinblick auf gesellschaftliche Problemlagen und soziologische Theoriebedürfnisse verkürzt. Einfacher formuliert: die »Welt« hat sich ein Bild von Religion und auch von deren organisierter Form, der Kirche, gemacht, um mit ihr kommunizieren zu können. Wir haben auf die Bedingtheiten dieses Ansatzes hingewiesen. Die Beschäftigung mit dem Problem »gesellschaftliche Differenzierung« sollte die Problematik der gesellschaftlichen Funktion von Religion und Kirche bzw. die Rede von deren Verlust als Säkularisierung in einen umfassenden Kontext stellen. Die Tradition der kirchlichen Naturrechtslehren[87], die man als traditionellen Ort der theologischen Diskussion des Verhältnisses von Kirche und Welt[88] bezeichnen kann, fehlt fast völlig in der religionssoziologischen Begriffs- und Theoriebildung.

3.2.1 Bedeutung und Notwendigkeit der Analyse des kirchlichen Selbstverständnisses des Verhältnisses von Kirche und Welt

Kirchliche Naturrechtslehren und religionssoziologische Theorien in Zusammenhang zu bringen, erscheint nur auf den ersten Blick als willkürlich. Einmal wurde schon verschiedentlich auf den Sachverhalt hingewiesen, daß eine Analyse von Institutionen und Organisationen unzulänglich ist, solange sie nicht deren Selbstverständnis des zu analysierenden Problembereiches miteinbezieht; d. h., eine religionssoziologische Beschäftigung mit dem Verhältnis von Kirche und Gesellschaft kann nicht verzichten auf die Analyse der kirchlichen Behandlung dieses Zusammenhangs. Dazu gehört auch die Analyse der Erfahrungen, die Theologie und Kirche mit ihren Traditionen gemacht haben und die für heutige Aussagen z. B. der katholischen Soziallehre oder einer Theologie der Welt von Bedeutung sind.

Das Kapitel über »gesellschaftliche Differenzierung und Kohäsion« diente sowohl der Suche nach Kriterien, die vorschnellen und vereinfachten Thesen über Säkularisierung und Emigration der Kirche aus der Gesellschaft ihren absoluten Charakter nehmen konnten. Gleichzeitig deutet es den Verständnishorizont an, in dem die Tradition des Naturrechts diskutiert werden sollte. Die Verbindung von Religionssoziologie und kirchlichem Naturrecht ist aber auch aus einem anderen Grunde nicht willkürlich. Heinrich

---

[87] Zur begrifflichen Unterscheidung von kirchlichen und profanen Naturrechtslehren vgl. Hollerbach, A., Das christliche Naturrecht im Zusammenhang des allgemeinen Naturrechtsdenkens, in: Böckle, F./Böckenförde, E. W. (Hg.), Naturrecht in der Kritik, Mainz 1973, 9–38; Böckenförde, E. W., Kirchliches Naturrecht und politisches Handeln, in: aaO. 96–125.
[88] Vgl. Troeltsch, E., Das stoisch-christliche Naturrecht und das moderne profane Naturrecht, in: Historische Zeitschrift 106 (1911), 237–267; 247: »Wie hat die Kirche ihr Verhältnis zu den außerchristlichen Tatsachen und Idealen des sozialen Lebens gestalten können? – Die kurze Antwort auf diese Frage ist: Sie hat es getan durch die Ausbildung des Begriffs des christlichen Naturrechts und durch die Bewältigung all jener Elemente mit Hilfe dieses Naturrechts.« Die Gründe dafür, daß dieses Verhältnis als das von Kirche und Staat thematisiert wird, wird plausibel in der Darstellung der historischen Bedingtheit dieser Verhältnisbestimmung.

Brunner hat die Naturrechtslehre des Mittelalters eine dem damaligen Wissensstand adäquate Art »spekulativer Soziologie« genannt[89]. Betrachtet man die kirchliche Naturrechtstradition als den theologischen Ort, an dem das Verhältnis von Kirche und Welt thematisiert wurde, erscheint es notwendig, der Rezeption dieser Lehre einen wichtigen Platz in der Diskussion um den gesellschaftlichen Ort der Kirche zu geben, gerade auch weil sie für das Selbstverständnis und für die Praxis der Kirche in diesem Zusammenhang immer noch von großer Bedeutung ist.

Eine in Parallele zur soziologischen Sicht von Religion und Kirche vorläufig formulierte Hypothese könnte dann lauten: Die Kirche hat sich in ihren Naturrechtslehren ein gesellschaftlich und theologiegeschichtlich bedingtes Verständnis von »Welt« gemacht, dieses ungeschichtlich verallgemeinert und oft genug im Hinblick auf kirchliche Problemlagen und theologische Theoriebedürfnisse verkürzt.

Bezieht man nun die Entwicklung der kirchlichen Naturrechtslehren auf die im Prozeß der gesellschaftlichen Differenzierung zwar nur bedingt, aber dennoch andeutbaren Schwellen gesellschaftlicher Evolution, dann wird sich zeigen, daß eine vorwiegend negative Interpretation dieser Hypothese der Gefahr unterliegt, selbst in einer ungeschichtlichen Weise Reflexionsergebnisse komplexer Situationen auf weniger komplexe früherer Epochen zu retrojizieren.

Eine Zuordnung von generellen Aussagen über den Prozeß der gesellschaftlichen Differenzierung zu spezifischen historischen Prozessen ist auf dem gegenwärtigen Stand der wissenschaftlichen Diskussion äußerst schwierig, wenn nicht unmöglich[90].

Dieser Arbeit kann es nicht darum gehen, eine solche Verbindung im strikten Sinne zu leisten. Es soll lediglich versucht werden, eine Perspektive aufzuzeigen, in der einige Probleme des Verhältnisses von Kirche und Gesellschaft so dargestellt werden, daß gegenwärtige Probleme klarer erkannt und von dieser spezifischen Sicht her

---

[89] Vgl. Brunner, H., Die Wirtschaftsphilosophie Fichtes, Nürnberg 1935; »Der eigentliche Vorläufer der Soziologie ist die Philosophie des Naturrechts, deren Gesellschaftstheorie als spekulative Soziologie angesehen werden muß«; zitiert nach Willms, B., Funktion, Rolle, Institution, 54, Anm. 29; vgl. auch Weber, W., Anfragen an die Soziallehre der Kirchen, in: Jahrbuch für christliche Sozialwissenschaften 13 (1972), 27–53; 30–31.

[90] Vgl. die Diskussion bei Döbert, der überzeugende Modelle soziokultureller Evolution fordert, s. o. 104–106; ferner die Feststellung von Habermas, J., in: Legitimationsprobleme, 7: »daß eine Theorie der sozialen Evolution heute noch kaum ausgebildet ist, obwohl sie Grundlage der Gesellschaftstheorie sein müßte«.

vielleicht die Problemlösungskapazität erweitert werden kann. Zudem wird nicht versucht, einzelne Theoriestücke, die den Prozeß der gesellschaftlichen Differenzierung zu fassen suchen, auf die historische Entwicklung selbst anzuwenden bzw. mit ihr zu vergleichen und damit jene zu verifizieren oder zu falsifizieren. Auch kann über die Möglichkeit eines solchen Vorgehens nicht weiter reflektiert werden. Vergleichspunkte können hier lediglich wiederum Theoriestücke sein, von denen wir hoffen, daß sie, wenn nicht zentral, dann doch beispielhaft die in der Theologiegeschichte zum Bewußtsein gekommene und diskutierte Verhältnisbestimmung von Kirche, Theologie und gesellschaftlicher Wirklichkeit repräsentieren.

Die in der bisherigen Darstellung herausgearbeiteten Phänomene gesellschaftlicher Differenzierung sollen auch nicht in erster Linie dazu dienen, die naturrechtlichen Theoreme zu be- oder verurteilen. Angestrebt wird eine Strukturierung der verschiedenen naturrechtlichen Aussagen und der historischen Entwicklung ihrer Veränderung, die es ermöglichen soll, dieser kirchlichen Tradition gerecht zu werden, auch bei dem Versuch, gegenwärtige Probleme des Verhältnisses von Kirche und Welt zu diskutieren. Die historische Vermittlung der gegenwärtigen Problematik dieses Verhältnisses ist ebenso für die soziologische wie auch für die theologische Diskussion wesentlich.

Da die Naturrechtstradition in diesem Gegenwartsbezug untersucht bzw. strukturiert werden soll, braucht nicht näher auf die griechische und römische Entwicklung eingegangen bzw. muß deren Bedeutung für das kirchliche Naturrecht als bekannt vorausgesetzt werden: Platons ideelle Grundlegung und die aristotelische »Umbildung der platonischen Ideenlehre in eine teleologische Metaphysik, in welcher die Idee mit dem Naturbegriff verknüpft wurde«, sind wesentliche Voraussetzungen für die Ausarbeitung eines hylemorphistischen Naturbegriffs, in der die teleologische Natur als »eine durch Wertgesichtspunkte vorbestimmte Wirklichkeit« verstanden wird[91].

Für unseren Kontext wäre auch wichtig und interessant zu untersuchen, welchen Einfluß auf das Naturrechtsdenken der Schritt der Stoa von der Polis zur Kosmopolis genommen hat in der Rezeption dieses Denkens durch die sich universal verstehende Kirche.

Wichtig wäre ferner, darin die »Vergesellschaftung von Kosmologie und Mythologie« zu untersuchen, in der Sakralität als Ausdruck

---

[91] Vgl. Welzel, H., Naturrecht und materiale Gerechtigkeit, Göttingen ⁴1962, 28–30.

eines ursprünglich »objektiven Glaubens einer geschlossenen Kult-
gemeinschaft« nun in die gesellschaftliche und kirchliche Schichtung selbst eindringt: »Mythos und Kosmos mit ihrer sakral-profa-
nen Stufung dienen als Vorbildung und Legitimation der sozialen
Wertordnung der sich ausbildenden Ränge und Ordnungen«[92].
Demgegenüber werden in den neutestamentlichen Schriften sakrale
Titel und die Funktionen des Priesterlichen, des Mittlers und
Versöhners mit Gott nur Christus zugestanden. Der Begriff »prie-
sterlich« ersetzt erst später die alte Kennzeichnung der verschiedensten Dienste der Kirche und in der Kirche[93].

Diese wenigen Hinweise schon lassen jeden, für unsere kurze
Darstellung aber gebotenen, späteren Beginn zunächst als willkürlich erscheinen. Geht man aber von der auch heute noch gegebenen
theologischen und kirchlichen Relevanz einerseits und offenkundi-
gen Schwellen gesellschaftlicher Differenzierung für die Komplexität der gegenwärtigen westlichen Gesellschaft andererseits aus,
bietet sich die Zeit der großen gesellschaftlichen und politischen
Umbrüche des 12. und 13. Jahrhunderts an[94], die eben zugleich
auch die Zeit der Früh- und Hochscholastik und u. a. die des
Thomas von Aquin ist.

Um nun die Bedeutung und die Grenzen des thomasischen Naturrechts als theologischen Topos, innerhalb dessen das Verhältnis
von Kirche und gesellschaftlicher Wirklichkeit thematisiert wird,
klarer gewinnen zu können, müssen andere Versionen der theoretischen Bestimmung dieses Verhältnisses aufgezeigt werden. Dadurch kann der gesellschaftliche, politische und geistesgeschicht-
liche Kontext angedeutet werden, der wiederum die Notwendigkeit der Weiterentwicklung dieser Tradition deutlich machen kann,
wie sie vor allem im Nominalismus, in der Spanischen Spätscholastik und in der Neuscholastik zum Ausdruck kommt. Eine Neubesinnung unternimmt das Zweite Vatikanische Konzil, besonders in
der Pastoralkonstitution »Gaudium et spes«, die neuere theologische Reflexionen einer Theologie der irdischen Wirklichkeiten[95]
oder eine Theologie der Welt[96] sowohl schon repräsentiert als auch
initiiert und inspiriert hat.

[92] Vgl. Ledergerber, K., Religion und Kunst in der Verwandlung, Köln
1961, 14–20.
[93] Audet, J. P., Mariage et célibat dans le service pastorale de l'église, Paris
1967.
[94] Vgl. Handbuch der Kirchengeschichte, Bd. III/2, Freiburg 1968, 60.
[95] Vgl. Thils, G., Theologie der irdischen Wirklichkeiten, Salzburg o. J.
[96] Vgl. Metz, J. B., Zur Theologie der Welt, Mainz ²1969.

3.2.2 Das Verhältnis von Kirche und Welt als Streit zwischen Papst und Kaiser: die hierokratischen Kurialisten

Der Typ der segmentären Gesellschaft war im 2. Kapitel dieser Arbeit so charakterisiert worden, daß bereits spezialisierte Handlungszusammenhänge institutionalisiert sind, d. h. mindestens zwei soziale Einheiten befassen sich mit gleichen oder ähnlichen Problemen, die zu einem früheren Zeitpunkt von nur einer sozialen Einheit behandelt wurden[97]. Die Kohäsion der einzelnen Segmente als gesellschaftlicher Zusammenhang kann – vor allem bei schon komplexeren Formen der Segmentierung – durch hierarchischen Zwang (Spencer) gewährleistet werden. Eine ergänzende Perspektive ist die der mechanischen Solidarität (Durkheim): Der gesellschaftliche Zusammenhang basiert auf der Gemeinsamkeit von Vorstellungen, Gefühlen und Werten. Sozialer Zwang, soziale Kontrolle und gesellschaftlicher Druck sind stark ausgeprägt, die Mitglieder stehen in sukzessiven Abstufungen der Unterordnung. Interaktionen werden in einem Statusgefüge institutionalisiert. Solche Gesellschaften können sich wiederum – freiwillig oder gezwungen – zusammenschließen durch Aneinanderlagerung oder durch erneute Hierarchisierung. Individuen, Segmente und einzelne Gesellschaften bewegen sich in hierarchisch geordneten konzentrischen Kreisen (Simmel); Werte, Normen, Sanktionen und die Lösung sozialer Konflikte werden von einer übergeordneten Instanz institutionalisiert, gewährleistet und durchgesetzt.

Die Situation des frühmittelalterlichen Menschen bzw. sein Bewußtsein von seiner Situation in theologischen, philosophischen und juristischen Reflexionen entsprach weitgehend dieser Typisierung. Die Notwendigkeit einer umfassenden hierarchischen Lebensordnung wurde nicht hinterfragt. Aber durch die historische Konstellation nach dem Ende des Imperium Romanum war die Frage, *wer* die summa et plena potestas innehabe, ungeklärt: »Die Zweiheit der Lebensordnung, in die sich der mittelalterliche Mensch, in augustinischen Gedankengängen der civitas Dei und civitas terrena fortlebend, gestellt sah, jene Zweiheit eines geistlichen Bereiches der Kirche und eines weltlichen, des Reiches und herrschaftlicher Ordnungen, die auch im doppelten Recht, dem ius canonicum und dem ius civile, und im doppelten Gerichtsstand von geistlichem und weltlichem Richter ihren Ausdruck fand, – sie verlangte für ihn nach Gottes Willen und Ratschluß nach einer Einheit im göttlichen Urgrund, die womöglich schon auf Erden

---

[97] Vgl. oben, 71–84; vgl. ferner Rüschemeyer, D., Reflections on Structural Differentiation, in: Zeitschrift für Soziologie 3 (1974), 279–294; 280.

sichtbar werden müsse. Das frühe Mittelalter fand diese Einheit in der christlichen Theokratie Karls des Großen, und noch zur Zeit der Ottonen und Salier standen Reich und Kirche einheitlich unter kaiserlicher Führung«[98].

Die »Christlichkeit« der umfassenden Wert- und Lebensordnung im orbis christianus stand nicht zur Diskussion, wohl aber die Verbindlichkeit ihrer Interpretation und die Möglichkeit, diese durchzusetzen vor allem in Konfliktfällen – abgesehen von anders motiviertem Machtstreben in konkreten Situationen. Das grundsätzliche Problem besteht in folgendem: »Bei der innigen mittelalterlichen Durchdringung aller natürlichen Lebensbereiche mit christlich-religiösem Denken mußte eine reinliche Scheidung der religiös-päpstlichen von der politisch-kaiserlichen Sphäre äußerst schwierig sein. Somit war die Spannung und Tragik gegeben, die dem Mittelalter seine eigentümlichen Züge eingegraben hat: ›Hierokratie‹ und ›Cäsaropapismus‹ waren die gefährlichen Möglichkeiten«[99].

Bei dieser gesellschaftlich bedingten Situierung der Macht ist es plausibel, daß die Verhältnisbestimmung von Kirche und Welt als Streit zwischen Papst und Kaiser ausgetragen wird.

Das Papsttum, die hierokratischen Theologen und die aufkommende Kanonistik finden die mittelalterliche Einheit »in einer Überordnung der Kirche über den Staat, in der Einordnung weltlicher Herrschaft in die Hierokratie der Papstkirche, eine Unterordnung, welche die civitas terrena im Sinne Augustins gegenüber der civitas Dei, die in der Kirche ihre irdische Gestalt findet, auf sich nehmen muß, um überhaupt als Teil der göttlichen Weltordnung zu gelten«[100].

Der bis zu Thomas herrschende Augustinismus erfuhr in der politischen Situation des Mittelalters eine entscheidende Akzentverschiebung[101]. Die Kurialisten fanden in De civitate Dei XIX,21 den hermeneutischen Schlüssel für ihre Augustinus-Interpretation: Dort spreche Augustinus dem römischen Staat jede Staatlichkeit

---

[98] Feine, H. E., Kirchliche Rechtsgeschichte, Bd. 1, Weimar 1954, 265; zu den früheren Auseinandersetzungen vgl. aaO. 62–72; Friedberg, E., Die Grenzen zwischen Staat und Kirche, Aalen 1962 (Neudruck der Ausgabe Tübingen 1872), 1–30.

[99] Höffner, J., Kolonialismus und Evangelium. Spanische Kolonialethik im Goldenen Zeitalter, Trier ²1969, 11–12.

[100] Feine, H. E., aaO. 266.

[101] Vgl. Urban, C., Naturrecht und Freiheit. Untersuchungen zu Nominalismus und Theologie der Welt, Münster 1974, unveröffentlichtes Manuskript.

ab, da er nicht auf Gerechtigkeit aufgebaut sei[102]. Die Kurialisten folgerten, daß die mittelalterliche weltliche Macht ihre gerechte Gewalt erst und nur durch die geistliche gewinne. Hugo von Sankt Viktor (1096–1141) und Bernhard von Clairvaux (1090–1153) legitimierten die Papalidee theologisch zu einer Zeit, da mit Gregor VII. (1073–1085) und vor allem später mit Innozenz III. (1198–1216) auch rechtlich schon »zwischen Gott und Kaiser der Papst getreten« war[103]. Die politische Machtkonstellation des mittelalterlichen Papst- und Kaisertums macht es verständlich, daß der Streit um Vorherrschaft seinen auch theologisch ausgetragenen Höhepunkt hatte, als die Basis beider abzubröckeln begann und auch theologisch mit Thomas von Aquin neue Akzente im Verhältnis von Kirche und Welt sich abzeichneten. Aber dessen Schüler

[102] Vgl. De civitate Dei XIX, 21; Augustinus Argumentation zielt darauf ab, die ciceronische Definition von res publica zu widerlegen und durch eine eigene Definition, die auf dem Frieden aufbaut, Kooperation zwischen Christen und Nichtchristen im politischen Gemeinwesen zu ermöglichen. Vgl. Duchrow, U./Hoffmann, H. (Hg.), Die Vorstellung von zwei Reichen und Regimentern bis Luther. Texte zur Kirchen- und Theologiegeschichte, Gütersloh 1972, 65, Anm. 81; vgl. aaO. 89–90 den Text von Aegidius Romanus, De ecclesia potestate II,7 mit einer deutschen Übersetzung: »Wir sagen nämlich mit Augustin ›Vom Gottesstaat‹ II, 22, daß es keine wahre Gerechtigkeit gibt außer in dem Gemeinwesen, dessen Gründer und Leiter Christus ist. Die heidnischen Römer schienen viel über die Gerechtigkeit zu sagen und über den Staat eine große Rede zu halten. Aber jenes Gemeinwesen, wie Augustin in dem oben genannten Buch sagt, war nicht lebendig durch seine Sitten, sondern (äußerlich schön) mit Farben angemalt, womit Augustin (›Vom Gottesstaat‹ XIX, 21) sagen will, daß der Staat der Römer nicht ein wahrer Staat gewesen ist, weil dort niemals wahre Gerechtigkeit geherrscht hat. Laßt uns also folgen und feststellen: wenn es keine Herrschaft wäre – weder eine nützliche, welches eine gewinnbringende Herrschaft wäre, noch eine mächtige, welches eine Herrschaft wäre, die Gerichtsbarkeit mit sich führt –, die man mit Gerechtigkeit innehaben kann, ohne daß derjenige, der sie innehat, Gott untergeben ist, und weil keiner Gott unterworfen sein kann, wenn nicht durch die Sakramente der Kirche, daher, wie wir sagten, ist man mehr Herr seines Besitzes und einer jeden Sache, die man hat, weil man geistlich ein Sohn der Kirche ist als weil man fleischlich ein Sohn seines Vaters ist. Gleichwohl ist zu beachten: obwohl wir sagen, daß die Kirche Mutter und Herrin aller Besitztümer und aller zeitlichen Gaben ist, berauben wir dennoch die Gläubigen nicht ihrer Herrschaft und ihrer Besitztümer, weil, wie unten dargelegt wird, sowohl die Kirche als auch die Gläubigen eine derartige Herrschaft haben. Aber die Kirche hat eine so weltumfassende und übergeordnete Herrschaft, die Gläubigen dagegen eine begrenzte und untergeordnete. Wir geben also dem Kaiser, was des Kaisers ist, und Gott, was Gottes ist, weil wir die weltumfassende und übergeordnete Herrschaft über die zeitlichen Dinge der Kirche zuteilen, die begrenzten und untergeordneten aber den Gläubigen schenken.«
[103] Vgl. Höffner, J., Kolonialismus und Evangelium, 12–13.

Aegidius Romanus (†1316) und Augustinus Triumphus (1243–1328) haben am entschiedensten die hierokratische Weltherrschaft des Papstes vertreten[104].

Die Texte des Bernhard von Clairvaux, des Hugo von Sankt Viktor gehen in das Gratianische Dekret ein und liegen zusammen mit den Traktaten des Aegidius Romanus der berühmten Bulle »Unam sanctam« von Bonifaz VIII. aus dem Jahre 1302 zugrunde[105], die als abschließende Zusammenfassung der hierokratischen Idee gilt: »Stände nicht Schwert unter Schwert, so wäre das Ordnungsprinzip des Universums nicht gewahrt, wo doch überall die niedrigeren Stufen von den höheren gelenkt werden. Der geistlichen Gewalt steht es also zu, die weltliche ›einzusetzen und zu richten, wenn sie unrecht gehandelt hat‹, während sie selbst nur von Gott gerichtet werden kann«[106].

Aber die relative Eindeutigkeit der gesellschaftlichen Situation, in der die kaiserlichen und päpstlichen Suprematieansprüche plausibel waren, ist schon nicht mehr vorhanden. Dem »Bedürfnis der Zeit, in der wirtschaftliche, soziale und politische Wandlungen einen anderen Menschentyp zu formen begannen, als ihn die Jahrhunderte zuvor gekannt hatten . . . die Kreuzzüge des 12. Jahrhunderts, die einsetzende siedelnde Expansion . . . auch der zahlenmäßig zwar nicht sehr ins Gewicht fallende, aber doch beachtliche Austausch von Männern und Institutionen . . . trugen dazu bei, daß im weiter werdenden Bewußtseinshorizont der abendländischen Christenheit, zumal durch den beunruhigenden Kontakt mit nichtchristlichen Menschen, auch die Lebensfragen der traditionellen Glaubenswelt kritischer und besorgter gestellt wurden«[107].

Die Ansprüche von Bonifaz VIII. richteten sich schon gegen den selbstbewußt gewordenen Nationalstaat Frankreich unter Philipp IV.[108] Im Kampf Johannes' XXII. (1316–1334) gegen Ludwig den Bayern zeigten sich auf seiten Ludwigs neue kanonistische und theologische Argumente, wie sie von Marsilius von Padua (geb. zwischen 1275 und 1280, gest. 1342 oder 1343) und Wilhelm von

---

[104] Vgl. aaO. 23–31.

[105] Vgl aaO. 26–27; Feine, H. E., aaO. 268–273.

[106] Höffner, J., Kolonialismus und Evangelium, 27; vgl. Hauck, A., Der Gedanke der päpstlichen Weltherrschaft bis auf Bonifaz VIII, Leipzig 1904, 46.

[107] Handbuch der Kirchengeschichte, Bd. III/2, 60.

[108] Anlaß z. B. der weitreichenden Bulle »Clericis laicos« von 1296 war die Kriegsbesteuerung des Klerus in England und Frankreich, worauf Frankreich mit einem Exportverbot für Edelmetall, Geld und Wechsel reagierte, der vor allem den Staatshaushalt des Papstes betraf, worauf dieser wiederum einlenkte; vgl. Handbuch der Kirchengeschichte, Band III/2, 346–347.

Ockham (geb. zwischen 1290 und 1300, gest. 1349 oder 1350) vorgetragen wurden. Um aber diese Positionen in unserem Kontext würdigen zu können, muß vorher auf die des Thomas von Aquin kurz eingegangen werden.

3.2.3 Die Naturrechtslehre als Thematisierung des Verhältnisses der Theologie zu ihrer mittelalterlichen Umwelt: Thomas von Aquin

Man kann in unserer Fragestellung die Position des Thomas von Aquin gegenüber den hierokratischen Kurialisten und gegenüber den Nominalisten als via media bezeichnen[109]. Es ist dabei ja wichtig, nicht zu vergessen, daß es sich um Richtungen innerhalb ein und derselben Epoche handelt. Theorien sind nur in einem bedingten Maße »ihre Zeit in Gedanken gefaßt«. Ihre Verschiedenheit hängt in einem hohen Maße offensichtlich davon ab, welche Zeitprobleme wie bewertet und in welcher Hinsicht als zentral und als von grundsätzlicher Bedeutung erfahren und eingeschätzt werden. Auf die gesellschaftliche Umbruchsituation der Zeit wurde schon hingewiesen. Im Zuge der Frühscholastik und der sich etablierenden Kanonistik hatten sich Schulen gebildet, aus denen die bedeutendsten Universitäten entstanden waren, mit relativer Autonomie, in relativ autonomen Städten, in denen sich päpstliche und kaiserliche Suprematieansprüche faktisch nie voll durchgesetzt hatten[110]. Die »allgemeine rasche Entwicklung der Stadtkultur und der gesteigerte Verkehr von Volk zu Volk im Gefolge der Kreuzzüge«[111], die Entwicklung des Handels, kurz: die »moralische Dichte«[112] besonders der Stadt sensibilisierte die Universitäten des 13. Jahrhunderts auch für andere Probleme als den Streit zwischen Papst und Kaiser, der seine Glaubwürdigkeit in zunehmendem Maße verlor, dennoch aber theoretisch nicht überwunden wurde.

Geistesgeschichtlich zentralstes Problem, dessen Wirkung aber die skizzierte Situation zur Voraussetzung hat, ist die Rezeption des Aristoteles, vor allem auf dem Weg über die arabisch-spanische Philosophie, die das Abendland in eine fundamentale geistige Krise von heute unvorstellbarem Ausmaße stürzte und zugleich deren

[109] Vgl. Duchrow, U./Hoffmann, H. (Hg.), aaO. 89, Anm. 118.
[110] Vgl. Höffner, J., Kolonialismus und Evangelium, 272: »Könige und Adel hat die Kirche zu beugen gewußt, des Bürgertums ist sie nie Herr geworden«; vgl. ferner dazu Baechler, J., Die Entstehung des kapitalistischen Systems, in: Seyfarth, C./Sprondel, W. (Hg.), aaO. 135–142.
[111] Vgl. Handbuch der Kirchengeschichte, 123.
[112] Vgl. oben 81.

Symptom ist[113]. Beispielhaft erscheint die averroistische Aristotelesrezeption, die zur Theorie der »doppelten Wahrheit« führte – d. h., etwas kann philosophisch wahr sein, das theologisch eindeutig unwahr ist – und welche die individuelle Personhaftigkeit des Menschen leugnete[114].

Diese kurze Skizzierung sollte den Gesichtspunkt andeuten, in dem hier einiges zur thomasischen Konzeption zu sagen versucht wird: Gegenüber dem bis dahin herrschenden Augustinismus werden von Thomas Entwicklungsrichtungen und Probleme wahrgenommen, die als fortschreitende gesellschaftliche Differenzierung gekennzeichnet wurden. Er setzt sich mit ihnen auseinander, ebenso wie mit den verschiedensten älteren und neueren theoretischen Lösungsversuchen. Gegenüber dem traditionellen Augustinismus geschieht eine differenziertere Sicht der gesellschaftlichen Wirklichkeit und eine relative Autonomisierung der Vernunft und des Menschen.

Die Selbstverständlichkeit traditioneller Argumentation reichte nicht mehr aus, den neu auftretenden differenzierteren Sachverhalt zu erklären. In dem hohen Abstraktions- und Systematisierungsvermögen des Thomas kommt die theologische Theorie der Weltwirklichkeit zum Bewußtsein ihrer selbst als explizite Thematisierung des Verhältnisses der Theologie zu ihrer Umwelt[115]. Die Naturrechtslehre wird im Anschluß an Thomas der klassische Topos, innerhalb dessen in der Folgezeit diese Problematik thematisiert wird.

Hier kann keine umfassende Darstellung des thomasischen Naturrechts erfolgen[116]. Angestrebt wird, einige zentrale Argumentationen auf den bisher dargestellten Kontext zu verweisen, um die historische Leistung zu würdigen und gleichzeitig Kriterien zu erhalten, die die Notwendigkeit aufzeigen, das Verhältnis von Kirche und Welt in einem völlig verschiedenen Stand der gesellschaftlichen Differenzierung und Komplexität anders und neu zu bestimmen.

Während die Kurialisten eine gerechte Gesellschaft nur im Herrschaftsbereich der lex evangelii denken und begründen können, Gerechtigkeit also nur innerhalb des orbis christianus gedacht

---

[113] Vgl. Matz, U., Thomas von Aquin, in: Klassiker des politischen Denkens, Bd. 1, München 1968, 119.
[114] Vgl. ebd.
[115] Vgl. Urban, C., aaO.
[116] Vgl. Klüber, F., Katholische Gesellschaftslehre, 1. Band: Geschichte und System, Osnabrück 1968, 125–171; dort weitere ausführliche Literaturhinweise.

werden kann, geht Thomas hinter die lex evangelii zurück: die Begegnung mit der arabischen Welt nötigte der Theologie die Reflexion über die Deutung einer außerchristlichen Kultur und Gesellschaft auf.

Während für Augustinus leicht alles zur Theologie und die Welt nur als Träger einer höheren Wirklichkeit in den Blick geriet, fordert Thomas, zuerst von der natürlichen Schöpfung Gottes und den ihr eingeprägten Sinnstrukturen auszugehen. Die teleologische Metaphysik des Aristoteles bot ihm generelle Voraussetzungen und Kategorien dazu an, von Augustinus übernimmt er die später vergessene Dreiteilung: lex aeterna, lex naturalis und lex humana.

Gott als das summum bonum ist zugleich der oberste Gesetzgeber, auf dem letztlich alle Ordnung in der Welt beruht. Die Schöpfung insgesamt ist durch die lex aeterna auf deren Quelle, das summum bonum, hingeordnet: »Diese von Gott ausgehende Ordnung des gesamten Kosmos nennt Thomas Lex aeterna«[117].

Augustinus konnte es noch auf sich beruhen lassen, ob die lex aeterna in Gottes Willen oder in seinem Wesen begründet ist. Thomas entscheidet sich eindeutig für die Wesenheit (bzw. Intellekt) als Grund der lex aeterna[118]. Diese Entscheidung ist folgenschwer und wird die ihm folgende Auseinandersetzung bestimmen.

Weil nun aber »die lex aeterna die höchste Vernunft (summa ratio) in Gott ist, und nicht ein unerforschlicher Wille, sind die weltlichen Strukturen für die menschliche Vernunft – Abbild der göttlichen – erkennbar, deswegen ist auch das menschliche Leben prinzipiell rational«[119]. Dadurch, daß die Vernunft, wenn auch nicht vollkommen, das wahrhaft Gute erkennt, ist menschliches Handeln durch seinen Zweck als ein Gut bestimmt. Der Mensch nimmt auf eine zweifache Weise an der lex aeterna teil: einmal gleich den anderen animalischen Wesen durch die inclinationes naturales und zum anderen durch seine Vernunft. »Die in den Menschen als rationales Wesen eingestrahlte und von der menschlichen Vernunft erkannte lex aeterna nennt Thomas – ganz entgegen dem heutigen Sprachgebrauch – Naturgesetz (lex naturalis)«[120].

Die menschliche Vernunft hat nun nicht in vollem Umfange, sondern nur »auf ihre Weise« an der lex aeterna teil. Daher bedarf es der lex humana, um »den Plan göttlicher Ordnung in den Beziehungen zwischen den Menschen in eigener Verantwortung

---

[117] Matz, U., aaO. 124.
[118] Vgl. Welzel, H., aaO. 57–60.
[119] Matz, U., aaO. 127.
[120] AaO. 128.

verbindlich zu konkretisieren und zur Darstellung zu bringen . . .
Das menschliche Gesetz – dritte und unterste Stufe der Gesetzeshierarchie – ist die Ausfaltung und Anwendung des natürlichen Gesetzes im Hinblick auf die konkrete historisch-soziale Befindlichkeit der je einzelnen Gesellschaften«[121]. Dieses kann nicht nur durch conclusiones aus dem Naturgesetz erreicht werden, sondern auch da, wo dieses mehrere Möglichkeiten offen läßt durch determinationes und additiones, wenn es das Gemeinwohl erfordert. Diese Gesamtsicht, das »bis in die konkrete Sachlage hineinreichende Soll«[122], das, »was in einer bestimmten einmaligen Situation auf Grund des Gesetzes Recht (= rechtens) ist«[123], nennt Thomas im Unterschied zum Naturgesetz *Naturrecht*. Auf diesen Unterschied insistiert A. F. Utz in seinem Kommentar aus gegebenem Anlaß: »Es gibt ein Naturrecht, das konkret als solches formuliert werden *kann*. Und da Recht immer ein konkreter Bestand ist, ist Natur-*Recht* immer mit konkreter Inhaltlichkeit gefüllt. Darin gerade liegt einer der bedeutendsten Unterschiede zwischen dem *Recht* und dem *Gesetz*. Das Gesetz kann sich in allgemeinen Normen bewegen, während das Recht wesentlich eine Situation im Hier und Jetzt entscheidet. Es wäre daher an der Zeit, daß die Naturrechtsdenker, die sich auf Thomas berufen, diesen Unterschied zwischen Naturgesetz und Naturrecht voll und ganz ernstnehmen würden«[124].
A. F. Utz verweist auch auf die Bedeutung des Ausgangs der thomasischen Argumentationen von der Frage nach der Entstehung des Rechts, die folgenschwer eben gerade für die Frage sei, »ob eine christliche Autorität gegen das heidnische Schwergewicht der Gesellschaft auf rechtlichem Wege, also mit den Zwangsmitteln des Rechts, das sittliche Gepräge des gesellschaftlichen Lebens bestimmen könne«[125].
Dadurch, daß Thomas das Naturgesetz der natürlichen Erkenntnisfähigkeit des Menschen und seiner Vernunft zuordnet, »unter-

---

[121] AaO. 132.

[122] Utz, A. F., Kommentar, in: Die Deutsche Thomas-Ausgabe, Bd. 18, Heidelberg/München/Graz/Wien/Salzburg 1953, 433.

[123] Matz, U., aaO. 134.

[124] Utz, A. F., aaO. 433; dieser Rückverweis auf Thomas ist zwar für die selbst mit der Autorität des Thomas argumentierenden Naturrechtler von Bedeutung und richtig. Für die Sachlage ist aber der Rückzug auf generelle Normen unausweichlich, nur muß er dann aber explizit thematisiert werden. Diese Diskrepanz ist der Ausgangspunkt dieser Arbeit und rechtfertigt die Breite der Darstellung des Zwanges zur Generalisierung von Normen und Werten im Prozeß der gesellschaftlichen Differenzierung.

[125] AaO. 431.

scheidet er zum ersten Mal in der Scholastik klar zwischen dem natürlichen Sittengesetz und dem göttlichen Gesetz des Testaments, das zur übernatürlichen Beseligung führen soll«[126]. Dadurch, daß er das Naturrecht auf dem Naturgesetz begründet, kann man von einer relativen Autonomisierung der menschlichen Vernunft und von einer »relativen Freisetzung des Ethischen und Politischen vom eigentlich Christlichen bei Thomas« reden[127]. Dieser Ausgangspunkt führt Thomas zu einer weiteren für unseren Zusammenhang bedeutsamen Differenzierung. Nach der Grundlegung einer für alle Menschen zugänglichen und verbindlichen lex naturalis und der Entwicklung eines Naturrechtes kann er zunächst einmal unterscheiden: »Est autem alius modus communitatis ad quam ordinatur lex humana, et ad quam ordinatur lex divina. Lex enim humana ordinatur ad communitatem civilem, quae est hominum ad invicem . . . sed communitas ad quam ordinat lex divina, est hominum ad deum, vel in praesenti vel in futura vita«[128]. Diese Aufteilung befähigt ihn aber noch zu einer weiteren differenzierenden Sicht der Weltwirklichkeit: »Est enim communicatio, alia quidem *naturalis*, secundum quod in naturali origine aliqui communicant; et in ista communicatione fundatur amicitia patris et filii et aliorum consanguinorum. Alia vero communicatio est *oeconomica*, secundum quam homines sibi in domesticis officiis communicant, alia vero communicatio est *politica*, secundum quam homines ad concives suos communicant quarta communicatio est *divina*, secundum quam omnes homines communicant in uno corpore ecclesiae vel actu vel potentia«[129]. Diese arbeitsteilige Sicht der Gesellschaft wird von Thomas aber in Analogie zum lebendigen Organismus gesehen, bzw. in Verhältnissen der hierarchischen Über- und Unterordnungen. Jedes Gemeinwesen hat zwar ein eigenes Ziel, dieses wird aber umfaßt von einem höheren. Das Telos des Menschen und der Gemeinschaft ist eines und unveränderlich die fruitio divina. Die Rangordnung der Ziele menschlichen Lebens bestimmt auch das Verhältnis der Gewalten zueinander. »Die Könige der Christenheit müssen daher dem Papst untertan sein wie dem göttlichen Herrscher selbst, weil derjenige, der für das höchste Ziel zu sorgen hat, auch die höchste Befehlsgewalt haben

---

[126] Matz, U., aaO. 128–129.
[127] Vgl. aaO. 129; in der religionssoziologischen Terminologie müßte man hier vom Beginn der Säkularisierung von Gesellschaft, Kirche und Person reden.
[128] Summatheologiae 1,2 qu. 100a 2 resp., zit. nach Duchrow, U./Hoffmann, H., aaO. 91, Anm. 121.
[129] Super libros sententiarum L, III, dist. XXIX, art. VI, zit. nach ebd.

muß, um alle – relativ dazu – untergeordneten Ziele des Menschen auf dieses oberste Ziel hinordnen zu können«[130].

Ist Thomas also doch letztendlich Kurialist? Diese Frage ist schwer zu entscheiden. Gegenüber nichtchristlichen Staaten ist seine Lehre ein wesentlicher Fortschritt, dessen immense Bedeutung z. B. in der Spätscholastik für die neuentdeckten Gebiete gegenüber theoretischen Begründungen weltlicher Herrschafts- und Ausbeutungsansprüche J. Höffner dokumentiert hat[131]. Aber auch für christliche Staaten und den orbis christianus ergibt sich aus der Unterscheidung von natürlichem und übernatürlichem Lebensziel die Scheidung der Gewalten: »Denn wie der Staat aus der Natur entsteht, so hat er auch sein Recht und seine Autorität aus der Natur, nicht von der Kirche«[132]. Die natürliche gesetzmäßige Weltordnung wird gegenüber der augustinischen Auffassung stark aufgewertet, während die aristotelische – sub specie aeternitatis – abgemindert wird.

Die Frage nach dem Verhältnis der Gewalten zueinander in Abhängigkeit der verschiedenen Lebensziele läßt die Frage nach der Bedeutung des Individuums stellen. Zu unserer Ausgangsfrage gehört ja die These, daß dem Prozeß der gesellschaftlichen Differenzierung die Ausbildung der Individualität parallel verläuft und diese durch jenen gefördert wird. Die Betonung der Vernunft bei Thomas bedeutet eine Aufwertung des Menschen, aber nicht notwendig des einzelnen Individuums. Die Bezeichnung des Menschen als animal naturaliter politicum et sociale kann dies näher klären. Als physisches Wesen ist der Mensch auf Arbeitsteilung, funktionale Gliederung und Zusammenarbeit angewiesen[133]. Als Geistwesen ist er hin- und angewiesen auf den Mitmenschen: »er vermag vielmehr nur *in* der Gesellschaft, als ein Teil der Gesellschaft vollkommen zu werden«[134]. Diese Zielgerichtetheit aber ist die Grundlage der teleologischen Metaphysik. Daher kann U. Matz daraus folgern und begründen, »daß der Mensch nur durch Ein- und Unterordnung Mensch ist, [und daraus] ergibt sich die absolute Superiorität des Staates über den einzelnen, der absolute Vorrang des Gemeinwohls vor dem Privatwohl. Das klingt den Heutigen extrem kollektivistisch, und doch muß man die thomasische Politik mehr noch als die aristotelische als ›freiheitlich‹ be-

---

[130] Matz, U., aaO. 145; vgl. De regimine principum I, XIV.
[131] Vgl. Höffner, J., Kolonialismus und Evangelium.
[132] Matz, U., aaO. 145.
[133] Vgl. De regimine principum, I, 1.
[134] Matz, U., aaO. 136.

zeichnen, wenn auch nicht im Sinne des Individualismus«[135].

Diese zunächst befremdliche Feststellung muß etwas erläutert werden, denn sie trifft u. E. genau die thomasische Position, und diese ist Ausgangspunkt zahlreicher Kontroversen gewesen[136]. Das Lebensziel bestimmt auch den Prozeß der Vergemeinschaftung. Diesen Naturprozeß läßt Thomas mit Aristoteles zunächst im Staat (civitas) enden, der alle Bedürfnisse des Menschen grundsätzlich befriedigen kann. In diesem werden durch das Eigene (proprium) die Unterschiede verursacht, während das Gemeinsame (commune) vereint. In seinem philosophischen System muß aber, was verschieden ist, auch verschiedene Ursachen haben. »Folglich muß es neben dem, was das Wohl jedes einzelnen anstrebt, etwas geben, was auf das gemeinsame Gut der Vielen (bonum commune multorum) hinlenkt«[137]. Das Gemeinwohl ist also vom Privatwohl unterschieden und nicht identisch mit der Summe der Privatinteressen, Thomas formuliert im Gegenteil, daß »das Gemeinwohl das Ziel der einzelnen ist«[138]. Das aber kann nur verstanden werden, wenn man bedenkt, daß der letzte Zweck menschlicher Gesellschaft allgemein das bonum universale ist, die Erreichung der ewigen Glückseligkeit. Der Staat muß für die beatitudo activae vitae sorgen und die Voraussetzungen schaffen für die beatitudo contemplativa[139]. Das aber heißt, das Wohl der menschlichen Person ist im bonum commune enthalten: »Der einzelne Mensch wird also nur dem Ziele des Menschen schlechthin zugeordnet, nicht ist er einem Ziel unterworfen, das tatsächlich nur auf den Staat bezogen werden könnte und damit wahrhaft unmenschlich wäre . . . Ist so die Politik des Thomas wesentlich ›humanistisch‹ oder ›personalistisch‹, so entbehrt sie doch noch jedes individualistischen Zuges. Da die politische Ordnung die letztverbindliche irdische Ordnung ist, besitzt das Individuum für Thomas auch alle irdischen Güter, wie Eigentum, Freiheit, selbst das Leben (Kriegsdienst, Todesstrafe) nur nach Maßgabe des politischen Gemeinwohls. Es ist daher nicht ganz exakt zu sagen, daß das Gemeinwohl nur als notwendige Bedingung verfolgt werde, um den Individuen die Verfolgung ihrer

[135] Ebd.
[136] Bis noch zu G. Gundlach und E. Welty; vgl. Welty, E., Gemeinschaft und Einzelmensch. Eine sozialmetaphysische Untersuchung, bearbeitet nach den Grundsätzen des hl. Thomas von Aquin, Salzburg/Leipzig ²1935; Gundlach, G., Solidarismus, Einzelmensch, Gemeinschaft, in: ders., Die Ordnung der menschlichen Gesellschaft, Bd. 1, Köln 1964, 179–201; 183–201.
[137] Matz, U., aaO. 137; vgl. De regimine multorum I, 1.
[138] S. Th. II–II q.58 a.q. ad 3.
[139] Vgl. S. Th. I–II q.69 a. 3.

privaten Ziele zu ermöglichen. Wenn Thomas lehrt, daß das Ziel des einzelnen das Gemeinwohl ist, dann ist das streng darin zu verstehen, daß das Individuum zu seinem bescheidenen Teile die Fülle der Menschlichkeit darzustellen hat, wie sie nur in der vollkommenen menschlichen Gemeinschaft des Staates dargestellt werden kann«[140]. Innerhalb des Rechtes ist bei Thomas »noch nicht der Schatten jener politisch-sozialen Autonomie zu bemerken, der später aus dem christlich begründeten Eigenwert der menschlichen Person gefolgert werden wird«[141]. Wohl aber kennt Thomas eine andere Autonomie der Person, nämlich die des Gewissens im Bereich der Moral. Denn nach ihm ist der Mensch »nicht hinsichtlich seiner ganzen Person und aller seiner Güter auf die Gesellschaft hingeordnet ... vielmehr ist der ganze Mensch auf Gott hinzuordnen«[142].

Die Konzeption des universalen Gesetzes bei Thomas leistete eine differenziertere Sicht der gesellschaftlichen Wirklichkeit und ermöglichte zumindest auch eine differenziertere Sicht des Verhältnisses von geistlicher und weltlicher Gewalt. Die Zuordnungs- und Abhängigkeitsverhältnisse konnten diskutiert werden, um eine größere Gerechtigkeit zu erreichen, aber die Gewalten selbst und ihre eigene Hierarchie wurden nicht hinterfragt, sondern konnten in das philosophisch-theologische System integriert und aus diesem legitimiert werden[143].

Dagegen könnte man seine synderesis-conscientia-Lehre anführen, innerhalb derer das Phänomen des Gewissens des einzelnen diskutiert wird. In der synderesis stehen dem Menschen die obersten Prinzipien (tue das Gute, meide das Böse) unfehlbar zur Verfügung, während er diese mit Hilfe der conscientia in konkreten Entscheidungen und Einzelfällen anwendet, wobei er irren kann. Nach Thomas ist nun jeder verpflichtet, seinem Gewissen zu folgen, auch wenn dieses schuldlos irrt[144]. Gleichzeitig verteidigt aber Thomas die Ketzerverurteilung: Da bezüglich des Glaubens nur Juden und Heiden, aber nicht bereits getaufte Christen schuldlos irren können, ist die erzwungene Wiedereingliederung der Ketzer und Abtrünnigen bzw. bei einer Weigerung ihre Verurteilung zum Tode erlaubt[145]. Hier, in bezug auf den Glauben, wird die

[140] Matz, U., aaO. 139.
[141] Ebd.
[142] S. Th. I–II q. 21 a 4 ad 3, zit. nach Matz, U., aaO. 140.
[143] Daher wurde auch das Institut der Sklaverei fraglos übernommen. Vgl. De regimine principum I,1.
[144] Vgl. S. Th., II–II, q 104, 1 ad 1.
[145] Vgl. S. Th., II–II, q 10, 8; q 11,3.

Diskrepanz deutlich. Aber auch sonst gilt, »daß dem in der Tat in der *Moraltheologie* zu allen Zeiten anerkannten Prinzip der Verbindlichkeit des eigenen Gewissensurteils nie *rechtliche* Relevanz zuerkannt wurde. Für den Rechtsbereich gilt vielmehr: Das Recht müsse sich an das Typische, Regelmäßige halten; das irrende, d. h. von den als verbindlich verkündeten Moralinhalten abweichende Gewissen sei ein Sonderfall, und der Überzeugungstäter könne, sosehr er unter Gefahr sogar der schweren Schuld seiner irrigen Überzeugung folgen müsse, doch nicht von der Allgemeinheit erwarten, daß sie die Ansteckung durch irrige Überzeugungen dulden werde«[146]. Die metaphysisch legitimierte Hierarchie der Ordnungen muß den Konflikt zwischen eigener Gewissensentscheidung und Rechtsordnung zugunsten letzterer entscheiden. Innerhalb des thomasischen Naturrechts wird also das Verhältnis von gesellschaftlicher und politischer Wirklichkeit einerseits und Kirche und Theologie andererseits thematisiert und gegenüber der früheren Sicht erheblich und entscheidend differenziert. »Und doch: insofern Naturrecht konkret vorgestellt wird, in dem nämlich, was es bei Ausfaltung ins positive Recht hinein mehr ist als Gefüge formaler oberster Sätze, erscheint es in engstem Zusammenhang mit der christlich durchformten Lebenswirklichkeit des mittelalterlichen Gemeinwesens, der res publica christiana. Das christliche ist ... nicht ... entzweiendes, sondern gerade einheitstiftendes Moment, und zwar so sehr, daß das Naturrechtsdenken, insofern es die Möglichkeit offenbarungsfreier, natürlicher sittlicher Erkenntnis behauptet, beinahe seine Funktion verliert«. Es bleibt im wesentlichen »eingefügt in eine ihrem geistigen Gepräge nach homogene Gesellschaftsordnung, in der Religion, Sitte und Recht im wesentlichen noch ungeschieden sind«[147].

3.2.4 Zunehmende Differenzierung, Zerfall des orbis christianus und Betonung des Individuums im voluntaristischen Naturrecht: Johannes Duns Scotus und Wilhelm von Ockham

Der weitgehend positiven Einschätzung der thomasischen Lehre entspricht die fast ausschließlich negative der nominalistisch-voluntaristischen Konzeption von seiten katholischer Theologen und Naturrechtler. Meist begnügt man sich mit einem kurzen negativen Hinweis und geht zur spanischen Spätscholastik über. Symptomatisch erscheint die Bemerkung J. Messners: »Seinsordnung, Wert-

[146] Otte, G., Geschichtliche Wirkungen des christlichen Naturrechts, in: Böckle, F./Böckenförde, E. W. (Hg.), aaO. 68.
[147] Vgl. Hollerbach, A., Christliches Naturrecht und allgemeines Naturrechtsdenken, in: Böckle, F./Böckenförde, E. W. (Hg.), aaO. 19.

ordnung, Gesellschaftsordnung wurden durch den Nominalismus im Denken und Wollen der Neuzeit auseinandergerissen ... Die individualistisch-liberalistische Lehre, daß ›ein jeder sich selbst Gesetz sei‹ (Leo XIII., Über die menschliche Freiheit, 1888), geht daher keineswegs nur auf den Abfall vom Christentum, ja nicht einmal in erster Linie darauf zurück, sondern auf den philosophischen Irrtum des Nominalismus, dessen letzte Auswirkungen der sich so tragisch zuspitzende heutige Weltkonflikt zufolge der gegensätzlichen Ideologien von West und Ost ist«[148].

Nun ist es wenig erhellend, die hier gemeinte Richtung der naturrechtlichen Diskussion global Nominalismus zu nennen und sie damit für alles verantwortlich zu machen, was unter diesem Namen gemeint ist. Zweifellos beginnt mit Johannes Duns Scotus und Wilhelm von Ockham der Nominalismus, aber da es sich um dessen Anfangsstadium handelt, ist es erhellender und sinnvoller, gerade ihre Naturrechtsdiskussion unter dem Stichwort »Voluntarismus« abzuhandeln.

Scotus und Ockham sind Franziskaner, und die besondere Intention und Tradition des Ordens prägt ihre Theologie: »Die Dominikaner fanden Gott in der Ordnung des Kosmos, die Franziskaner begegneten ihm im Detail«[149]. Die franziskanische Liebe »richtet sich auf das einzelne, das Unscheinbare oder gar das Verlorene und Wertlose, das sonst unbeachtet bleibt und übersehen wird«, ihre »Liebe wendet sich an das Naheliegende und Erreichbare«. Die Franziskaner »interessierten sich also gerade für das, wofür die Griechen kein Interesse hatten«[150].

Dieser Erfahrungsbereich ist für die Theologie der Franziskaner bestimmend: »Indem der schottische Franziskanermönch Johannes Duns Scotus (1270–1308) gegen den Aristoteliker Thomas die augustinische Tradition wiederherstellt, rückt er die Idee der Liebe gegen den Primat des Intellekts in den Mittelpunkt seines philosophischen und theologischen Denkens. Der Jünger des hl. Franz von Assisi ist der Philosoph der christlichen Liebe geworden; nur von hier her kann auch sein Naturrecht verstanden werden«[151].

Bei Thomas richtete sich die Liebe auf ein Gut, das nach der teleologischen Metaphysik die vollkommene Form des nach ihm Strebenden, seine eigene Vollkommenheit sein muß[152]. Nach Duns

[148] Messner, J., Das Naturrecht. Handbuch der Gesellschaftsethik, Staatsethik und Wirtschaftsethik, Innsbruck ⁴1960, 140.
[149] Koepgen, G., Wilhelm von Ockham. Anfang und Ende der Reformation, Regensburg o. J., 40.
[150] Vgl. aaO. 39–40.
[151] Welzel, H., aaO. 67.
[152] Vgl. ebd.

Scotus richtet sich die Liebe auf ein Objekt deshalb, weil dieses in sich selbst gut ist. Der freie Wille besteht darin, das Gute um seiner selbst willen wollen zu können. »Warum der Wille gerade dieses will, dafür gibt es keinen anderen Grund als den, daß der Wille eben Wille ist«[153]. Der auf das Gute um seiner selbst willen gerichtete Wille ist auch vernunftgeleitet, nicht aber der Wille, ein bestimmtes Objekt »liebend zu ergreifen«[154].

Daraus folgt die für die Zukunft wohl wichtigste Entscheidung des Duns Scotus: »Die Liebe geht niemals auf den allgemeinen Begriff, sondern auf das Individuum. Wo aber der Liebeswille das edlere Seelenvermögen ist, muß auch das Individuum die höhere Seinsform gegenüber dem Allgemeinen sein. Nicht um ewige Vernunftnormen in die Wirklichkeit umzusetzen, hat Gott die Welt geschaffen, sondern um Wesen zu haben, die mit ihm lieben können: vult alios condiligentes. Auf die Erschaffung von Individuen ging die Hauptabsicht des Schöpfers. Erst in der Individualität ist die höchste Wirklichkeitsform erreicht, wie auch Gott das singuläre, individuelle Wesen schlechthin ist«[155].

Wenn aber Gott im Anschluß an Paulus und Augustinus voluntaristisch gedacht wird, muß das Konsequenzen für die naturrechtliche lex aeterna – lex naturalis-Lehre haben: »Gott handelt, so wie er handelt, stets gerecht. Er ist an keine vorgängigen ideellen Ordnungen gebunden, sondern alle Gesetze sind kontingente Willensentscheidungen Gottes . . . Warum Gott die Welt so geschaffen hat, wie er sie geschaffen hat, warum er gerade diese Ordnungen und Normen für sie gesetzt hat und keine anderen, das ist eine ungehörige Frage«[156].

Paulus entnahm die Gewißheit, daß Gott nicht unser Verderben wollen kann – eine Frage, die in der Auseinandersetzung mit Thomas gestellt werden muß –, dem geschichtlichen Ereignis der Menschwerdung und des Kreuzestodes Christi. Duns Scotus versucht die Güte Gottes auch philosophisch im Wesen Gottes zu begründen. In der »Lehre von der essentiellen Güte Gottes und des sich aus ihm begriffsnotwendig ergebenden Gebots der Nächsten-

---

[153] Opus Oxiense I d. 8 qu. 5 a. 3 u. 24: »quare voluntas voluit hoc, nulla est causa, nisi quia voluntas est voluntas«; zit. nach Welzel, H., aaO. 69.
[154] Vgl. aaO. 168–169.
[155] AaO. 70; daraus folgert Duns Scotus ein positives Merkmal des Individuationsprinzips, die haecceitas gegenüber dem thomasischen durch die materia signata quantitate. Diese verschiedenen Verständnisse der Individuation sind für die katholische Auffassung von Staat und Gesellschaft bestimmend geblieben, vor allem später für die unterschiedlichen Auffassungen von Dominikanern und Jesuiten; vgl. 133, Anm. 136.
[156] Welzel, H., aaO. 72.

liebe steckt gleichsam der idealistische Rest- und Mindestbestand in der voluntaristischen Metaphysik von Duns Scotus«[157].

Wenn daher das Naturrecht allgemeingültig sein soll als eine Norm, die überall und ausnahmslos gilt, dann kann es für Duns Scotus nur eine einzige solche Norm geben: die des Verbots des Gotteshasses. Diesem Naturrecht im strengen Sinne entsprechen nur die beiden ersten Gebote des Dekalogs[158]. Die biblische Argumentation spielt bei ihm gegenüber Thomas eine wichtige Rolle: Thomas könne die metaphysische Unveränderlichkeit naturgesetzlicher Normen nicht ausreichend mit bestimmten Aussagen der Bibel über das Handeln Gottes in Einklang bringen. Der Befehl Gottes an Abraham, seinen Sohn zu töten, könne nur mit dem absoluten und freien Willen Gottes begründet werden.

Der Inhalt des Naturrechts ergibt sich von Gott, nicht von der Natur und der Wesensform des Menschen her. Der philosophische Begriff der Güte Gottes verbietet es für Duns Scotus auch, die anderen Gebote des Dekalogs mit naturrechtlicher Allgemeingültigkeit abzuleiten: »Was in ihnen vorgeschrieben ist, ist keine Güte, die notwendig zum höchsten Ziele hinleitet, und was in ihnen verboten ist, ist keine Verderbtheit, die notwendig vom Endziele abwendet. Auch wenn jenes soziale Gute nicht vorgeschrieben und jenes soziale Böse nicht verboten worden wäre, könnte das höchste Ziel doch geliebt und erreicht werden«[159].

Da aber der Schöpfungsakt kein purer Willkürakt Gottes ist, sondern seinem Liebeswillen entspringt, sind die weiteren Gebote des Dekalogs dem höchsten Gebot angemessen und stehen mit ihm in Einklang. Daher rechnet er die übrigen Gebote des Dekalogs zum Naturrecht im weiteren Sinne. Diese Lehre von der »Konsonanz« zwischen Naturrecht im engeren und weiteren Sinne und zwischen jenem und den positiven Einzelanordnungen ist elastischer und kann das Besondere, Individuelle und Empirische eher berücksichtigen als die logizistische Starrheit der Schlußfolgerungen aus den obersten Prinzipien des thomasischen Naturrechts. Sie hat aber auch positivistische Gefahren, vor allem in nichtdemokratischen Gemeinwesen: können mehrere Möglichkeiten »konsonant« sein, bedarf es einer autoritativen Entscheidung. Im späteren »profanen« Naturrecht, das seine Normen finden muß »etsi Deus

[157] AaO. 75.
[158] Und zwar in negativer Fassung, da der Mensch nicht verpflichtet sein kann, seine Handlungen unablässig auf Gott zu richten; vgl. Opus Oxiense II a. 41 qu. 1. u. 4; vgl. Welzel, H., aaO. 77.
[159] Opus Oxiense III d. 37 qu. 1. u. 5; zit. nach Welzel, H., aaO. 578.

non daretur«, werden sich aus dem voluntaristischen Ansatz verschiedenste folgenreiche Konsequenzen ergeben.

Wilhelm von Ockham führt die franziskanische Tradition weiter. Er bietet viel weniger als Duns Scotus eine geschlossene Systematik, im Gegenteil: seine naturrechtlichen Aussagen stehen im Kontext des Armutsstreites und seines Kampfes auf seiten Ludwigs des Bayern gegen die hierokratischen Ansprüche Johannes' XXII.[160]. Das kann erklären, daß vieles unverbunden und oft widersprüchlich nebeneinandersteht[161]. Aber der voluntaristische Ansatz wird weiterentwickelt, vor allem in seinen Konsequenzen für das Verständnis von Macht: Die Rede vom Primat der voluntas bedingt die von der potentia. Seit Alexander von Hales lag die begriffliche Unterscheidung von potentia Dei absoluta und potentia Dei ordinata vor[162]. Bei Thomas[163] bleibt die Rede von der potentia Dei absoluta eine abstrakte Denkmöglichkeit, ein Grenzbegriff, der die Freiheit Gottes gegenüber seiner einmal in der potentia Dei ordinata geschaffenen Welt- und Heilsordnung wahren soll[164]. Bei Duns Scotus tritt die potentia Dei absoluta in den Bereich des Möglichen, wie wir bei der Zuordnung des Dekalogs zum engeren und weiteren Naturrecht gesehen haben. Die Betonung der potentia Dei absoluta schon bei Duns Scotus zerbricht die Identifizierung des Heiles Gottes mit einer bestimmten kirchlich-sozialen Wirklichkeit; deren Relativierung ermöglicht den Ruf nach evangeliumsgemäßer Reform. Bei Ockham wird die potentia absoluta-Lehre entscheidend weitergeführt: »Gott kann in seiner potentia absoluta alles tun, was er will. Die Welt und ihre Ordnung sind kontingent, Gott kann sie jederzeit neu schaffen, ergänzen, verändern«[165]. Gegenüber Duns Scotus bedeutet diese Weiterführung für die Naturrechtslehre zunächst, daß nicht einmal das Verbot des Gotteshasses philosophisch notwendig aus der Güte Gottes erkannt werden kann. Der Gotteshaß ist nur deshalb schlecht, weil er von Gott verboten ist, und: Gott hätte auch ihn gebieten können, und dieser wäre dann eine verdienstvolle Handlung[166].

[160] Kölmel, W., Das Naturrecht bei Wilhelm von Ockham, in: Franziskanische Studien 35 (1953), 39–85; 41: »Das Naturrecht dient dazu, die innere Legitimität der natural-temporalen Welt gegen die spiritual-ekklesiarchen Ansprüche zu verteidigen.«
[161] Vgl. ebd.; Welzel, H., aaO. 84–85.
[162] Vgl. Grzondziel, H., Die Entwicklung der Unterscheidung zwischen der potentia Dei absoluta und der potentia Dei ordinata von Augustin bis Alexander von Hales, Breslau 1926.
[163] Vgl. ScG III, 98.
[164] Vgl. Urban, C., aaO.   [165] Ebd.
[166] Vgl. Sent. IV qu 14 D; vgl. Welzel, H., aaO. 83.

Duns Scotus hatte aber gegenüber Thomas die potentia-Lehre auch in einem anderen wichtigen Punkt weitergeführt: Nicht nur in Gott gibt es eine potentia absoluta und eine potentia ordinata, sondern in jedem Geschöpf, das frei handeln kann[167]. Um nun nicht beide gleichzustellen, trifft er die Unterscheidung von agere ordinate und agere inordinate. Steht ein Gesetz nicht in der Verfügungsmacht des Handelnden und bricht er dieses, dann geschieht dies inordinate. Gott handelt in jedem Fall ordinate, und alle Geschöpfe, die nicht entsprechend dem göttlichen Gesetz handeln, tun dies inordinate. Ockham greift auch diesen Ansatz auf und führt ihn weiter. Der menschliche Handlungsspielraum wird gegenüber der durchgängigen Zielbestimmtheit des Geschehens im aristotelisch-thomasischen Naturbegriff wesentlich erweitert. Das bedeutet auch, daß »das rational-optimistische Menschenbild des animal sociale verblassen und an seine Stelle eine skeptische, zum Teil sogar entschieden pessimistische Vorstellung von der Menschennatur treten« mußte[168].

Ockhams Naturrechtslehre wird meistens als zwielichtig und uneinheitlich hingestellt, und man bedauert, daß er kein geschlossenes System geboten habe[169]. Betrachtet man aber, daß seine naturrechtlichen Aussagen in seinen kirchenpolitischen Kampfschriften enthalten sind, wird dessen kritische und komplementäre Funktion deutlicher. Zugleich müßten, stärker als bisher, Verbindungslinien zu seinen darin entwickelten theologischen Grundpositionen und zu der kirchlich-gesellschaftlichen Situation klarer herausgearbeitet werden.

Der Rekurs auf die Heilige Schrift als Autorität gegenüber dem Papst und der thomasischen Lehre muß aus dieser Situation heraus verstanden werden. »Alles Naturrecht ist in der Heiligen Schrift entweder explicite oder implicite enthalten, weil die Heilige Schrift gewisse allgemeine Regeln enthält, aus denen allein oder mit anderen zusammen gefolgert werden kann, daß alles Naturrecht erster, zweiter und dritter Ordnung – mag es in ihr nicht explicite gefunden werden – göttliches Recht ist«[170].

---

[167] Ordinatio I d 44, qu 1 u. 3: »quod aliquis hoc potest facere de facto, hoc est potentia sua absoluta, – vel de iure, hoc est de potentia ordinata secundum iura.«

[168] Welzel, H., aaO. 88.

[169] Vgl. aaO. 87.

[170] Goldast, Monarchia II, 934, zit. nach Welzel, H., aaO. 87.
Zu den drei Weisen des Naturrechts vgl. Kölmel, W., aaO. 55–71:
»1. das absolute, unveränderliche Naturrecht; es ist konform der irrtumsfreien natürlichen Vernunft; = Naturrecht I.
2. Das Naturrecht des natürlichen Ausgleichs (aequitas naturalis); es ist die

Auf die veränderte gesellschaftliche Situation, in der Duns Scotus und Wilhelm von Ockham lehrten, wurde schon hingewiesen. Das sollte nicht heißen, daß deren theoretische Aussagen allein der Reflex der gesellschaftlichen Veränderungen sei. Der Versuch, Aussagen über den Prozeß der gesellschaftlichen Differenzierung mit Entwicklungen in der Diskussion des Naturrechts vergleichend aufzuzeigen, kann nur einen Faktor unter vielen anderen betonen und u. U. deren gleichzeitiges Auftreten feststellen. Dabei wird die gegenseitige Bedingtheit der verschiedenen Faktoren vorausgesetzt. Die bisher dargestellten naturrechtlichen Theorien haben vielfache, auch gesellschaftliche Veränderungen bewirkt und auch verhindert, wobei aber die Frage des Zeitpunktes ihrer Wirksamkeit auch vom Stand der gesellschaftlichen Entwicklung abhängt, ebenso wie die Motivationen ihrer Weiterentwicklungen und Veränderungen. Bevor versucht werden soll, die Weiterentwicklung des Naturrechts im begonnenen Sinne weiterzuverfolgen, sollte man in einer Art Zwischenbilanz diesen Zusammenhang noch einmal kurz festhalten.

Rechtsform, die vor jeder menschlichen Konstitution bzw. Gewohnheit, d. h. vor jedem ›ius fori‹ liegt; = Naturrecht II.
3. Das Naturrecht ›ex suppositione‹, d. h. eine Ordnung, die vorausgegangene völkerrechtliche Satzungen oder sonstige menschliche Rechte voraussetzt und unter deren Voraussetzung wieder eine natürliche Ordnung herstellt; = Naturrecht III.
Auf sämtliche Weisen des Naturrechts läßt sich das ›ius divinum‹ irgendwie ausdehnen, so daß sie in diesem Sinn auch Ausdruck eines ›ius divinum‹ sind« (aaO. 56–57).
Das Naturrecht I und seine Unveränderlichkeit müßte man im Zusammenhang der Schöpfungsordnung sehen, die potentia Dei ordinate ist und daher für den Menschen »rebus sic stantibus« gilt und erkannt werden kann; vgl. Urban, C., aaO. Das Naturrecht II hat seinen Sitz im Armutsstreit und dessen ontologischen und schöpfungstheologischen Begründungsversuchen und konzentriert sich auf die Frage des Eigentums vor und nach dem Sündenfall; vgl. Kölmel, W., aaO. 61–62; Iserloh, E., in: Handbuch der Kirchengeschichte, Band III/2, 457. Im Armutsstreit spielte aber noch zentraler die Frage nach der Armut Christi eine Rolle: »Hatte Christus als Mensch auf Eigentum und auf die Ausübung von Herrschaft über Menschen und Dinge verzichtet und sich dem Cäsar untergeordnet, dann müßte das auch Konsequenzen für seinen Stellvertreter auf Erden und alle die haben, die in seinem Namen die geistliche Vollmacht ausüben« (ebd.); der Franziskanergeneral Michael von Cerena und Wilhelm von Ockham flüchteten 1328 aus Avignon vor Johannes XXII. zu Ludwig dem Bayern.
Das Naturrecht III gehört eindeutig in diesen Streit und in die Auseinandersetzung zwischen päpstlicher und weltlicher Gewalt und beinhaltet die Dialektik von gesellschaftlicher Entwicklung und Naturrecht. Diese theoretische Leistung der Bedingtheit beider wird später in der spätscholastischen Weiterentwicklung des Naturrechts von Bedeutung sein.

Nach einer Periode des Eigenkirchenwesens, vorwiegend germanischen Rechts[171], die man in unserem Kontext als Aneinanderlagerung segmentierter Gesellschaftsformen bezeichnen könnte[172], kennzeichnet die Periode theokratischer oder cäsaropapistischer Vorherrschaft (Karl der Große) einerseits und hierokratischerpäpstlicher Machtanspruch andererseits eine Gesellschaftsform zentralistischen Zwanges von hierarchisch zusammengehaltenen segmentären Gesellschaften mit schon beginnender funktionaler Differenzierung. »Die hochmittelalterliche Kirche ist ihrer Organisation nach zentralistisch gewesen. In ihrer Theorie blieb sie . . . universalistisch-realistisch. Ihrer Methode nach arbeitete sie deduktiv. Ihr Bestreben ging darauf hin, einmal äußerlich die Gesamtheit der Völker der Kirche einzuordnen, vor allem aber innerhalb der letzteren eine Durchdringung allen Lebens mit ihrem Geiste herbeizuführen. Eine Geordnetheit aller Erscheinungen in einem Gesamtbau sollte auf Erden ein Abbild des Gottesreiches darstellen: Unter den Päpsten Innozenz III., Gregor IX. und Innozenz IV. ist sie der Verwirklichung dieses ihres Sozial- und Kulturideals am nächsten gekommen, in dem philosophischen System des Dominikaners Thomas von Aquin hat es seinen literarischen, in der Gotik seinen künstlerischen Ausdruck gefunden«[173].

Wir hatten versucht, dieses Bild etwas zu differenzieren: In der Umbruchsituation des 13. und 14. Jahrhunderts konnten verschiedene gesellschaftliche Entwicklungen erfahren und deren Bedeutung für Theologie und Kirche verschieden eingeschätzt und verarbeitet werden. Gegenüber den hierokratischen Kurialisten wurde die Theologie des Thomas daher als via media bezeichnet. Gegen seine Position hatten Duns Scotus und Wilhelm von Ockham aus theologischen Gründen protestiert. Der »Sitz im Leben« dieser Theologie wurde in der franziskanischen Tradition gesehen, deren Anfänge und Motive aber auch in bestimmten gesellschaftlichen und kirchlichen Erfahrungen liegen[174]. In ihr war die Rolle des einzelnen und Individuellen betont worden. »Dies Individuelle ist nun nicht zuletzt der Mensch. Für ihn interessiert man sich psy-

---

[171] Vgl. zum Eigenkirchenwesen Feine, H. E., aaO. 147–166.

[172] Siehe oben 104–106.

[173] Honigsheim, P., Zur Soziologie der mittelalterlichen Scholastik. Die soziologische Bedeutung der nominalistischen Philosophie, in: Erinnerungsgabe für Max Weber, Bd. 2, München/Leipzig 1923, 173–218; 177.

[174] Vgl. aaO. 175–187; vgl. Kaufmann, F. X., Wissenssoziologische Überlegungen zu Renaissance und Niedergang des katholischen Naturrechtsdenkens im 19. und 20. Jahrhundert, in: Böckle, F./Böckenförde, E. W. (Hg.), aaO. 126–164; 149: »Die Frage wäre einer eigenen wissenssoziologischen Untersuchung wert, was Wilhelm von Ockham und seine Schule dazu

chologisch. Insbesondere geschieht dies, da er innerhalb der religiösen Sphäre Träger des einmaligen und einzigartigen mystischen Erlebnisses sein kann. Das Besondere ist nicht mehr ein Spezialfall des Allgemeinen, der an Realität abnimmt, je weiter er sich vom Allgemeinen, nämlich Gott, entfernt. Das Einzelne ist jetzt vielmehr das Wesentliche, sowohl als Objekt wissenschaftlicher Forschung als auch als Träger der Religion, das heißt als Subjekt. Diese Stimmung wird noch dadurch gesteigert, daß man nicht nur innerhalb der religiösen Ebene dem Willen, hier also vornehmlich dem Willen Gottes, eine zentrale Bedeutung zuspricht, sondern auch den Menschen auf die praktische Tat hinweist und dem menschlichen Willen eine ausschlaggebende Rolle im Weltgeschehen zuweist«[175]. Obwohl der hier zitierte Autor, P. Honigsheim, im Gefolge Max Webers von der Hypothese ausgeht, »daß Ideen Faktoren werden können ... auch bei der Genesis gesellschaftlicher Beziehungen und Ordnungen«[176], weist auch er auf die gesellschaftlichen Voraussetzungen dafür immer wieder hin: »Ohne die Mitwirkung der betreffenden Gemeinschaftsart als des einen unter den verschiedenen wirksamen Faktoren wäre dann die neue künstlerische, wissenschaftliche oder sonstige Ausdrucksform nicht entstanden«[177]. Unsere Ausgangsthese war ja, daß die Weiterentwicklung der Naturrechtstheorie motiviert ist von der theologischen Auseinandersetzung mit der Erfahrung dessen, was wir aus der Sicht der heutigen komplexen Gesellschaft den Prozeß der gesellschaftlichen Differenzierung zu dieser hin genannt haben. Hier ging es vor allem um das Auseinanderfallen des orbis christianus in Einzelstaaten und um die darin und darüber hinaus beginnende funktionale Differenzierung, in der das einzelne Subjekt zunehmend betont wird. Auch Honigsheim stellt dies fest: »Und so ist es denn kein Wunder, daß diejenigen Gegenden, in denen sich im ausgehenden Mittelalter am schnellsten die alten Gemeinschaften

---

geführt hat, Gott nicht mehr als weise Vernunft, sondern als letztlich willkürlichen Gesetzgeber aufzufassen ... Auf jeden Fal signalisiert dieser Auffassungswandel einen Verlust an unmittelbarer Plausibilität der gegebenen Rechts- und Moralnormen, eine Konstellation, die als Vorstufe des neuzeitlichen Autonomiegedankens zu verstehen ist«; zu dieser Frage vgl. die Arbeit von Urban, C., aaO.

[175] Honigsheim, P., aaO. 187.
[176] Vgl. aaO. 175; die in der Hypothese enthaltene Feststellung soll in keiner Weise bestritten werden; hier wird vielmehr als wichtige Ergänzung Max Webers Ausgangslage noch einmal umgedreht, nämlich: »daß sich, wenn man vom entgegengesetzten Standpunkt ausging, interessante und faszinierende Ergebnisse erzielen ließen«. Vgl. Robertson, R., aaO. 29.
[177] Vgl. Honigsheim, P., aaO. 188.

der Familie, Ritterschaft, Zunft usw. auflösen, das heißt die Land-
striche des Frühkapitalismus, auch die Gebiete des Nominalismus
sind«[178].

In diesem Kontext werden dann auch zwei Elemente, die nach dem
Ansatz Honigsheims »in Wahrheit unverbunden nebeneinander«
stehen, einsichtig, wenn man sie in dem geschilderten Prozeß
verankert sieht: »Auf der einen Seite die Hervorhebung des Staates,
die von einer Verteidigung, als einer nominalistisch gefaßten
Einzelerscheinung, gegenüber der allumfassenden Papstkirche zu
einer Verherrlichung und Vergöttlichung fortgeschritten ist ...
Auf der anderen Seite eine Anerkennung des Individuums, und
zwar auch dem Staate gegenüber gerade in seiner gesellschaftsbe-
gründenden Eigenschaft«[179].

Die Wirkungen des Nominalismus bzw. Voluntarismus für Natur-
rechts- und Staatstheorien sind vielfältig und z. T. widersprüchlich.
Aber er ist gegenüber der Kurialtheorie und auch gegenüber der
Lehre des Thomas in der Folgezeit zur herrschenden Lehre geworden, die als via moderna über hundert Jahre lang den Vorrang auch
an den Universitäten innehatte[180].

3.2.5 Zunehmende Komplexität der Handlungszusammenhänge und die Entwicklung vom lex aeterna-Naturrecht zum Natur der Sache-Naturrecht: die spanische Spätscholastik

Wenn unsere Ausgangsthese richtig ist, daß der fortschreitende
Prozeß der gesellschaftlichen Differenzierung in Naturrechtslehren
seinen Niederschlag findet, insofern Theologie und Kirche fähig
und willens sind, sich mit den veränderten gesellschaftlichen Situationen auseinanderzusetzen und insofern die Naturrechtslehren der
theologische Ort dieser Auseinandersetzungen sind, dann müßte
das auch für die spanische Spätscholastik gelten, die als weiterer
theologischer Höhepunkt in einem gleichzeitig stattfindenden gesellschaftlichen und religiösen Umbruch gilt.
Die politische und wirtschaftliche Situation hatte sich gegenüber
der Zeit des Thomas und des W. von Ockham wesentlich weiterentwickelt und gewandelt. Die funktionale Ausdifferenzierung des
nationalen und internationalen Handelns und die Kolonialfrage
stellten die Theologie vor neuartige Probleme[181].

[178] AaO. 189.
[179] AaO. 196.
[180] Vgl. Handbuch der Kirchengeschichte, 434–438.
[181] Vgl. Höffner, J., Kolonialismus und Evangelium; Weber, W., Wirtschaftsethik am Vorabend des Liberalismus. Höhepunkt und Abschluß der
scholastischen Wirtschaftsbetrachtung durch Ludwig Molina S. J.
(1535–1600), Münster 1959; dort weitere Literaturhinweise.

Die Reformation und die damit verbundenen kriegerischen Auseinandersetzungen hatten dem orbis christianus den endgültigen
Todesstoß versetzt. Es ist nicht von ungefähr, daß die Zeit der
Spätscholastik im wesentlichen eine spanische Angelegenheit ist.
»So finden wir in Spaniens Goldener Zeit eine Geisteshaltung
wieder, die ihre Abstammung von den Idealen des orbis christianus
nicht verleugnen kann. Nur war der Blick nicht mehr auf die ganze
Christenheit, sondern auf Spanien gerichtet«[182]. Mehr noch, die
katholische Kirche trug wesentlich zur Entstehung der spanischen
Nation bei und bildete ihre zentrale Integrations- und Legitima-
tionskraft. Der spanische Absolutismus »stellte die Ideale des orbis
christianus in seinen Dienst«[183].

Die Weitertradierung der orbis christianus-Idee als unbefragte
Plausibilitätsstruktur läßt verstehen, daß die Theologen – auch
Molina und Suarez – die thomasischen Lehren über Sklaverei und
Ketzerverfolgung übernahmen, was sich bezüglich der Juden- und
Maurenfrage verhängnisvoll auswirkte und auch gegenüber den
neuentdeckten Gebieten folgenreich war[184]. Die schrecklichen Folgen dieser Theorien und die der weiterwirkenden kurialistischen
Vorstellungen hat Josef Höffner in der schon mehrfach zitierten
Arbeit dokumentiert[185]. Dagegen haben die spanischen Spätscholastiker gegenüber den kurialistischen Lehren, die zur Rechtfertigung
der Conquista hätten herangezogen werden können, die thomasische naturrechtliche Lehre vom Staat und von der Rechtmäßigkeit
heidnischer Staaten weiterentwickelt und gelten darum zu Recht als
die Begründer des modernen Völkerrechts[186].

Halten wir die immense Erweiterung der Handlungsmöglichkeiten
und besonders die vergleichsweise dynamische Wirtschaftsent-
wicklung der Zeit fest und kehren zur Naturrechtstradition zurück. Dabei steht im Mittelpunkt der theoretischen Diskussion
nicht mehr so sehr das Verhältnis von Papst und Kaiser, das zwar
politisch weiter von Bedeutung war, aber von den Theologen im
Sinne der potestas indirecta gelöst wurde[187]. Infolge der gesellschaftlichen Entwicklung wurde die Problematik zur Verhältnisbestimmung von Kirche und Welt, von Glaube und »weltlichem
Handeln« hin erweitert und zentraler als bisher angegangen und

---

[182] Höffner, J., Kolonialismus und Evangelium, 83.
[183] Vgl. aaO. 86.
[184] Vgl. aaO. 95–106.
[185] Vgl. ebd.
[186] Vgl. Klüber, F., aaO. 172 f, 192, mit ausführlichen Literaturhinweisen.
[187] Vgl. aaO. 193 f.

problematisiert, wobei das wirtschaftliche Handeln im Vordergrund des Problembewußtseins stand.

Die überkommene Konfrontation von Intellektualismus und Voluntarismus verliert ihre antithetischen Schärfen, Molina und Suarez waren eifrige Leser der Schriften des Duns Scotus[188]. Suarez betont die »unübersehbare reale Differenziertheit des Konkreten, Wandelbaren«[189]. Er ist sich bewußt, daß die theoretische Weiterentwicklung in der Auseinandersetzung »mit der Realität des gesellschaftlichen und wirtschaftlichen Lebens, dessen gesteigerte Dynamik den Theologen der Spätscholastik Tag für Tag in eigener Erfahrung stärker zum Bewußtsein kam, schon vom philosophischen Grundansatz der Metaphysik und der Gnoseologie her gefunden werden muß«[190]. W. Weber kennzeichnet die Metaphysik des Suarez als eine des »Individual-konkreten« und die Gnoseologie als »kritisch-induktive«[191]. Molina und Suarez schließen sich auch hinsichtlich des Individuationsprinzips der voluntaristischen Tradition an[192]. Ohne die einzelnen Linien der Argumentation hier nachzeichnen zu können, führt die Ausgangsposition dazu, daß »im Jesuitenorden eine Anthropologie dominierend wurde, die den wertvollen Kern des Individuums, die überragende Bedeutung der individuellen Persönlichkeit anerkannte«[193].

Der Gedanke der menschlichen Freiheit spielt in der spanischen Spätscholastik eine wesentliche Rolle, sie ist gekennzeichnet durch einen starken Optimismus hinsichtlich der natürlichen sittlichen Fähigkeiten des Menschen und macht »inhaltlich vor allem das Singuläre, das Konkrete, das Geschichtlich-Wandelbare zum Gegenstand ihres besonderen Interesses«[194].

Die naturrechtliche Argumentation muß dadurch in Schwierigkeiten geraten. Der Zusammenhang und die Zuordnung von lex divina, lex naturalis und lex humana bei Thomas sowie sein deduktives Verfahren waren in seinem »Ordo-Intellektualismus«[195] begründet, sein harmonisch-universalistisches Weltbild ermöglichte eher eine Zuordnung von Wirken Gottes und menschlichem Handeln, wenn auch auf Kosten der konkreten menschlichen Freiheit.

---

[188] Vgl. Weber, W., Wirtschaftsethik, 17, Anm. 24; 21.
[189] AaO. 30.
[190] AaO. 24.
[191] Vgl. aaO. 20–36.
[192] Vgl. aaO. 25; 17–18, Anm. 24.
[193] Lippert, P., Zur Psychologie des Jesuitenordens, ²1923, 126; zit. nach Weber, W., Wirtschaftsethik, 28.
[194] Vgl. Weber, W., Wirtschaftsethik, 12–13.
[195] Vgl. aaO. 26.

Die Weiterentwicklung der naturrechtlichen Argumentation und der Gnadenstreit zwischen Thomisten und Molinisten[196] hängen eng zusammen und gewinnen an Schärfe und Einseitigkeit auch dadurch, daß dieser Streit gerade in der Gegenreformation ausgetragen wurde. Das, was jetzt im Naturrecht und im Gnadenstreit »Natur« genannt wird, verändert sich in dieser neuen Zuordnung und ist von bleibender Bedeutung für die Weiterentwicklung der Naturrechtslehren.

Die Begriffe »Natur« und »natürlich« treten ja in der Tradition des Naturrechts immer im Zusammenhang oder im Gegensatz zu anderen Begriffen auf, und von diesem »jeweiligen Komplementärbegriff her gewinnen sie ihre spezifische Bedeutung«[197]. Die Sophisten setzten Physis und Nomos gegeneinander: »Aller Nomos unterdrückt das, was von Natur ist«[198]. Die Gegenthese dazu war die des Aristoteles, »daß der Mensch von Natur ein politisches, d. h. ein in der Polis seine Natur verwirklichendes Wesen sei«[199]. Aus dem Gegensatz Nomos – Physis wird bei ihm Natur – Mensch als Komplementaritätsverhältnis. »Denn Aristoteles sah keinen Gegensatz zwischen der in den nomoi gesetzten Verfassung und dem Ethos des bürgerlichen Lebens; umgekehrt war auch Sittlichkeit des Handelns nicht von Sitte und Gesetz zu trennen. Erst die Politeia ermächtigt den Bürger zum guten Leben; zoon politikon ist der Mensch überhaupt in dem Sinne, daß er zur Verwirklichung seiner Natur auf die Stadt angewiesen ist«[200].

Die Komplementaritätsbegriffe, von denen her der Begriff »Natur« seine jeweils spezifische Bedeutung erhält, sind »stets solche, die Weisen oder Komponenten menschlicher Praxis bezeichnen«. In all diesen Begriffspaaren »erfüllt der Begriff Natur eine analoge Funktion. ›Von Natur‹ heißt darin stets, das von menschlicher Praxis nicht gesetzte Seiende«, und zwar nicht als beliebiges, gleichgültig

---

[196] Zum Gnadenstreit vgl. Lexikon für Theologie und Kirche, Bd. 4, Freiburg ²1960, 1002–1007.

[197] Spaemann, R., Artikel: Natur, in: Handbuch philosophischer Grundbegriffe, Studienausgabe, Bd. 4, München 1973, 956–957; vgl. zum folgenden ebd.

[198] Ebd.

[199] Ebd.

[200] Habermas, J., Die klassische Lehre von der Politik in ihrem Verhältnis zur Sozialphilosophie, in: ders., Theorie und Praxis. Sozialphilosophische Studien, Neuwied ²1967, 13–51; 13–14; vgl. Ritter, J., Zur Grundlegung der praktischen Philosophie bei Aristoteles, in: Archiv für Rechts- und Sozialphilosophie 46 (1960), 179 ff; ders., Naturrecht bei Aristoteles, Stuttgart 1961.

anderes Seiende, sondern als »die in ihm stets vorausgesetzte Bedingung seiner Möglichkeit«[201].

Während Cicero natura und voluntas gegenüberstellte, unterscheiden Augustinus und Thomas im Willen selbst noch einmal Natur von dem in ihr wurzelnden freien Wollen selbst[202]. Wir hatten aber gesehen, daß bei Thomas diese Unterscheidung in Zusammenhang und Zuordnung von lex divina, lex naturalis und lex humana begründet ist[203]. Im Ordo-Denken des Thomas und dem in diesem dem Willen vorgeordneten Intellekt wird weder die menschliche Freiheit noch der Zusammenhang vom Wirken Gottes und menschlichem Handeln zu einem zentralen Problem. Duns Scotus sah die Freiheit Gottes und seines Handelns mit Berufung auf die Heilige Schrift in diesem System als gefährdet an. Ockham war dieser Position gefolgt und hatte sie radikalisiert auch in ihren naturrechtlichen Konsequenzen. Wir hatten die Wirkungsgeschichte dieser Position in Zusammenhang gebracht mit der zunehmenden Komplexität der menschlichen Handlungszusammenhänge im Prozeß der gesellschaftlichen Differenzierung.

Wenn nun die spanische Spätscholastik, besonders Molina und Suarez, diese Komplexität und Dynamik des gesellschaftlichen Lebens einerseits und die Betonung der menschlichen Freiheit andererseits ernst nehmen, wird der Zusammenhang von eben dieser menschlichen Freiheit und dem Mitwirken Gottes zum Problem: Der Gnadenstreit zwischen Molinisten und Thomisten ist unausweichlich und nicht *nur* Resultat einer *reinen* ideengeschichtlichen Entwicklung. Wir können der Diskussion der katholischen Gnadenlehre hier nicht weiter nachgehen, aber es ist offensichtlich, daß sie seit der spanischen Spätscholastik für das Verständnis von Naturrecht und für die Auseinanderentwicklung von katholischer Naturrechtslehre und katholischer Theologie von Bedeutung ist.

Die klassischen Distinktionen werden so eingeebnet »durch jene theologische Antithese, die seit dem 16. Jahrhundert alle anderen verdrängt, die Antithese natura – gratia, naturale – supernaturale«[204]. Die gesellschaftliche, kirchliche und theologische Situation führt zu dem Versuch, mit der Unterscheidung von Natur und Gnade »das Schema der klassischen Polarität Natur – Praxis auf eine neutestamentliche Lehre abzubilden, nämlich auf die paulinische und johanneische Lehre, daß der Mensch, wie er faktisch ist,

[201] Vgl. Spaemann, R., aaO. 957.
[202] Vgl. aaO. 958.
[203] Siehe oben 129–132.
[204] Spaemann, R., aaO. 959.

als ›Fleisch‹, d. h. ›von sich aus‹ das nicht werden kann, was er seiner Bestimmung nach ist. Er kann zwar wollen, aber die Grundrichtung seines Wollens liegt nicht noch einmal in seiner Verfügung. Sich selbst überlassen ist das Wollen bloße Selbstbehauptung, also böse. Um gut zu sein, bedarf der Mensch einer besonders göttlichen, durch Jesus vermittelten Intervention, die wegen ihres ungeschuldeten Charakters auch Gnade genannt wird«[205].

Die Gefahr besteht, daß alles menschliche Handeln hinsichtlich des nun maßgeblichen Gegensatzes natura – gratia so sehr auf die Seite der Natur rückt, daß eine Vermittlung beider unmöglich erscheint[206]. Die Emigration der Theologie aus dem naturrechtlichen Anliegen bahnt sich an: »Wenn nämlich ›Fleisch und Blut‹, die nach Paulus ›das Reich Gottes nicht erben können‹ (1 Kor 15.50), mit ›Natur‹ identifiziert werden, dann scheint jene Art von Praxis, die durch die Gnade definiert ist, nicht mehr in einem Bereich zu liegen, der im Vorhinein durch Natur umschrieben ist«[207]. Gott und Welt, übernatürliche und natürliche Ordnung, Glaube und Wissen gingen in der teleologischen Metaphysik des Thomas in kontinuierlicher Stufenfolge ineinander über. Den spanischen Spätscholastikern war das so nicht mehr möglich.

Gabriel Vasquez (gest. 1604), Dominikus Soto (1494–1560) und Ludwig Molina neigen dazu, das Naturrecht in der »Natur der Sache selbst« zu begründen. »Schon ihr Schulgründer, der Dominikaner Franz von Vitoria, hatte gegen Gabriel Biel mit besonderer Schärfe den Gedanken herausgestellt, daß Gott die Natur der Dinge nicht ändern könne und daß darum von ihm auch nicht abhinge, was aus seiner Natur heraus gut oder schlecht ist. In seiner Nachfolge erklärte Ludwig Molina, daß die Verpflichtung des Naturrechts aus der Natur des Objekts selbst entstehe und sich von hier zum Gesetz erweitere«[208].

Der Unterschied zum teleologischen Verständnis der lex naturalis des Thomas wird in folgender Aussage des Gabriel Vasquez besonders deutlich: »So ist aus dem gleichen Grunde keine Sünde darum Sünde – selbst nicht in ihrem bloß möglichen Sein –, weil Gott sie als Sünde erkennt, sondern vielmehr wird sie deshalb von Gott als mögliche Sünde erkannt, weil sie an sich und von anderswoher

[205] AaO. 959–960.
[206] Zur gegenwärtigen Diskussion vgl. Rahner, K., Über das Verhältnis von Natur und Gnade, in: ders., Schriften zur Theologie, Bd. 1, Einsiedeln ⁸1967, 323–345.
[207] Spaemann, R., aaO. 960.
[208] Welzel, H., aaO. 95.

Sünde ist«[209]. Gegenüber der bisherigen Tradition ist also »weder Gottes Wille noch Gottes Vernunft . . . der erste Maßstab für Gut und Böse, sondern etwas, was beiden – Willen und Vernunft – vorgelagert ist (quid prius), nämlich die Natur der Dinge selbst«[210]. Auch Ludwig Molina folgt dieser Richtung: »Die Verpflichtung ergibt sich aus der Natur der Sache und wird von daher Gebot«[211]. Suarez dagegen versucht der thomistischen und voluntaristischen Tradition gleichermaßen gerecht zu werden und betont, »daß die vernünftige Natur (recta ratio oder rationalis natura) nicht schon als Norm oder Richtschnur Gesetz im eigentlichen Sinne ist, sondern erst, wenn ein göttlicher Willensakt den Erkenntnissen von Gut und Böse die spezielle Verpflichtung eines Gesetzes hinzufügt«[212].

Diese theoretischen Schwierigkeiten entsprechen der objektiven Komplexität der gesellschaftlichen Entwicklung, in der vor allem die wirtschaftliche Dynamik sich der politischen Kontrolle und der ethischen Systematisierung entzog[213]. Bei Molina wird deutlich, wie die Theologen ihre Vorrangstellung »in der Behandlung aller im Bereich der natürlichen Sittlichkeit anfallenden Fragen, die sie ohne Zweifel bis dahin ziemlich unangefochten behauptet hatten . . . selbst immer mehr in Frage« stellten[214]. Andererseits macht der Unterschied zu Thomas im methodischen Vorgehen bei der Begründung des Naturrechts im Objekt, in der Natur der Sache deutlich, daß damit nicht mehr nur die obersten Prinzipien evident und unfehlbar verpflichtend sind, sondern das Naturrecht inhaltlich konkretisiert und durchgebildet wird. Hier liegt auch der Ansatz zur Kasuistik in der Moraltheologie, nämlich in dem Bemühen, der Komplexität der Handlungszusammenhänge in der sittlichen Beurteilung gerecht zu werden.

In der Naturrechtslehre der spanischen Spätscholastik zeigt sich so schon die »Tendenz zum Naturrechts*system*, an die später in der vernunftrechtlichen Theorie und Praxis nur angeknüpft zu werden braucht«[215]. Noch wichtiger für die Entwicklung zum profanen

[209] Gabriel Vasquez, Kommentar zur Summa Theologica II 1, disp. 97, cap. 1 u. 2, zit. nach Welzel, H., aaO. 95.

[210] Vgl. Welzel, H., aaO. 96.

[211] De Iustitia et Iure, Trad. I, disp. 4 u. 2, zit. nach Weber, W., Wirtschaftsethik, 53.

[212] Weber, W., Wirtschaftsethik, 55; vgl. auch den Unterschied in der Gnadenlehre zwischen Molinismus und dem Kongruismus des Suarez; vgl. dazu Ott, L., Grundriß der Dogmatik, Freiburg ⁷1965, 300.

[213] Vgl. Baechler, J., Die Entstehung des kapitalistischen Systems, 143–147.

[214] Vgl. Weber, W., Wirtschaftsethik, 58.

[215] Vgl. Hollerbach, A., aaO. 21.

Naturrecht war die mit der Auflösung des »Lex-aeterna-Natur-rechts« durch das »Natur der Sache-Naturrecht« sich andeutende Lösung von dessen theonomer Basis hin zu einem »autarken Naturrecht«. Mit dem Argument, daß man zur Erkenntnis des Naturrechts und seiner Verbindlichkeit der Behandlung und der Verankerung in der lex aeterna gar nicht bedarf, ist kein großer Schritt bis zur Feststellung, daß sich Erkenntnis des Naturrechts und seine Verbindlichkeit »ohne Rücksicht auf Gottes Erschaffung und Regierung der Welt aus der Betrachtung der bloßen Natur der Sache ergebe«[216].

Das heißt nicht, daß dieser Schritt in der Spätscholastik oder bald danach getan worden sei. Dort taucht die Vorstellung davon konsequenterweise auf, allerdings unter der Formel: »etsi per impossibile daremus non esse Deum«[217]. Auch im späteren »sogenannten ›profanen‹ Naturrecht« ist z. B. »der naturrechtliche Gegensatz zwischen Pufendorf und Leibniz nur von der Verschiedenheit ihrer Gottes- und Glaubensauffassung her zu verstehen«[218]. Zu der zunehmenden gesellschaftlichen Differenzierung war aber die religiöse getreten, und so »mußte man nach neuen Grundlagen suchen, die den gemeinsamen Boden abgeben konnten, auf den *alle*, gleichgültig, ob Katholik, Lutheraner oder Reformierter, ob Christ oder Heide, treten konnten«[219]. Für die recta ratio in natura rerum hält im Konfliktfall jeder seine eigene. Pufendorf hält seinen theologischen Kritikern entgegen, daß man das Naturrecht über die Streitigkeiten um die besondere Art der Gottesverehrung hinausheben müsse, da es, wenn es allgemeingültig sein soll, Normen für alle Menschen aufstellen muß[220].

In dieser Argumentation macht auch der Begriff der ratio einen Bedeutungswandel durch. Bisher »durch und durch ein Element der teleologischen Metaphysik«, wird sie nun – ohne alle aristotelische Metaphysik von Form und Materie – zur »clara et distincta perceptio, die klare und deutliche Erkenntnis, in der Descartes den Grund aller Erkenntnisgewißheit sah«[221]. Dieser Bedeutungswan-

---

[216] Vgl. Specht, R., Über philosophische und theologische Voraussetzungen der scholastischen Naturrechtslehre, in: Böckle, F./Böckenförde, E. W. (Hg.), aaO. 39–60; 47.

[217] Vgl. aaO. 48. Specht verweist u. a. auf Suarez, Vitoria, Soto und auf eine Stellensammlung zu diesem Punkt bei Elter, E., Compendium Philosophiae Moralis, Rom ³1950; zum Protest des Suarez gegen diese Formel vgl. Welzel, H., aaO. 97.

[218] Vgl. Welzel, H., aaO. 107.

[218] AaO. 111.

[220] Vgl. ebd.

[221] Vgl. aaO. 112.

del mündet dann bezüglich des Naturrechts in der Frage Pascals: »Die Gewohnheit ist eine zweite Natur, sollte nicht die Natur nur eine erste Gewohnheit sein?«[222] Darin zeigt sich eine veränderte Einstellung, die zusammen mit veränderten gesellschaftlichen und politischen Konstellationen jenen Prozeß bedingen, der im ersten Kapitel als »Säkularisierung und Integration« zu analysieren versucht wurde.

Beim Ergebnis der theoretischen Verarbeitung dieses Prozesses in der Religionssoziologie fragt man sich am Ende, ob dort mit »Religion« nicht das bezeichnet wird, was im scholastischen Naturrecht »Natur« hieß? Trifft sich das Schicksal der Religion bei Luckmann, die »der Intention nach den gesamten Sinnzusammenhang der individuellen Lebensführung« und ihrer institutionellen Absicherung umgreifen will und das im Gefolge der gesellschaftlichen Differenzierung nicht mehr vermag[223], nicht mit dem Schicksal der »Natur« in der Spätscholastik?

3.3 Vom Vertrag zur Rolle: Eine ergänzende Sichtweise und Zusammenfassung der Entwicklung zur komplexen Industriegesellschaft und die kirchliche Reaktion im 19. Jahrhundert

Der Vergleich des Schicksals von »Religion« und »Natur« ergibt sich aus den vergleichbaren Funktionen. Beide Kategorien wurden in einer Gesellschaft der »konzentrischen Kreise« gewonnen und dienten der Vermittlung von gesellschaftlicher und religiöser Wirklichkeit. In beiden wurde zunehmend versucht, von der christlichen Tradition zu abstrahieren, um zu allgemeingültigen und für alle verbindlichen Aussagen zu gelangen[224]. In der Weiterführung der kirchlichen Tradition des Naturrechts wurde besonders im Gefolge der Restauration und der Neuscholastik im 19. Jahrhundert »Natur« sozusagen zur »Welt« für Kirche und Theologie, mit der man dann so in Kommunikation und Dialog eintreten konnte. In der systematischen Theologie spielte die »philosophia perennis« eine analoge Rolle.

Die klassische Funktion des Naturrechts, der theologische Ort der Auseinandersetzung von Theologie und Kirche mit der jeweiligen gesellschaftlichen Realität zu sein, ging zunehmend verloren in dem Bemühen, das Naturrecht nur sozialphilosophisch zu begründen einerseits und zum anderen durch den Rückzug der Theologie auf »rein« theologische Fragen.

---

[222] Pascal, Pensées, Oeuvres Complètes, ed. Lafuma, 514, zit. nach Spaemann, R., aaO. 959.
[223] Siehe oben 50–53 und 109–118.
[224] Für den Religionsbegriff vgl. 22–53.

Unsere Aufgabe war es nicht, eine Geschichte des naturrechtlichen Denkens zu schreiben, sondern vielmehr die historischen Dimensionen des kirchlichen Selbstverständnisses des Verhältnisses von Kirche und Welt aufzudecken, deren Bedeutung für die kirchliche Praxis nicht bestritten werden kann. Die Darstellung der Geschichte der naturrechtlichen Theorien war eingebettet in die Darstellung der gesellschaftlichen Entwicklung, um u. a. das dialektische Verhältnis beider zu betonen. Wir greifen jetzt wieder stärker zurück auf die gesellschaftliche Entwicklung hin zur gegenwärtigen komplexen Gesellschaft, um an die beiden ersten Kapitel anzuschließen. Mit Hilfe anderer Kategorien, nämlich »Vertrag« und »Rolle«, wird versucht, diese Entwicklung näher zu präzisieren, um die Problematik von Kirche und Gesellschaft der Gegenwart besser erkennen zu können. Es zeigt sich, daß diese aus dem bisher geschilderten Prozeß resultiert und daß der gewählte theoretische Bezugsrahmen zu einer weiterführenden Diskussion verhelfen kann. Dabei wird die naturrechtliche Denktradition nur scheinbar verlassen. Die Kategorie »Vertrag« ist eine Frucht der naturrechtlichen Auseinandersetzung mit der gesellschaftlichen Entwicklung, sei es als Weiterführung, sei es als Protest; unabhängig von beiden ist sie nicht zu verstehen.

Die Kategorien Rolle und Vertrag sollen hier verstanden werden als »zentrale Kategorien gesellschaftlichen Selbstverständnisses«, und ihr »Verweisungscharakter auf den Gesamthorizont von Wirklichkeitsorientierung, auf den sie dialektisch bezogen« sind, soll betont werden[225]. In diesem Sinne kann man vielleicht sagen, daß »Vertrag« die Nachfolgekategorie von »Kosmos« oder »ordo« als Kategorien der gesellschaftlichen Gesamtorientierung der mittelalterlichen Welt ist und »Rolle« wiederum die von »Vertrag«. Zur vorläufigen und problematischen Orientierung kann man festhalten: »Faßte die frühbürgerliche Theorie die Sozialbeziehungen des Subjekts als ›Verträge‹, so interpretiert die spätbürgerliche Wissenschaft von der Gesellschaft die Sozialbeziehungen als System von Rollen«[226].

Diese idealtypische Charakterisierung darf den Resultatcharakter der jeweiligen gesellschaftlichen Gesamtorientierung aus den Problemen und Auseinandersetzungen der jeweils vorhergehenden nicht vernachlässigen, ebensowenig wie die Bedeutung der gesell-

---

[225] Vgl. Willms, B., Gesellschaftsvertrag und Rollentheorie. Zum Problem des historischen Politikverlustes der Soziologie, in: ders., Funktion, Rolle, Institution, 41–72; 43.
[226] AaO. 53–54.

schaftlichen Evolution. Wird dies beachtet, dann wird ersichtlich, daß und wie die Nachfolgekategorie vorbereitet und vorgedacht wird in der ihr vorhergehenden und daß und wie die theoretische Verarbeitung bedingt ist durch den Prozeß der gesellschaftlichen Differenzierung zu zunehmender Komplexität.

Bei Thomas von Aquin taucht der Vertragsgedanke auf, zwar am Rande nur, aber an einer für seine naturrechtliche Konzeption kennzeichnenden Stelle: bei der Frage nämlich nach der Möglichkeit, einen ungerechten Herrscher abzusetzen[227]. Der Vertrag (pactum) der Untertanen mit dem König kann von seiten der Untertanen gekündigt werden, wenn er in ungerechter Weise herrscht. Diese Möglichkeit modifiziert zwar die thomasische Konstruktion vom natürlichen guten Gemeinwesen, bleibt aber eine Grenzfalltheorie für eine Ausnahmesituation. Thomas sucht und nennt dann auch nur Gründe, wie die Vertragsauflösung umgangen werden kann. Andererseits hat aber die naturrechtliche Begründung des Staates bei Thomas langfristig den Vertragsgedanken gefördert. Wenn Gott nicht unmittelbar Schöpfer des Gemeinwesens ist, sondern die Natur des Menschen zur Vergemeinschaftung drängt, dann werden dadurch die traditionellen Vorstellungen zurückgedrängt. Dort wurde die weltliche Gewalt entweder als direkt von Gott übertragen gedacht und als in der Schöpfungsordnung festgelegte Institution verstanden, oder aber sie wurde als durch die Heilsordnung der Kirche vermittelte begründet[228]. Die starke Betonung des einzelnen – der Nationalstaaten und auch des Individuums – im Voluntarismus und seine Betonung der Veränderbarkeit der institutionalisierten Gewalten läßt den Herrschaftsvertrag zum Rechtsgrund jeglicher Herrschaft werden[229].

Auch bei Suarez ist unbestritten, daß das Volk der erste naturrechtliche Träger der Staatsgewalt ist, der seine Gewalt übertragen kann, aber nicht mehr notwendig übertragen muß, wie noch z. B. bei Bellarmin[230]. Der Ausbau der Lehre von der Souveränität des Volkes im Herrschaftsvertrag einerseits und die zunehmende Betonung der Subjektivität des Menschen andererseits drängten zur Universalisierung des Vertragsgedankens. Die Frage nach der Legitimität des Volkes als Vertragspartner führte dazu, daß »die Gesell-

---

[227] Vgl. De regimine principum I,6, in: Voigt, A. (Hg.), Der Herrschaftsvertrag, Neuwied 1965, 57 f.

[228] Vgl. Gnägi, A., Katholische Kirche und Demokratie, Zürich/Einsiedeln/Köln 1970, 96–98.

[229] Marsilius von Padua, Defensor Pacis I cap. 8; Wilhelm von Ockham, Dialogus III, teilweise in: Voigt, A. (Hg.), Der Herrschaftsvertrag, 61–66.

[230] Vgl. aaO. 105–109.

schaft als solche ... schon als Resultat eines Vertragsschlusses gedacht« wurde. »Die soziale Dimension des Subjekts war Ergebnis eines willentlichen Entschlusses des Subjekts und eines rationalen Kalküls. Das war die Überwindung des Naturzustandes bei Hobbes und die Theorie der Konstituierung der bürgerlichen Gesellschaft bei ihm und seinen Nachfolgern bis Kant«[231].

Das Vertragsmodell wurde zum dominierenden Konzept. Es gewann seine subjektivistische Schärfe und Radikalisierung als Instrument der bürgerlich-politischen Durchsetzung: Der einzelne kann nur sich selber unterworfen sein und nur dort verpflichtet werden, »wo eine rationale Verpflichtung denkbar oder faktisch bleibt«[232]. Die bürgerliche Theorie fand ihren wesentlichen Ansatz im autonomen Subjekt, das sich nur mehr auf sich selbst bezog. Im Vertragsdenken macht sie diesen abstrakten Freiheitsbegriff zum Legitimierungsgrund aller Wirklichkeit. Politisch und konkret wendet sie sich gegen die Vermittlung aus der Herkunftswelt, indem sie jede bloß traditionale Legitimität negiert: »Von jetzt an sind wirkliche Beziehungen zwischen Menschen nicht mehr naturwüchsig oder gottgewollt, sondern sind gemacht, sind Resultate kalkulierender autonomer, politischer Subjekte, die sich vertragen müssen und wollen: sind Verträge«[233].

Im ersten Kapitel dieser Arbeit wurde die Bedeutung dieses Ansatzes für das sich entwickelnde Religionsverständnis der Religionskritik und später der Religionssoziologie darzulegen versucht. Im folgenden zeigte sich seine Relevanz für die Änderung sowohl der gesellschaftlichen Verhältnisse als auch für die soziologischen Versuche, diese auf den Begriff zu bringen. Nachdem nun auch versucht wurde, die kirchliche Tradition des Naturrechts auch in ihrer Bedeutung für diese Entwicklung darzustellen, sollte auf die kirchliche Reaktion diesem neuen Selbstverständnis gegenüber verwiesen werden. Sie haben die religionssoziologischen Theorien über die Funktion der Religion als Legitimation des jeweiligen Status quo eher bestätigt.

Die scholastische Lehre von der Volkssouveränität, die eine fundierte Auseinandersetzung ermöglicht hätte, wurde zwar kaum offiziell verworfen, aber auch kaum erwähnt. Das hervorstechendste Charakteristikum der päpstlichen Reaktion des 19. Jahrhunderts besteht gerade darin, sich damit zu begnügen, die extremste Theorie der Volkssouveränität, nämlich diejenige Rousseaus, dar-

---

[231] Vgl. Willms, B., Gesellschaftsvertrag und Rollentheorie, 48–49.
[232] Vgl. ebd.
[233] AaO. 48.

zustellen und diese dann zu verwerfen[234]. Man bewegt sich von der Translationstheorie der Scholastiker weg auf eine Designationstheorie hin: »Die Rolle des Volkes läßt sich nicht gänzlich ausschalten, will man sich mit der ganzen scholastischen Tradition nicht in Widerspruch setzen ... Man konstruiert ein naturrechtliches und sogar göttliches Gebot, demzufolge die Staatsgewalt auf einen einzelnen Herrscher übertragen werden müsse, und man hat beides, die Tradition, die man nicht gefährden will, und die Monarchie, die nicht gefährdet werden darf, gerettet«[235]. Der daraus resultierende Eindruck, »daß Kirche und moderner Staat, Kirche und Volkssouveränität, Kirche und Demokratie, zwei inkommensurable Größen seien«, wurde nicht mit Hilfe der eigenen Tradition zu korrigieren versucht. Vor allem Pius IX. tat alles, »um ihn ins Bewußtsein der ganzen Welt einzuhämmern«[236]. Die biblische Lehre vom göttlichen Ursprung der Staatsgewalt, die von Suarez mit der Lehre von der Volkssouveränität schon vermittelt werden konnte, wurde nicht nur nicht weiterentwickelt. Das Recht des Volkes wurde darauf reduziert, den Gewaltinhaber zu bezeichnen. Wenn die Gewalt nicht vom Volk auf den oder die Herrschenden übertragen wird, sondern von Gott unmittelbar und ein für allemal auf den möglicherweise vom Volk bezeichneten, »dann gibt es keinen Rechtstitel, unter welchem das Volk sich gegen eine mißliebige Regierung zur Wehr setzen könnte«[237]. Nun sind Revolutionen unabhängig von kirchlichen Verboten in Szene gesetzt worden, und Leo XIII. sagt als erster ja zur theoretischen Möglichkeit der Demokratie und in seiner Ralliementpolitik auch ja zu ihr als einer schon installierten Staatsform. Da deren Entstehung aber nur unter Berufung auf die Souveränität des Volkes vor sich gehen kann, kann der Katholik an ihr nicht aktiv teilnehmen, wenn er den Weisungen des Papstes gehorchen will. Er wird »in die passive Rolle des Zuschauers gedrängt, der vor dem fait accompli kapituliert und lediglich das neue Regime als wiederum gottgewollte Autorität anzuerkennen hat«[238].

Die Unversöhnlichkeit der gegenteiligen Auffassungen schien unaufhebbar. Je intensiver die eine Seite Freiheit und Gleichheit verfocht, »um so dezidierter trat die Kirche für die gottgewollte Ungleichheit ein, deren Außerachtlassung im gesetzgeberischen

[234] Vgl. Gnägi, A., aaO. 115.
[235] AaO. 142.
[236] Vgl. aaO. 148.
[237] AaO. 160.
[238] Vgl. ebd.; erst Pius XII. hat die scholastische Volkssouveränitätslehre wieder aufgegriffen; vgl. aaO. 169–172.

Bereich sie als einen Eingriff in die göttliche Schöpfungsordnung taxierte«[239]. Das 19. Jahrhundert blieb wie »ein Gespräch zwischen tauben Menschen«[240].

Diese Bemerkungen über die kirchliche Reaktion auf die eher politischen Konsequenzen der Vertragskonzeption kennzeichnet auch ein weiteres Verhaftetsein des kirchlichen Selbstverständnisses in traditionellen Strukturen. Das Vertragsdenken hatte ja auch die relative Trennung von Staat und Gesellschaft mitbewirkt, bzw. die gesellschaftliche und politische Realität, die zum Vertragsdenken u. a. geführt hatte, hatte mit diesem zusammen das Bewußtsein von der zunehmenden Verschiedenheit des gesellschaftlichen und staatlichen Bereiches gefördert. Es dauerte lange, bis die Kirche und die Theologie die Gesellschaft entdeckten, wenn überhaupt. Im kirchlichen Selbstverständnis des Verhältnisses zur modernen Welt begegneten sich immer noch Papst und Kaiser – am liebsten in Canossa.

Die Autoren, bei denen die Thematisierung des Prozesses der gesellschaftlichen Differenzierung dargestellt wurde, setzten sich direkt und indirekt mit dem Vertragsdenken und seinen Folgeproblemen auseinander. Sie kamen zu dem Schluß, daß die Kohäsion der sich modernisierenden Gesellschaft offensichtlich immer weniger aufgrund von Normen und Werten möglich ist oder zumindest, daß diese immer weiter abstrahiert und generalisiert werden müssen. Diese Feststellung zeigt sich sowohl in den neuen Funktionszuweisungen für Staat und Gesellschaft als auch in der Weiterentwicklung der Naturrechtslehren vor allem in ihrer Ausgestaltung als Menschenrechtslehren. Die Erfahrung, daß der Verweisungszusammenhang, den man weiterhin »Natur der Sache« nannte, selbst schon ein geschichtlich produzierter war, ließ diesen dann nicht mehr einfach auf eine der menschlichen Spontaneität vorgeordnete Seinssphäre zurückführen. Das naturrechtliche Denken mußte das im klassischen Naturrecht geknüpfte Band von Recht und Sittlichkeit aufgeben – für den Bereich des Rechts[241]. »Das Recht schafft nur noch äußere Bedingungen der Möglichkeit sittlichen Verhaltens des einzelnen ... die gesellschaftliche Totalität in ihrer Ausdifferenzierung und in der Vielzahl ihrer Bezüge und Abhängigkeiten [kann] nicht mehr als naturhaft-sittlich begriffen werden«[242]: Auch

---

[239] AaO. 168.
[240] Leclerq, J., Kirche und Freiheit, Essen 1964, 130.
[241] Vgl. Ellscheid, G., Artikel: Naturrecht, in: Handbuch philosophischer Grundbegriffe, Studienausgabe Bd. 4, München 1973, 969–980.
[242] AaO. 976.

ethisches Verhalten allgemein ist Privatsache geworden. Die Präva-
lenz und Eigenwertigkeit der gesellschaftlichen Ordnung verliert
endgültig ihre Gültigkeit. »In der Dogmatik der Grundrechte wirkt
sich dies später so aus, daß Einschränkungen der Grundrechte nur
zulässig sind, soweit sie für deren Erhaltung und für die Erhaltung
der Funktionsfähigkeit der staatlichen Gemeinschaft, die die Men-
schenrechte schützt, erforderlich sind«[243]. Die katholische Kirche
hat diesen fundamentalen Wandel, daß das staatliche Recht nicht
mehr »Tugend- und Wahrheitsordnung« sein kann, sondern »Frie-
dens- und Freiheitsordnung« sein muß, in letzter Konsequenz erst
in der Erklärung über die Religionsfreiheit des 2. Vatikanischen
Konzils anerkannt[244].

Aber die Ausführungen über gesellschaftliche Differenzierung haben auch gezeigt, daß und wie diese dem Vertragsdenken und dem
Vernunftoptimismus zunehmend die gesellschaftliche Basis ent-
zieht: Sie offenbart die Ambivalenz dieser Konzeption. K. Marx
hatte gezeigt, daß die auf dem Vertragsdenken basierende bürgerliche Gesellschaft die Bedingungen für die Entstehung ausbeuteri-
scher Verhältnisse unberührt läßt. Die Entwicklung von der bür-

---

[243] Ebd.
[244] Vgl. Böckenförde, E. W., Religionsfreiheit als Aufgabe der Christen, in:
Stimmen der Zeit 176 (1965), 199 ff; ders., Kirchliches Naturrecht und
politisches Handeln, 122, Anm. 62; hier müßte eigentlich eine genauere
Analyse der neuscholastischen Naturrechtslehren einerseits und der Theo-
rie und Praxis der katholisch-sozialen Bewegung in Deutschland anderer-
seits angegangen werden. Doch das würde Umfang und Charakter der
Arbeit über Gebühr strapazieren. Es sei daher lediglich verwiesen auf
Kaufmann, F. X., Wissenssoziologische Überlegungen zu Renaissance und
Niedergang des katholischen Naturrechtsdenkens im 19. und 20. Jahrhundert, sowie auf Stegmann, F. J., Geschichte der sozialen Ideen im deutschen
Katholizismus, und auf die in beiden Abhandlungen angegebene Literatur.
Im engeren Bereich der katholischen Soziallehre ist im deutschen Sprach-
raum kaum auf die grundlegend veränderte Argumentationsweise des Konzils und die dadurch geforderte Neubesinnung des Selbstverständnisses
reagiert worden. Während der Synodentext »Kirche und Arbeiterschaft«
eine solche Neubesinnung als Notwendigkeit aufzeigt, zeigen die Borschü-
ren der verschiedenen Reihen der »Katholischen Sozialwissenschaftlichen
Zentralstelle Mönchengladbach«, daß die Mehrheit der Autoren einem
vorkonziliaren Ansatz verhaftet bleibt. Vorsichtige Neuorientierungen versuchen Kerber, W., Katholische Soziallehre, in: Demokratische Gesellschaft, Bd. 2, München 1975, 546–642; Dreier, W., Christliche Sozialwissenschaft – Sozialethik, in: Klostermann, F./Zerfaß, R. (Hg.), Praktische
Theologie heute, München/Mainz 1974, 254–265; Klein, W., Teilhard de
Chardin und das Zweite Vatikanische Konzil. Ein Vergleich der Pastoral-
Konstitution über die Kirche in der Welt von heute mit Aspekten der
Weltschau Pierre Teilhards de Chardin, München/Paderborn/Wien 1975.

gerlichen zur industriellen Gesellschaft zeigt eben zugleich »Glanz und Elend des bürgerlichen Subjekts«[245]. Während Spencer die Entwicklung zur industriellen Gesellschaft noch optimistisch in Vertragskategorien denkt, zeigte sich bei Durkheim die Ambivalenz dieser Entwicklung sehr deutlich gerade in seiner theoretischen Schwierigkeit, die Stellung des Individuums in der arbeitsteiligen Gesellschaft der organischen Solidarität zu erklären. In seinem Spätwerk dominierte die Integrationsproblematik, die Herrschaft des fait social über den einzelnen, die hypostasierte geistige und moralische Überlegenheit der Gesellschaft, in der das Individuum zum passiven Element degenerierte und verschwand.

Bei Georg Simmel wurde die Dialektik von Individuum und Gesellschaft im Stadium der Industrialisierung deutlicher: Im Prozeß zunehmender gesellschaftlicher Differenzierung tritt die Gesellschaft bzw. Teile der Gesellschaft dem einzelnen gegenüber als Teile von sozialen Rollen. Die gegenwärtige soziologische Theoriediskussion setzt die hier skizzierte Entwicklung voraus: »Rolle ist die oder zumindest eine zentrale Kategorie gegenwärtigen gesellschaftlichen Selbstverständnisses, insoweit dieses auf die industrielle Gesellschaft bezogen ist«[246].

Trifft dies zu, müßte dieses gesellschaftliche Selbstverständnis auch Auswirkungen haben auf die gegenwärtige Rechtsauffassung, auf die Menschenrechtstheorie, die auf dem Vertragsdenken basiert. »Manfred Rehbinder erinnert die Entwicklung der Rechtsauffassung ›from status to contract‹ und weist die Meinung, das Vertragsrecht entwickle sich nun wieder zu einem neuen ›Statusrecht‹, wie ich glaube, mit Recht zurück. Er nimmt statt dessen die soziologische Kategorie Rolle in Anspruch und zeigt, daß man sinnvollerweise von der Entwicklung zu einer ›rollenrechtlichen Auffassung‹ sprechen könne«[247].

Die Kategorie Rolle ist zentral, sie impliziert bestimmte historische und gegenwärtige Problemzusammenhänge, die unabweisbar sind. Die Brauchbarkeit des Rollenkonzepts liegt gerade in der Verweisung auf jene Probleme, seine Realitätsnähe ist zum Teil ein Ergebnis des die Rolle und die Realität vermittelnden Gesamthorizontes[248]. Einerseits kann also B. Willms feststellen: »Die moderne Industriegesellschaft ist in ihren hochkomplizierten Verflechtun-

---

[245] Vgl. Willms, B., Revolution und Protest oder Glanz und Elend des bürgerlichen Subjekts, Stuttgart 1969.
[246] Willms, B., Gesellschaftsvertrag und Rollentheorie, 54.
[247] AaO. 55.
[248] ·Vgl. aaO. 58–59.

gen von sozialen Beziehungen mit diesem Instrument adäquat darzustellen.« Andererseits betont er aber mit Claessens und Tenbruck ebenso deutlich: »Probleme der industriellen Gesellschaft spiegeln sich im Problem der Rolle«[249].

Ralf Dahrendorf, der mit seinem Essay »Homo sociologicus«[250] den Rollenbegriff in Deutschland systematisch rezipiert hatte, verstand diesen als Elementarkategorie für die eigenständige soziologische Analyse der Probleme des sozialen Handelns: »Am Schnittpunkt des einzelnen und der Gesellschaft steht homo sociologicus, der Mensch als Träger sozial vorgeformter Rollen«[251]. Unter sozialen Rollen versteht er »Bündel von Erwartungen, die sich in einer gegebenen Gesellschaft an das Verhalten der Träger von Positionen knüpfen«[252]. Diese Erwartungen richten sich nicht an das Individuum qua Person, sondern an Positionsinhaber. Rollen sind wie Positionen prinzipiell unabhängig vom einzelnen denkbar; wie das Individuum mehrere Positionen innehaben kann, kann er auch »Spieler« mehrerer Rollen sein. Rollenerwartungen und Sanktionen werden inhaltlich bestimmt durch die in den Bezugsgruppen geltenden Normen und Sanktionen, die sich auf die durch diese Gruppen lokalisierten Positionen und Rollen beziehen[253].

In der hochkomplexen Industriegesellschaft gehören nun Individuen mehreren Teilsystemen und verschiedensten darin institutionalisierten Handlungszusammenhängen an. Deren Normen und Werte sind größtenteils teilsystemspezifisch, oft nicht kommunikabel und können sich gegenseitig ausschließen. Konflikte, hatte Simmel gesagt, können nur noch in Individuen gelöst werden. In der Rollenkonzeption kann man nun unterscheiden zwischen Intrarollenkonflikten bei unterschiedlichen Erwartungen an eine Rolle und Interrollenkonflikten bei unterschiedlichen Erwartungen und Erwartungsbündeln an den einen Träger mehrerer Rollen: die komplexe Gesellschaft tritt dem Individuum gegenüber als »ärgerliche Tatsache«. B. Willms sieht in dieser Dahrendorfschen Rollenkonzeption eine »richtige Erinnerung an das abstrakte Subjekt der bürgerlichen Theorie, von Dahrendorf freilich nicht zum Begriff gebracht«[254].

Steht diese Konzeption Dahrendorfs in der Tradition Durkheims, so hat F. Tenbruck, an Simmel anknüpfend[255], ein anthropologi-

[249] AaO. 60.
[250] Vgl. Dahrendorf, R., Homo sociologicus. Ein Versuch zur Geschichte, Bedeutung und Kritik der sozialen Rolle, Köln/Opladen 1965.
[251] AaO. 16.
[252] AaO. 26.
[253] Vgl. aaO. 38.
[254] Willms, B., Funktion, Rolle, Institution, 61.
[255] Vgl. Schnabel, P. E., aaO. 145.

sches Konzept von Rolle entwickelt, »das Unentrinnbarkeit insofern aufstellt, als es zeigt, wie und daß der Mensch schon als solcher in Rollen konstituiert wird«[256]. Tenbruck wehrt sich gegen die Betonung des Ausgeliefertseins des »reinen« Menschen an das »Ärgernis der Gesellschaft«: während sich das Individuum resigniert wehre, zwinge ihm die Gesellschaft eine Rolle auf und entfremde es damit seiner eigentlichen, nicht näher gekennzeichneten Bestimmung. Dahrendorf übergehe, daß Freiheit und Individualität des Menschen schon eine innere Struktur der Person voraussetzen, die selbst ein Produkt der Sozialisierung sei. »Dieser Mensch ist der von seiner Kultur geprägte und unter den Bedingungen ihrer Struktur lebende einzelne, der zum Rollenträger nur deshalb werden kann, weil er Handlungen nach den Momenten der Bedeutung und Bedingung versteht und weil die kulturelle Formung seines emotionalen, affektiven, wissensmäßigen und geistigen Habitus, nebst den zugehörigen Mechanismen, ihm unter gewissen strukturellen Bedingungen, wenn schon nicht bestimmte Handlungen nahelegt, so doch einen Handlungshorizont erzeugt, den die Rolle jeweils ausfüllt«[257]. Rollengemäßes Verhalten werde dem Menschen in so tiefgreifender Form anerzogen durch Konditionierung, über Imitation und Identifikation des Kindes mit dem Erwachsenen usw. verinnerlicht, daß die Rede von der Trennbarkeit des »reinen« Menschen von seiner Rolle wissenschaftlich nicht vertretbar sei. Rolle könne nicht als verfügbar, akzeptierbar oder ablehnbar, nicht als Objekt der Auseinandersetzung zwischen Individuum und der Gesellschaft angesehen werden[258].

D. Claessens betont dagegen einmal, daß sozialwissenschaftliche Analyse nicht anders möglich sei als durch ein Voneinanderlösen integraler Bestandteile menschlichen Handelns. Zum anderen unterscheidet er u. a. auch zwischen sozialer und kultureller Rolle. Dahrendorf vergesse die kulturelle, Tenbruck vermenge beide, ohne die Unterschiede zu beachten. In der kulturellen Rolle »sind Gefühle, Reaktions-, Verhaltensweisen und Sprache wirklich durch frühe und tiefe Konditionierung (im Rahmen von Vorgängen wie Imitation und Identifikation) ›internalisiert‹, in die Physis übernommen, ›biologisiert‹, wie ich es nennen möchte. ›Cultur is grown into soma‹, die Kultur ist in das physisch-psychische System (zu dessen Entfaltung damit entscheidend beitragend) eingewachsen«[259]. Diese Rolle sei natürlich – da habe Tenbruck recht – nicht

[256] Willms, B., Funktion, Rolle, Institution, 60.
[257] Tenbruck, F. H., Zur deutschen Rezeption der Rollentheorie, 34.
[258] Vgl. ebd.
[259] Claessens, D., Rolle und Macht, München 1968, 42.

abwerfbar und vom Individuum lösbar. Erinnert sei hier an Simmels Feststellung, daß der einzelne nicht kulturelle Systeme internalisiert, sondern nur jene Partialitäten, die nach der differentiellen Verteilung der Kultur in seine konkreten Gruppen fallen[260], also z. B. schichtenspezifisch. Dagegen sei die soziale Rolle die des »Homo sociologicus« Dahrendorfs. Ihre Übernahme erfolge teils mit, teils nach der Übernahme der kulturellen Rolle, man wird nicht nur in eine Kultur, sondern auch in eine gesellschaftliche Struktur hineingeboren. Ihre volle Schärfe und ihr Gewicht erlange die soziale Rolle aber erst mit der Erreichung der Berufsreife. Optimistisch und die gegenseitige Bedingtheit beider vernachlässigend, fährt er fort: »Nur der, der die Möglichkeit besitzt, sich vor sich selbst ›vorzuverantworten‹ und gleichzeitig informiert ist, kann zur Verantwortung gezogen werden und bei Nichterfüllung seiner ›Rolle‹ Druck, Strafen, ›negativen Sanktionen‹ ausgesetzt werden«[261].

Claessens bringt nun ein weiteres Modell in die Diskussion, das er als »vertragliches Rollenkonzept« bezeichnet[262]. Es berücksichtigt einerseits das Moment der zeitlichen Begrenzung der Rollenverpflichtung und will andererseits die Rollenunterwerfung als eine akzeptierte Mehrheitsentscheidung erklären[263]. Willms betont mit Claessens, daß dieser mit Recht gegen Dahrendorf die Möglichkeit erinnert habe, »ein Konzept ›Rolle‹ auch als nicht durchaus repressives zu entwickeln« und mit Recht »die Möglichkeit dieses Konzepts an die Aktualisierung des Vertragskonzepts« angeschlossen habe[264]. Andererseits weist er aber entschieden darauf hin, daß »die fortgeschrittene Industriegesellschaft ... eben eindeutig keine solche mehr [ist], in der Vertragsdenken über den Bereich juristischer Verträge hinaus Realität haben könnte bzw. hat«[265]. Auch bei Claessens kann sich der einzelne von den Rollenzwängen seines Daseins nur freimachen, indem er sich »in die Anonymität, in nicht greifbare Privatheit zurückziehen kann«[266].

Auch wenn man keines der drei Modelle absolut setzt und zugesteht, daß sich in ihnen die Problematik der industriellen Gesellschaft ebenso deutlich spiegelt wie die bleibende Bedeutung des

[260] Vgl. oben
[261] Claessens, D., aaO. 21.
[262] Vgl. aaO. 145–151.
[263] Vgl. Willms, B., Funktion, Rolle, Institution, 61.
[264] Vgl. aaO. 61–62.
[265] AaO. 62.
[266] Claessens, D., aaO. 148.

abstrakten Subjekts des Vertragsdenkens, ergibt sich als Ergebnis: »Das Subjekt als solches kann sich nur bestätigen, indem es sich zurückzieht«[267]. Die Frage nach dem Verbleib des Subjekts ist nicht nur die Gretchenfrage an das Rollenkonzept, sondern darin und darüber hinaus die nach dem gegenwärtigen gesellschaftlichen Selbstverständnis[268].

Der Vertrag war »die Figur der Sozialvernunft des absoluten bürgerlichen Subjekts, das, sich autonom bestimmend, auch seine Sozialbeziehungen als gemachte auffassen wollte, als selbstgemachte«[269]. Der Liberalismus vermied es, die Frage nach den realen Bedingungen seiner Verwirklichung zu stellen, er setzte sozusagen »Prämien auf das Subjekt der ersten Stunde«[270]. Im Sozialismus als Gegenreaktion, der das Subjekt »in konkreter Vermittlung, d. h. in konkreter Bestimmtheit durch die gesellschaftlichen Verhältnisse in den jeweils historischen Dimensionen« dachte, droht das Subjekt überhaupt verloren zu gehen als »die Basis für jedes reale Revolutions- und Änderungspotential, von dem aus gegen die bürgerliche Gesellschaft deren ursprüngliche Wahrheit geltend gemacht werden könnte und müßte«[271].

Der Vertrag war in der frühbürgerlichen Gesellschaft, deren Weiterentwicklung nicht rückgängig gemacht werden kann, eine emanzipative Kategorie, Rolle bleibt eine resignative[272]. »Das Subjekt als solches kann sich nur bestätigen, indem es sich zurückzieht . . . Das bürgerliche Subjekt ist weitgehend nur noch privat, nicht öffentlich«[273].

Damit sind wir zu Ende der Skizzierung der Entwicklung zur gegenwärtigen gesellschaftlichen Situation wieder auf die Ausgangsfragestellung verwiesen[274]. Die Komplexität der modernen Gesellschaft wurde in der großen Zahl der Menschen mit dem sehr dichten Beziehungsgeflecht zwischen diesen gesehen. Eine Vielfalt relativ autonomer Teilsysteme steht zueinander in vielfältigen Interaktionen, die aber primär nicht auf Personen bezogen sind, sondern auf die Beziehungen zwischen den sozialen Systemen. Das dichte Beziehungsgeflecht der Menschen meint nicht deren Individualität, sondern die Beziehungen ihrer verschiedensten Positionen

---

[267] Willms, B., Funktion, Rolle, Institution, 64.
[268] AaO. 63.
[269] AaO. 62.
[270] AaO. 63.
[271] AaO. 53.
[272] Vgl. aaO. 62.
[273] AaO. 64.
[274] Vgl. oben 54–58.

in der Vielfalt der sozialen Teilsysteme. Man kann daraus, wie Luhmann, die Konsequenz ziehen, daß, im Unterschied zur »alteuropäischen Theorie«, nicht mehr der »lebende Einzelmensch als Individuum Teil der politischen Gesellschaft sei«, sondern diese »aus Handlungen, Interaktionen, selektiven Sinnstrukturen oder ähnlichem«, aber nicht mehr aus Menschen bestehe[275]. Gesellschaft muß sich dann »in einer mit alteuropäischen Begriffen nicht mehr zu erfassenden Bewußtseinslage durch Strukturselektion selbst identifizieren«[276].

Oder man fordert, daß diese sich weiterhin oder erneut »intersubjektiv über eine durch die Köpfe der vergesellschafteten Individuen hindurchreichende Kommunikation« herstellt[277]. Dies setzt die Möglichkeit voraus, »daß das System von Rollenbeziehungen von der Art und Beschaffenheit sein könnte, daß das Subjekt als solches – also als autonom bestimmtes – in ihm auch ›bei sich selbst‹, also frei sein kann«[278]. Die Forderung gilt dem Versuch, die Gesellschaft zu einer solchen zu verändern, »aus der das Subjekt sich nicht erst zurückziehen muß, um bei sich selbst zu sein«[279].

Die bisherige Darstellung galt dem Versuch, entscheidende Stufen und zentrale Schwierigkeiten der Entwicklung zur modernen komplexen Gesellschaft in den Blick zu bekommen. Dabei wurde die gesellschaftliche Entwicklung der Neuzeit in einem ihrer zentralen Aspekte als gesellschaftlicher Differenzierungsprozeß begriffen, um die problematische Situation des Individuums als auch die der Kohäsion der ausdifferenzierten Teilsysteme und institutionalisierten Handlungszusammenhänge der komplexen Gesellschaft aufzeigen zu können. Dieses erkenntnisleitende Interesse wurde ergänzt durch die Absicht, die Frage nach dem gesellschaftlichen Ort und nach der Funktion der Kirche in diesem Prozeß der gesellschaftlichen Differenzierung und in der gegenwärtigen gesellschaftlichen Situation besser thematisieren zu können.

Dieser Ansatz wurde bevorzugt gegenüber dem, die neuzeitliche Entwicklung primär als Säkularisierungsprozeß zu begreifen. Die Verwendung des spezifisch historisch bedingten Religionsbegriffes in der Religionssoziologie, dessen selektiver Charakter sowohl durch seine Herkunft aus der politischen und kulturellen Emanzipation einerseits als auch durch die Charakterisierung der Reli-

[275] Vgl. oben 102.
[276] Vgl. ebd.
[277] Vgl. oben 102–103.
[278] Willms, B., Funktion, Rolle, Institution, 65.
[279] AaO. 67.

gionssoziologie als Teildisziplin der allgemeinen Soziologie angedeutet wurde, scheint einer Analyse der kirchlichen Situation eher
im Wege zu stehen. Die Religionssoziologie abstrahiert vom
Selbstverständnis der Kirche, um nicht ihren eigentlichen Gegenstand, die Gesellschaft und die Allgemeinheit ihrer Aussagen aufgeben zu müssen. Religion, primär verstanden als Integrations- oder
Rationalisierungsinstrument, und die neuzeitliche Entwicklung,
primär gedeutet als Säkularisierung, verblieben beide im Koordinatensystem einer bestimmten Epoche, nämlich der politischen und
kulturellen Emanzipation von kirchlicher Abhängigkeit. Als Differenzierungsprozeß verstanden, zeigte die neuzeitliche Entwicklung
die gesellschaftlich bedingte Notwendigkeit, Werte, Normen und
Legitimationssysteme überhaupt abstrakter und generalisierter zu
verändern, da »angesichts ständig sich steigernder Komplexität
kein theologisches und kein theoretisches System in der Lage
scheint, die Wahrheit des Ganzen, sozusagen eine gesamtgesellschaftliche Sinnformel zu formulieren«[280]. Die Skizzierung eines
gesamtgesellschaftlichen, auch die Institution Kirche umgreifenden
Prozesses gesellschaftlicher Differenzierung sollte zeigen, daß sich
in der Entwicklung zur gegenwärtigen komplexen Gesellschaft
sozial-strukturelle Veränderungen ergeben haben, die zusammen
mit ihren Folgeproblemen alle Institutionen und die Gesamtgesellschaft betreffen. Für die katholische Kirche bedeutet dies im Verhältnis zur mittelalterlichen Situation Demonopolisierung. Als Säkularisierung verstanden, können gesellschaftlicher und kirchlicher
Wandel nur als Entkirchlichung, als Emigration der Kirche aus der
Gesellschaft und auch als Säkularisierung der Kirche begriffen
werden[281]. Das Mittelalter bleibt ein nicht näher bestimmbares
religiöses »Goldenes Zeitalter« und die Ergebnisse von gesellschaftlichem und kirchlichem Wandel »Säkularisate«, die auch der
eigentliche hermeneutische Ausgangspunkt der als Säkularisierung
gedeuteten Sicht des Wandlungsprozesses sind.

Geht man dagegen von der Erscheinung und der Problematik der
gegenwärtigen komplexen Gesellschaft aus und versucht man, in
dem hier aufgezeigten Sinne deren Entwicklung als Prozeß zunehmender gesellschaftlicher Differenzierung zu begreifen, können
Theologie und Kirche sachgerechter und unbefangener die gesellschaftlichen Veränderungen aufgreifen, auch dadurch, daß theolo-

---

[280] Vgl. oben 103, Anm. 18.
[281] Vgl. Zulehner, P. M., Säkularisierung von Gesellschaft, Religion und
Person, 226–228; vgl. dazu oben 51, Anm. 122.

gische und kirchliche Wandlungsprozesse anschaulicher, deutlicher und akzeptierbarer werden können.

Auf dem Hintergrund der bisherigen Darlegungen soll nunmehr versucht werden, die entscheidendsten gegenwärtigen Probleme gesellschaftlichen Selbstverständnisses auch als die Probleme des Verhältnisses von Kirche und Welt aufzuzeigen, wie sie sich in theologischen Diskussionen darstellen. Ziel dieser Skizzierung kann es nicht sein, Lösungen anzubieten oder eine Rezeptologie zu entwickeln. Der bisher dargestellte Ansatz sollte vielmehr Kriterien bieten, Probleme zu identifizieren und ihren Stellenwert für das Verhältnis von Kirche und Welt zu markieren. Die gewählte Perspektive, diese als primär aus dem Prozeß der gesellschaftlichen Differenzierung resultierend aufzufassen, ermöglicht es u. E., verschiedenste theologische Reflexionen aufeinander und auf die bisher herausgestellte Problematik zu beziehen. »Die gesellschaftlichen Leiden und das Leiden an der Gesellschaft«[282] sind ja auch menschliche Leiden, Leiden in der Kirche und der Kirche, die das Selbstverständnis und die Möglichkeit ihres Dienstes an den Menschen und der Welt fundamental betreffen.

[282] Buchtitel von Dreitzel, H. P., Stuttgart 1968.

4. DIE KIRCHE IN DER DIFFERENZIERTEN GESELL-SCHAFT

Perspektiven für eine notwendige Diskussion

4.1 Probleme der komplexen Gesellschaft als Probleme des Verhältnisses von Kirche und Gesellschaft

Man kann den Zusammenhang von gesellschaftlicher Differenzierung und Emigration der Theologie aus dem naturrechtlichen Anliegen auf einer anderen Erfahrungsebene auch sehen als Zusammenhang von »rationalem Verständnishorizont der weltlichen Welt« und »einer Art Weltlosigkeit Gottes«[1]. Angesichts »dieser Situation der Weltlosigkeit Gottes und der Gottlosigkeit der Welt [bedarf es] einer viel reflexer durchdachten und immer neu erprobten und eingeübten *Mystagogie* in die eigentliche religiöse Erfahrung«[2]. Karl Rahner betont in diesem Kontext zu Recht die aktuelle Bedeutung der Nächstenliebe: »Wenn in einer weltlich gewordenen Welt der Mensch für sich selbst der Ort ist, an dem eine echte und ursprüngliche Begegnung mit Gott erfahren werden kann, wenn *er* in seinem transzendentalen Wesen, in all dessen Vollzügen mehr als die ›Natur‹ das unsagbare Geheimnis Gottes vermittelt, dann ist in dieser Situation auch verständlich, daß der Mensch am anderen das Verständnis und den Mut für das lernt und lernen muß, was Glauben eigentlich heißt«[3].

Dem Hinweis auf die Berechtigung dieser Konsequenz muß in unserem Kontext der Hinweis auf seine Problematik folgen. Die bisherige Analyse hat die problematische Situation des Individuums herauszustellen versucht: das Subjekt kann nur bei sich sein, indem es sich zurückzieht. Zudem kennzeichnen Begriffe wie »Enkulturation«, »Sozialisation«, »sozio-kulturelle Geburt des Menschen« usw. die gesellschaftliche Vermittlung und Konkretisierung des Subjekts als in Gesellschaft und durch Gesellschaft lebendes Wesen. Die Rollenhaftigkeit seiner Existenz betrifft seine Handlungsorientierung. Die traditionellen Verständnisse von Reli-

---

[1] Vgl. Rahner, K., Die grundlegenden Imperative für den Selbstvollzug der Kirche in der gegenwärtigen Situation, in: Handbuch der Pastoraltheologie, Bd. II/1, Freiburg ²1970, 256–276; 267.

[2] Vgl. aaO. 269.

[3] AaO. 271.

gion[4], Ethik[5] und Subjekt[6] sind privat geworden und damit eben auch das von Nächstenliebe.

Damit soll nicht gesagt sein, daß Privatisierung falsch und zu beseitigen sei. Es stellt sich aber die Frage, wie die Tradition des naturrechtlichen Anliegens fortzuführen ist, für die eine christliche Anthropologie unerläßliche Basis ist. Damit ist ein erstes Problem im Verhältnis von Kirche und Welt genannt.

Ein zweites Problem resultiert aus der Autonomisierung der ausdifferenzierten Teilsysteme und der in ihnen institutionalisierten Handlungszusammenhänge: die Frage, ob und wie das Ganze zusammenhängt. Denn »die Christenheit hat nie daran gezweifelt, daß ihr Herr mit diesem Ganzen etwas zu tun haben müsse. Dies einschränken hieße die Gegenwart und Zukunft des Auferstandenen leugnen, die im Öffentlichen des Lebens anerkannt und geehrt sein will. Wie dies aber zu tun sei, das steht heute nicht mehr so fest wie zu jenen Zeiten, da die Funktion der christlichen Kirchen noch als cultus publicus, als integrierende Mitte des sozialen Ganzen unbestritten war«[7].

Diese kurzen Hinweise sollten zeigen, daß die zentralen Probleme der gesellschaftstheoretischen Diskussion auch die der theologischen Reflexionen des Verhältnisses von Kirche und Welt sind. Die Spannung zwischen Privatisierung und Rollenzumutungen kennzeichnet die Identitätskrise der Person in der komplexen Industriegesellschaft. Diese wiederum setzt voraus und beeinflußt gleichermaßen eine Identitätskrise der Gesellschaft, der ausdifferenzierten Teilsysteme und der institutionalisierten Handlungszusammenhänge, die zusammenfassend als Krise der gesellschaftlichen Institutionen verstanden wird.

Theologische Reflexionen müssen diese Problemkomplexität erfassen, wenn sie der Situation des konkreten Menschen in unserer Gesellschaft gerecht werden wollen. Wenn diese daher etwas näher entfaltet wird, werden damit gleichzeitig Perspektiven für eine theologische Diskussion des Verhältnisses von Kirche und Gesell-

---

[4] Vgl. oben 109–118.

[5] Vgl. oben 157–158.

[6] Vgl. oben 160–163.

[7] Marsch, W. D., Gegenwart Christi in der Gesellschaft. Eine Studie zu Hegels Dialektik, München 1965, 14–15; vgl. Ruh, H., Sozialethischer Auftrag und Gestalt der Kirche. Ekklesiologische Konsequenzen der sozialethischen Forschung der letzten drei Jahrzehnte in Theologie und Ökumene, Zürich 1971, 51–59.

schaft aufgezeigt, wie sie vor allem in der katholischen Soziallehre und in der politischen Theologie[8] geführt werden müßte.

4.1.1 Krise der Ich-Identität in der komplexen Gesellschaft als anthropologisches Problem für katholische Soziallehre und politische Theologie

Die gesellschaftliche Vermittlung und Konkretisierung des Verständnisses von Subjektivität und der konkreten Situation des Menschen in der komplexen Gesellschaft wurde in der kurzen Skizzierung der Entwicklung »Vom Vertrag zur Rolle« noch einmal angedeutet: »Probleme der industriellen Gesellschaft spiegeln sich im Problem der Rolle«[9]. Andererseits wurde dort auch betont, daß die Frage nach dem Verständnis und der Bedeutung des Subjekts die Gretchenfrage nicht nur an das Rollenkonzept, sondern darin und darüber hinaus die nach dem gegenwärtigen gesellschaftlichen Selbstverständnis ist[10].

Diese doppelte Sichtweise muß auch für theologische Aussagen gelten. In der Pastoralkonstitution des Zweiten Vatikanischen Konzils heißt es daher: »Aus der gesellschaftlichen Natur des Menschen geht hervor, daß der Fortschritt der menschlichen Person und das Wachsen der Gesellschaft als solcher sich gegenseitig bedingen«[11]. Gleich anschließend ist dort aber auch eine fundamentale christliche Aussage über die Gesellschaft festgehalten: »Wurzelgrund nämlich, Träger und Ziel aller gesellschaftlichen Institutionen ist und muß auch sein die menschliche Person, die ja von ihrem Wesen selbst her des gesellschaftlichen Lebens durchaus bedarf«[12].

Nun ist diese Aussage in dieser Allgemeinheit immer Ausgangspunkt der katholischen Staats- und Soziallehre gewesen. Konkret kommt es aber wesentlich darauf an, was man unter »menschlicher Person« versteht. Es sei an die diesbezüglichen Aussagen über die Konzeption des hl. Thomas erinnert[13] und an die Entwicklung zu den Menschenrechtskonzeptionen. Für die christliche Lehre von Mensch und Gesellschaft ist es »ein weiter Weg von der Enzyklika ›Mirari vos‹ (1832), in der Gregor XVI. die fundamentale Forderung nach Gewissens- und Meinungsfreiheit als ›albernes Ge-

---

[8] Bei der politischen Theologie beschränken wir uns auf die Arbeiten von J. B. Metz.
[9] Vgl. oben 160.
[10] Vgl. oben 163.
[11] Gaudium et spes, 25,1.
[12] Ebd.
[13] Vgl. oben 132–135.

schwätz‹ (deliramentum), ›höchst verderblichen Irrtum‹ (pestilen-
tissimus error) und ›größte Unverschämtheit‹ (summa impudentia)
bezeichnete«[14], bis zur vollen »Anerkennung der Religionsfreiheit
als objektives personales Recht seitens des Konzils«[15].

Die Relevanz dieses Wandels für die katholische Soziallehre als
»integrierender Bestandteil der christlichen Lehre vom Menschen«[16] muß erst aufgearbeitet werden. Es fragt sich, ob der
Ausgang der katholischen Gesellschaftslehre vom abstrakten meta-
physischen Wesen des Menschen als Person im begrifflichen Horizont der Substantialität und Relationalität, d. h. als Selbstand und
als Leben in der Beziehung von Du und Ich, der Gemeinschaft[17],
angemessen und ausreichend ist. Es scheint notwendig, die er-

[14] Nawroth, E., Integraler Humanismus. Ordnungsdenken der Kirche im
Wandel der Zeit, in: Die Kirche im Wandel der Zeit. Festschrift für
Kardinal Joseph Höffner, hg. von Franz Groner, Köln 1971, 419–433; 424.
[15] Ebd.; vgl. auch Böckenförde, E. W., Kirchliches Naturrecht und politisches Handeln, 122, Anm. 62; Böckenförde zitiert aus der Enzyklika Leos'
XIII. (D 1932): »Daher folgt aus dem Vorhergehenden, daß es keineswegs
erlaubt ist, Gedankenfreiheit, Pressefreiheit, Lehrfreiheit und ebenso unter-
schiedslose Religionsfreiheit zu fordern, zu verteidigen oder zu gewähren,
als wären dies alles Rechte, die dem Menschen von Natur zukämen.«
Böckenförde fährt fort: »Es kann demgegenüber nicht geltend gemacht
werden, die Päpste hätten nur den moralischen Indifferentismus gegenüber
Religion und religiöser Wahrheit ablehnen wollen, wie ihn der weltan-
schauliche Liberalismus gefordert habe. Das entspricht apologetischem
Bemühen, nicht aber dem eindeutigen Wortlaut, der gerade nicht zwischen
moralischer und rechtlicher Freiheit unterscheidet, vielmehr unterschieds-
los beides ablehnt und daher, gemessen an der Konzilserklärung de libertate
religiosa, eindeutig ein naturrechtswidriges Gebot aufstellt.« Zur Bedeutung der Erklärung über die Religionsfreiheit vgl. ders., Religionsfreiheit als
Aufgabe der Christen, in: Stimmen der Zeit 176 (1965), 199 f; die vorkonzi-
liare Lehre charakterisiert Böckenförde so: »Subjektstellung im Sinne des
Rechts wird nicht dem Menschen als Person, sondern der ›Wahrheit‹, also
einem abstrakten Begriff zuerkannt.« Das Recht ist nicht »etwas, das dem
Menschen als Menschen zukommt, als Ausfluß seines personalen Seins und
zur Sicherung seiner personalen Freiheit, sondern dem Menschen, insofern
und insoweit er in der religiösen und sittlichen Wahrheit steht. Insofern und
insoweit er im Irrtum lebt, hat er prinzipiell kein Recht, sondern allenfalls –
je nach den auf dem Spiele stehenden höheren Gütern – den Genuß staatlich
gewährter Toleranz« (aaO. 206); vgl. auch Gnägi, A., aaO. 211–225.
[16] Mater et Magistra, 222.
[17] Vgl. Artikel: Person, in: LThK, Bd. 8, Freiburg ²1963, 287–292; Klüber, F., aaO. 738–748; vgl. zum Personverständnis als Ausgangspunkt aaO.
736: »Das Personprinzip bringt zum Ausdruck, daß der Mensch Grund
und Ziel der Gesellschaft ist und daß sich die Gesellschaftsordnung aufbaut
auf dem Sein der Person, als ens individuale et sociale. Die beiden anderen
Sozialprinzipien sind im Personprinzip grundgelegt und lassen sich aus ihm
ableiten.«

kenntnistheoretische Einsicht der spanischen Spätscholastiker als Anliegen auf dem wissenschaftstheoretischen Niveau der Gegenwart ernstzunehmen und stärker zu versuchen, »an das Individual-Konkrete heranzukommen, mit den Dingen dieser Welt hier und jetzt ernst zu machen«[18]. Gegenüber der Gefahr, daß eine abstrakte Begrifflichkeit vom Wesen des Menschen leicht in ein ideales Ordnungsdenken führt, gilt es, die konkrete Situation des konkreten Menschen zunächst zu erfassen. Erst dann kann die Bedeutung des Personprinzips und die Notwendigkeit, es beizubehalten, klarer erkannt und eingeordnet werden. In der Darstellung der Entwicklung »Vom Vertrag zur Rolle« wurde angedeutet, daß das Leben in ausdifferenzierten Teilsystemen und institutionalisierten Handlungszusammenhängen, allgemeiner gesagt: »daß das Leben in zweckspezifischen Organisationen die Einheit der personalen Identität problematisch macht«[19]. Die einzelnen Rollen definieren sich inhaltlich als Partizipation an Organisationszwecken. Damit treten Konzeptionen von Rationalität in den Vordergrund, »die an der technisch effizienten Zielverwirklichung durch optimalen Mitteleinsatz interessiert sind«[20]. Personale Identität wird so nicht mehr thematisierbar. »Im Rahmen der auskristallisierten Großorganisationen erscheint Identität als Freizeitproblem der funktionsspezifisch an ihnen Beteiligten, damit als vom Bedeutungssystem der Organisation selbst her gesehen irrelevantes Problem«[21].

Wir hatten andererseits ebenfalls als zentrales Interesse der bisherigen Darstellung herausgestellt, daß mit zunehmender gesellschaftlicher Differenzierung die Schwierigkeit und Notwendigkeit wachsen, daß das Individuum die Erwartungen, die an es gestellt werden aufgrund der verschiedenen Rollen, die es gleichzeitig einnimmt, in der einen oder anderen Form ausbalanciert.

In der Soziologie wird das Problem der Erhaltung der Ich-Identität im Anschluß an die Arbeiten von G. H. Mead, E. H. Erikson und E. Goffmann diskutiert, in Deutschland vor allem von J. Habermas und L. Krappmann[22]. Eine Lösung des Problems wird dort in

---

[18] Weber, W., Wirtschaftsethik, 29.
[19] Hahn, A., aaO. 107.
[20] AaO. 108.
[21] AaO. 110.
[22] Vgl. Mead, G. H., Mind, Self and Society, Chicago/London [15]1967; Erikson, E. H., Identität und Lebenszyklus, Frankfurt 1966; Goffmann, E., Stigma. Über die Techniken der Bewältigung beschädigter Identität, Frankfurt 1967; Habermas, J., Thesen zur Theorie der Sozialisation, in: ders., Arbeit, Erkenntnis, Fortschritt, Amsterdam 1970, 76–429; Krappmann, L., Soziologische Dimensionen der Identität. Strukturelle Bedingungen für die Teilnahme an Interaktionsprozessen, Stuttgart 1971; Hahn, A.,

einer »balancierenden Ich-Identität« gesehen. Krappmann beschreibt den Prozeß solchen Balancierens: »Das Individuum akzeptiert Erwartungen und stößt sich zugleich von ihnen ab, und zwar jeweils im Hinblick auf andere divergente Erwartungen, die ebenfalls Anerkennung fordern. Rücksichtnahme auf andere Erwartungen, die eine vollständige Erfüllung der gerade aktuellen Erwartungen nicht erlauben, bedeutet aber zugleich, daß diese anderen Erwartungen in das Verhalten im augenblicklichen Interaktionszusammenhang eingebracht werden. Das Individuum vermag sich hier folglich auch mit dem zu repräsentieren, was es außerhalb dieser Interaktion ist und war. Auf diese Weise wird ihm möglich, sich in seinem Streben nach Balance zwischen den verschiedenen Anforderungen darzustellen. Es zeigt sich, wie es Ich-Identität zu gewinnen und aufrechtzuerhalten trachtet. Die Besonderheit des Individuums, seine Individualität, bezieht das Individuum aus der Art, wie es balanciert«[23].

Eine Balance ist notwendig, weil die »je angesonnenen Erwartungen divergieren können, in der Regel sogar divergieren müssen«. Sie kommt zustande dadurch, »daß der einzelne sich nur bedingt mit den Erwartungen identifiziert, er kann sich teilweise distanzieren. Diese Distanzierung erfolgt nicht durch den Bezug auf ein bloß gedachtes ›eigentliches‹ metasoziales Ich, sondern durch den imaginativen und (in Anspielungen) kommunikativen Verweis auf andere Interaktionszusammenhänge, die ebenfalls als verpflichtend angesehen werden können«[24]. Das setzt aber voraus, daß Rollendefinitionen einen Spielraum subjektiver Interpretation aufweisen müssen, daß ein aktuelles Interaktionssystem solche Interpretationsspielräume zuläßt und daß der Intensitätsgrad der Verinnerlichung von Erwartungen nicht allzu hoch liegt«[25]. Weiter setzt die Möglichkeit der beschriebenen Balancierung voraus, »daß der Handelnde selbst allzu disparate Teilselbste ... *vor sich* integrieren kann«[26]. Die Hauptschwierigkeit aber besteht darin, daß dort, wo die von Krappmann für die Balancierung vorausgesetzten Kommunikationsbedingungen gegeben sind, die Notwendigkeit zur Identi-

aaO. 119–135; Raiser, K., Identität und Sozialität. George Herbert Meads Theorie der Interaktion und ihre Bedeutung für die theologische Anthropologie, München/Mainz 1971; Winter, G., Grundlegung einer Ethik der Gesellschaft, München/Mainz 1970; Dubiel, H., Identität und Institution. Studien über moderne Sozialphilosophien, Düsseldorf 1973.

[23] Krappmann, L., aaO. 79.
[24] Vgl. Hahn, A., aaO. 120–121.
[25] Vgl. ebd.
[26] AaO. 123.

tätsbalance kaum gegeben ist. Andererseits aber ist es gerade das Charakteristikum der modernen komplexen Gesellschaft, »daß die von Krappmann skizzierte, der Identitätsbalance günstige Situation in der Mehrzahl der gesellschaftlichen Teilbereiche gar nicht besteht und bei gegebener Komplexität auch gar nicht bestehen kann«[27]. Zwei Auswege bieten sich an, die auch in der aktuellen theoretischen Diskussion sowie in der Alltagspraxis beobachtet werden können: Einmal durch eine Veränderung der Institutionen, allerdings um den Preis geringerer Effizienz, zum anderen eine Senkung des Anspruchsniveaus in bezug auf personale Identifikation. Die beiden Wege bedingen einander, und das kann helfen, einen ersten möglichen Einwand gegen diese Darstellung der Situation zu erklären und aufzulösen. Die Identitätsproblematik scheint nur eine für vorwiegend intellektuelle Zirkel zu sein, die gerade für ihre Rollen individuelle Interpretationsspielräume in Anspruch nehmen können. Dagegen ist dort, wo diese Spielräume nicht vorhanden sind, also Balance kaum stattfinden kann, offensichtlich auch kein Bedürfnis danach gegeben. »Insbesondere große Teile der Arbeiterschaft scheinen ja kaum von solchen Identitätsspaltungen belastet zu sein, unter denen sie der Theorie nach eigentlich leiden müßten. Ergeben doch auch unsere Untersuchungen relativ hohe Quoten der Arbeitszufriedenheit«[28]. Die von A. Hahn angeführten Untersuchungen ergeben u. a. gerade, daß der Beruf in der Arbeiterschaft aufhört, »ein eigenes Feld der Darstellung von Identität zu sein, er liefert lediglich die Mittel dazu, die eigene Persönlichkeit auf anderen Feldern auszudrücken ... Die Arbeit wird ja nicht mehr daraufhin bewertet, inwiefern sie als expressives Handlungsfeld fungiert, Selbstzweck und konsumativ sein könnte, sondern sie wird von den instrumentellen Gratifikationen her beurteilt«[29]. Der Arbeitsbereich, in dem die beschriebene Charakteristik am konsequentesten vollzogen, die Rollenzuweisungen am eindeutigsten Partizipationen am Organisationszweck darstellen, wird dem *Anspruch* der Integrierbarkeit weithin entzogen. »Die bei der Arbeiterschaft vorliegende Distanzierung besteht eben darin, daß der betriebliche Bereich von vornherein nicht als Realisierungsraum von Glück unterstellt wird, sondern als auszuhaltende *Bedingung* möglichen Glücks in anderen biographischen Bezirken. Es handelt sich hier also um Techniken der Verringerung des Anspruchniveaus«[30].

[27] AaO. 124.
[28] AaO. 125.
[29] AaO. 127.
[30] AaO. 131.

Dagegen bieten sogenannte »geistige Berufe«, verglichen mit der durchschnittlich vorherrschenden Situation des Arbeiters, eindeutig erheblich größere Spielräume der individuellen Situationsdefinition und Rolleninterpretation. Die Identitätsproblematik »intellektueller« Positionsinhaber besteht aber nun darin, »daß sie auf Grund der besonderen Sozialisationsbedingungen, derer sie teilhaftig wurden, und auf Grund spezifischer Bedingungen ihrer beruflichen Tätigkeit den Anspruch auf ubiquitäre Selbstrealisierung nicht aufgeben können. Für sie ergibt sich der Zwang, alle Bereiche ihrer Biographie optimal zu integrieren, unabweislich, und zwar nicht um den Preis der inneren Distanzierung durch Instrumentalisierung bestimmter Partizipationsrollen. Die organisationsspezifischen Partizipationen sollen selbst – über den je schon gegebenen Spielraum der Selbstauslegung hinaus – expressive Bedeutung erhalten. Im Scheitern dieser Erwartungen – Folge einer eigentümlichen Distanzverweigerung – liegt die Dramatisierung der Identitätsproblematik für jene Gruppen begründet«[31]. Es liegt auf der Hand, daß diese Situation wiederum die Erfahrung und die Bewertung der gesellschaftlichen Entwicklung bestimmt. Bevor darauf näher eingegangen wird, sollen einige – zwar schon daraufhinführende, aber zunächst noch beim Individuum verbleibende – Konsequenzen angedeutet werden.

Max Horkheimer schrieb im Jahre 1933: »Unter der totalitären Herrschaft des Schlechten dürfen die Menschen nicht bloß ihr Leben, sondern auch ihr Ich nur aus Zufall behaupten«[32].

Man braucht diesen Ausspruch nicht nur ausschließlich auf den Faschismus beziehen, sondern darf darin eine Beschreibung der Situation des Individuums in den Strukturbedingungen hochkomplexer Sozialsysteme allgemein sehen. Auch Krappmanns Lösungsvorschlag ist dadurch gekennzeichnet, daß er »alle einzelnen individuellen Partizipationen als gleich wichtig (und unwichtig) unterstellt«[33]. Dadurch wird die geforderte Ich-Stärke als mobilisierbare Reserve einer möglicherweise notwendigen Partizipationsverweigerung eher geschwächt. Auch die Forderung, Widersprüchliches gleichsam im Raum stehen zu lassen, läßt offen, wie groß solche Widersprüche sein können, um ertragbar zu sein. Auf der Ebene

---

[31] AaO. 131–132.
[32] Horkheimer, H., Kritische Theorie. Eine Dokumentation, hg. von Schmidt, A., Bd. 2, Frankfurt 1968, 200; zitiert nach Dullaart, L., Neue Sensibilität und Erfahrung. Antiautoritäre Bewegung und religiöser Protest, in: Menne, F. W. (Hg.), Neue Sensibilität. Alternative Lebensmöglichkeiten, Darmstadt/Neuwied 1974, 145–164; 145.
[33] Hahn, A., aaO. 134.

didaktischer Realisierung dieser und ähnlicher Konzeptionen – z. B. die verschiedenen Rahmenrichtlinien zur politischen Bildung – zeigt deren heftige Diskussion u. a. auch die Notwendigkeit eines Bezugsrahmens für die Bewertung der verschiedensten Rollenzumutungen.

Eine andere, radikalere Konsequenz artikuliert Theodor W. Adorno: »Das Ziel der gut ›integrierten Persönlichkeit‹ ist verwerflich, weil es dem Individuum jene Balance der Kräfte zumutet, die in der bestehenden Gesellschaft nicht besteht und auch gar nicht bestehen sollte, weil jene Kräfte nicht gleichen Rechts sind... Seine Integration wäre die falsche Versöhnung mit der unversöhnten Welt, und sie liefe vermutlich auf die ›Identifikation mit dem Angreifer‹ hinaus, bloße Charaktermaske der Unterwerfung«[34].

Aber für wen ist diese Weigerung vollziehbar? Wem ist dieser Verzicht auf eine »integrierte Persönlichkeit« handlungsmäßig zumutbar? Ist die Unveränderlichkeit der die Integration von Persönlichkeit erschwerenden oder gar verhindernden Bedingungen nicht in den Strukturbedingungen hochkomplexer Sozialsysteme begründet, denen man andererseits gerade die Möglichkeit größerer Freiheit und Identitätserfahrung verdankt[35]? Ist es zufällig, daß bei einer weithin zu beobachtenden Remythisierung und Sehnsucht nach nichteuropäischen Religionen gerade deren sozio-strukturelle Bedingungen nicht mitreflektiert werden, die für uns unerträglich wären? Die oben von Adorno zitierte Aussage ist gegen Parsons gerichtet. Dieser sah in der sukzessiven Integration eines heranwachsenden Individuums in immer differenziertere soziale Systeme gleichzeitig den Aufbau einer immer differenzierteren Persönlichkeit. Adorno kritisiert daran zu Recht die von Parsons idealtypisch zur Norm erklärte einseitige Kompatibilität des personalen und sozialen Systems. Dadurch werde verkannt, daß ein antagonistischer Zustand der Gesellschaft dem Individuum eine psychische Integrationsleistung zumute, die die Gesellschaft selbst nicht erbringt und andererseits unmöglich mache[36].

Es wurde gesagt, daß ein Festhalten an einer, wenn auch abstrakten »Würde der Person« oder an einem bürgerlichen Subjekt notwendig bleibt als Basis menschenwürdiger Veränderungen. Die relative Breite der Darstellung der Problematik war aber notwendig, um zu

---

[34] Adorno, Th. W., Zum Verhältnis von Soziologie und Philosophie, in: Soziologie, Bd. 1, Frankfurt 1955, 29, zit. nach Hahn, A., aaO. 132.
[35] Vgl. Hahn, A., aaO. 132–133; siehe oben bei Simmel – .
[36] Vgl. Dubiel, H., aaO. 65; umfassender zu Adornos Behandlung der Problematik vgl. aaO. 51–76.

zeigen, daß diese Funktion nur möglich sein wird unter Berücksichtigung und in Auseinandersetzung mit den konkreten soziostrukturellen Bedingungen, unter denen die Menschen in einer komplexen Industriegesellschaft leben. Auch eine christologisch fundierte theologische Anthropologie muß die ungelösten Krisen der personalen Identität berücksichtigen, wenn sie einen konkreten Beitrag zur Erhaltung der Freiheit leisten will.

4.1.2 Identitätskrise der ausdifferenzierten gesellschaftlichen Institutionen als Anfrage an die katholische Soziallehre und die politische Theologie

Es ist offensichtlich, daß von der Sicht und Bewertung der Situation des Individuums, der Person oder des Subjekts auch die der Gesellschaft abhängt. In der vorliegenden Arbeit wurde versucht, den Prozeß der gesellschaftlichen Differenzierung zu beschreiben. Als dessen Resultat zeigen sich relativ autonome ausdifferenzierte Teilsysteme und institutionalisierte Handlungszusammenhänge, deren Kohäsion zum Problem wird. Die Auswirkungen dieses gesellschaftlichen Entwicklungsstandes auf Identitätserfahrung und -verständnis des Individuums wurden ebenfalls aufzuzeigen versucht. Wir hatten uns dabei auf die Problematik konzentriert, die sich ergibt, wenn man trotz der beschriebenen Situation an der Notwendigkeit von »Person«, »Individuum« oder »Subjekt« festhält.

Daraus und aus dem Anliegen, eine notwendige Diskussion von katholischer Soziallehre und politischer Theologie vorzustrukturieren, ergibt sich, daß wir auch jetzt Positionen etwas vernachlässigen, die den »Tod des Individuums« nicht betrauern, sondern zu propagieren scheinen: »Anthropologie in ihrer strukturalistischen Form kritisiert den Humanismus als Abstraktheit des menschlichen Herzens und rechnet das Postulat der totalen Subjektlosigkeit der gesellschaftlichen Strukturen zu ihren theoretischen Voraussetzungen. Sie versucht nicht mehr wie noch Hegel, eine schlechte Subjektivität um ihrer selbst willen aufzuheben, sondern ist nur noch an einer baldigen Eliminierung interessiert. Diese strukturalistische Anthropologie, die mit dem konsequenten Funktionalismus das Postulat der Subjektlosigkeit teilt, zeichnet sich dadurch aus, daß sie nicht mehr – wie noch Adorno – um den Tod des bürgerlichen Individuums trauert oder wie Gehlen gegen die Subjektivität polemisiert. Das sind für den Strukturalismus und den Funktionalismus im Grunde alles Rückzugsgefechte«[37]. Auch N. Luhmanns

[37] Dullaart, L., aaO. 146–147.

funktional-strukturelle Systemtheorie betrachtet die Frage, was die Person substantiell sei, als nicht mehr theoriefähig. »Seine Texte lassen sich durchgängig als Illustration jenes globalen Anspruchs der Systemtheorie lesen, daß sich nämlich in ihr semiotisch ein langfristiger wissenschaftsgeschichtlicher Prozeß zusammenzieht: die Ablösung eines substantialistisch-ontologischen wissenschaftlichen Weltbildes durch ein systemfunktionales«[38]. Von daher wird verständlich, daß Luhmann das Identitätsproblem im Kontext von Gewissen, gesellschaftlicher Differenzierung und Naturrecht behandelt[39].

»Am Ende des Prozesses, der mit der Herauslösung des Gewissens aus dem Naturrecht begann, sich in seiner Privatisierung fortsetzte, um sich dann allmählich in der modernen Welt völlig moralisch zu neutralisieren, erschöpft sich die Funktion des Gewissens nur noch in der Selbstidentifizierungsleistung der Persönlichkeit«[40]. Das Gewissen ist ein moralisch neutraler Mechanismus der Selbstidentifikation. Die Identität der Person ist nicht von der Bindung an bestimmte Werte abhängig, sondern »davon, daß sie in allen Lagen über passende Werte verfügt«[41]. Für einen funktionalistischen Ansatz ist es spezifisch, daß Angaben über mögliche Inhalte von Normierungen nicht gemacht werden können. Andererseits betont auch Luhmann, daß es Pflicht moderner und komplexer Gesellschaften sei, die Person als unverwechselbares Individuum zu institutionalisieren. »Das Gewissen besorgt demnach nicht die Erkenntnis und Verkündigung unverbrüchlicher Prinzipien, nach denen man heute handeln soll. Es leistet vielmehr die *Einheit der Zurechnung von Prinzip und abweichendem Verhalten*, und nur diese Einheit ist unverzichtbar und notwendig«[42].

Auf diese theoretische Konsequenz trifft Adornos bittere Feststellung zu, daß die bürgerliche Gesellschaft die Autonomie des individuellen Subjekts – ihr eigentlich ranghöchster Wert – nur dann betont, wenn eine Person zur Rechenschaft gezogen werden soll[43]. Gerade bei Luhmanns radikalen theoretischen Folgerungen des Differenzierungsprozesses drängt sich der Eindruck auf, daß bei ihm der »dissoziierte Zustand der Gesellschaft, in dem das straffäl-

---

[38] Dubiel, H., aaO. 93.
[39] Vgl. Luhmann, N., Das Phänomen des Gewissens und die normative Selbstbestimmung der Persönlichkeit, in: Böckle, F./Böckenförde, E. W. (Hg.), aaO. 223–243.
[40] Dubiel, H., aaO. 101.
[41] Luhmann, N., Das Phänomen des Gewissens, 227.
[42] AaO. 238.
[43] Vgl. Adorno, Th. W., Negative Dialektik, Frankfurt ²1967, 212.

lige Subjekt seine lebensgeschichtliche Prägung erfuhr . . . so dem Subjekt selbst zugerechnet [wird]. Die mangelnde Kompatibilität des sozialen Systems mit dem personalen wird diesem schuldhaft unterschoben«[44].

Wenn wir uns vorhin konzentriert haben auf die Positionen, für die mit B. Willms die Frage nach dem Verbleib des Subjekts die Gretchenfrage an das gegenwärtige gesellschaftliche Selbstverständnis ist[45], geschah dies, um mit Vorstellungen und Theorien kommunizieren zu können, für die, wie für Gaudium et spes, die menschliche Person »Wurzelgrund nämlich, Träger und Ziel aller gesellschaftlichen Institutionen ist« und auch sein muß[46].

Um zudem eine Kommunikation von katholischer Soziallehre und politischer Theologie vorzustrukturieren, bedarf es der Beschäftigung mit einem weiteren dafür relevanten Thema, nämlich der naturrechtlichen Tradition des Ordnungsdenkens. Mit »vorstrukturieren« ist impliziert, daß nicht diese Tradition selbst hier thematisiert werden soll, sondern deren Intention gemäß die Möglichkeit eines Beitrags der christlichen Botschaft für die Gestaltung der gesellschaftlichen Wirklichkeit.

Darin gerade scheinen sich ja politische Theologie und katholische Soziallehre grundlegend zu unterscheiden. Nach J. B. Metz ist die Aufgabe der Kirche heute »nicht eine systematische Soziallehre, sondern – *Sozialkritik*. Als gesellschaftlich partikulare Institution kann die Kirche ihren universalen Anspruch gegenüber der Gesellschaft nur dann ohne Ideologie formulieren, wenn sie ihn als *Kritik* darstellt und zur Geltung bringt«[47]. Wenn wir uns darum im folgenden mit den Positionen der »kritischen Theorie« auseinandersetzen, dann nicht, weil wir eine unkritische Übernahme dieser durch die politische Theologie unterstellen[48], sondern weil in der Diskussion dieses Ansatzes nicht nur die Identitätskrise der Person, sondern auch die der gesellschaftlichen Institutionen aufgezeigt werden kann. Christliche Sozialwissenschaft, als Soziallehre oder als Sozialkritik verstanden, muß sich einmal der objektiven Problematik stellen und zum anderen mit gegenwärtigen gesellschaftstheoretischen Ansätzen kommunikabel sein, wenn sie »Ver-

---

[44] Dubiel, H., aaO. 103.
[45] Siehe oben 163.
[46] Gaudium et spes, 25,1.
[47] Metz, J. B., Das Problem einer »politischen Theologie« und die Bestimmung der Kirche als Institution gesellschaftskritischer Freiheit, in: Concilium 4 (1968), 403–411; 410.
[48] Vgl. dazu z. B. Metz, J. B., Erlösung und Emanzipation, in: Scheffczyk, L. (Hg.), Emanzipation und Erlösung, Freiburg 1973, 120–140.

nünftiges« zum Verhältnis von Kirche und Welt aussagen will. Derselbe B. Willms, der die Frage nach dem Verbleib des Subjekts die Gretchenfrage an das gegenwärtige gesellschaftliche Selbstverständnis genannt hat, hat in einem anderen Kontext die Frage nach der Institution als die Gretchenfrage an die Kritische Theorie gestellt[49].

Um uns der Perspektive zu vergewissern, unter der hier die Kritische Theorie befragt werden soll, sei an das Vorhergehende erinnert: Die Dramatisierung der Identitätsproblematik ist an ein bestimmtes, geschichtlich vermitteltes Verständnis von Selbstverwirklichung gebunden. Oskar Negt hat für die antiautoritäre Bewegung der sechziger Jahre diesen Zusammenhang gedeutet: »So paradox es klingen mag, die Ausbildung dieser Form gesellschaftlicher Sensibilität ist Produkt einer von den Ansprüchen traditioneller Bildung, Erziehung durch Wissenschaft, Autonomie, Reflexion auf Sinn usw. ausgehenden konservativen Erfahrungsweise von Realität«[50]. Diejenigen, die bildungshumanistisch an die klassischen Ideale des Bürgertums geglaubt hatten, glaubten protestieren zu müssen, als sich für sie herausstellte, »daß die Welt sowohl in Vietnam als an den Universitäten technokratisch mit diesen Idealen abgerechnet hatte«[51]. B. Willms spricht diese konservative Erfahrungsweise von Realität auch Jürgen Habermas zu, der »suggestiven Reflexivität dieses so merkwürdig konservativen kritischen Aufklärers«[52].

B. Willms und auch D. Böhler sehen einen im gesamten Werk von Habermas durchgehaltenen Dualismus, den sie als zu schmale Ausgangsbasis kritisieren, nämlich die Unterscheidung von Arbeit und Interaktion[53]. In dieser engen, dualen Grundstrukturierung

[49] Vgl. Willms, B. Kritik und Politik. Jürgen Habermas und das politische Defizit der »Kritischen Theorie«, Frankfurt 1973, 151.
[50] Negt, O./Kluge, A., Öffentlichkeit und Erfahrung. Zur Organisationsanalyse von bürgerlicher und proletarischer Öffentlichkeit, Frankfurt 1973, 154; zitiert nach Dullaart, L., aaO. 148.
[51] Vgl. Dullaart, L., aaO. 148–149.
[52] Willms, B., Kritik und Politik, 8.
[53] Vgl. Böhler, D., Über das Defizit an Dialektik bei Habermas und Marx, in: Dallmayr, W. (Hg.), Materialien zu Habermas »Erkenntnis und Interesse«, Frankfurt 1974, 369–385; Willms, B., Kritik und Politik, 31–41; Habermas, J., Arbeit und Interaktion, in: ders., Technik und Wissenschaft als Ideologie, Frankfurt ⁴1970, 9–47; für einen ersten Überblick zum Werk von J. Habermas vgl. dessen Einleitung zur Neuausgabe von ders., Theorie und Praxis, Frankfurt ⁴1971, 9–47; vgl. Ludwig, H., Das Verhältnis von Theorie und Praxis bei Jürgen Habermas, in: Jahrbuch für Christliche Sozialwissenschaften 13 (1972), 271–287.

und in seinem Ansatz der subjektiven Handlungsebene scheine die Schwierigkeit begründet zu sein, die Systemebene, oder die Ebene gesellschaftlicher Institutionen allgemein, zum Gegenstand vernünftigen Begreifens zu machen. Für unseren Kontext können wir mit Willms zunächst an einem Zwischenergebnis seiner Analyse ansetzen: »Halten wir fest, daß ›Institution‹ bei Habermas eher auf die Seite nicht des affirmativ-Begreifbaren – was ja nicht nur ›technische‹ Einstellung bedeuten müßte –, sondern des kritisch zu Negierenden gerät: ›Verdinglichung‹. Halten wir ferner fest, daß sie dadurch auch schon sehr stark auf die Seite der ›Technik‹ abgedrängt wird. Erinnern wir uns schließlich daran, daß eine dichotomische Grundstruktur ›Technik-Praxis‹ für das ganze Denken charakteristisch ist, dann wird klar, daß jedenfalls eine Theorie der Institution als eines Bereiches gesellschaftlicher Vernünftigkeit – Notwendigkeit – nicht zu erwarten ist, eine Theorie von Institution als solcher, die dann den Maßstab für die Kritik von Institutionen als diesen hergeben könnte. Wenn Habermas von seinem dualistischen Instrumentarium her das Phänomen der Institution und ihrer Funktionen überhaupt affirmativ behandeln können will, dann nur, indem er es in den Bereich ›Praxis‹ hineinzieht, – wohin es übrigens nach dem traditionellen Verständnis von ›Praxis‹ auch selbstverständlich gehört. Der Bereich ›Praxis‹ ist aber in der für Habermas eigentümlichen Bestimmung auf ›Interaktion‹ in einem Sinne eingeschränkt, der dem der Arbeit, der Technik und deren Zweckrationalität konfrontierbar bleiben muß und der sie schließlich in Kommunikation und Sprache auflöst, ein Bereich, der jedenfalls in seiner Legitimation auf ›unverzerrte Kommunikation‹ oder ›Diskurs‹ zurückgeführt werden muß. Habermas ist klar, daß die gesellschaftliche Bedeutung von Institutionen darauf beruht, daß sie dem unmittelbaren Zugriff subjektiven Handelns relativ entzogen sind. Seiner Grunddichotomie und seinem alleinigen Ausgang von der subjektiven Handlungsebene entsprechend, zerfällt deshalb für ihn Institution – deren Begriff die eigentliche Widerlegung eines dichotomisierenden bzw. die Handlungsebene verabsolutierenden Ansatzes wäre – in einen Bereich bloß technischen Handelns und seiner vergegenständlichten Folgen: Verdinglichung, Technik, und in einen Bereich sprachabhängiger kommunikativer Legitimierung. Der letztere bleibt, wegen der negativen Bestimmung des anderen, als einziger theoretischer Bereich übrig, aus dem für Habermas Institution zu begreifen ist. Da der Ausdruck ›Institution‹ in seiner begrifflichen und sachlichen Dialektik der Momente für Habermas ... so ziemlich für die Bezeichnung bloß der einen Seite abgewertet wird, findet sich die andere, die subjektabhängige, vermittelte Seite der Institution unter der Bezeichnung des ›institutionellen Rahmens‹ behandelt«[54].

Dieser »institutionelle Rahmen einer Gesellschaft« oder »die soziokulturelle Lebenswelt« bestehen »aus Normen, die sprachlich vermittelte Interaktion leiten«. Die »Subsysteme zweckrationalen Handelns« sollen darin »eingebettet« sein. Handlungen, die »durch den institutionellen Rahmen determiniert sind, werden . . . durch sanktionierte und wechselseitig verschränkte Verhaltenserwartungen zugleich dirigiert und erzwungen«. Dagegen folgen Handlungen, die durch die Systeme zweckrationalen Handelns bestimmt sind, »den Mustern instrumentalen oder strategischen Handelns«[55]. Nur der institutionelle Rahmen ist die allein wesentliche, der Humanisierung zugängliche Dimension, weil er ein Zusammenhang umgangssprachlich vermittelter Interaktionen ist[56].

Damit zeichnet sich die Problemstellung dieser Arbeit hier wiederum deutlich ab. Wir hatten verschiedentlich festgestellt, daß die Kohäsion einer Gesellschaft, also die der darin ausdifferenzierten Teilsysteme und institutionalisierten Handlungszusammenhänge problematisch geworden ist und offensichtlich nicht mehr, wie in traditionellen Gesellschaften, fraglos über Werte und Normen geleistet werden kann, was Habermas aber hier wohl postuliert. Zwar sind für ihn die Subsysteme zweckrationalen Handelns, deren Überwuchern und Vorherrschaft Spätkapitalismus charakterisieren, nicht mehr nur nach dem Schema Basis – Überbau zu begreifen. Er betont auch die Bedeutung der »interventionistischen Staatstätigkeit« durch Wirtschafts- und Sozialpolitik. Aber diese Einsicht wird nicht zum Anlaß genommen, Institutionen affirmativ zu begreifen, sondern dazu, daß »eine Kritische Theorie der Gesellschaft . . . nicht mehr in der ausschließlichen Form einer Kritik der Politischen Ökonomie durchgeführt werden« kann[57]. Der Kern des Problems, das herauszustellen eines der zentralen Ziele dieser Arbeit ist und deswegen auch eine (zu) einseitige Kritik der Habermasschen Position rechtfertigen kann, liegt darin, »daß Institution, gerade in ihrer der Ebene subjektiven Handelns entzogenen Dimension, diesem als selbständig gegebenen oder angesetzten Subjekt nicht einfach unvermittelt gegenübergestellt werden kann, sondern gleichzeitig als konstitutive Vermittlung angesehen werden muß. Aus der unvermittelten Konfrontation . . . ergibt sich,

---

[54] Willms, B., Kritik und Politik, 154–155.
[55] Vgl. Habermas, J., Technik und Wissenschaft als Ideologie, 63–65.
[56] Vgl. aaO. 96.
[57] Vgl. aaO. 74–75.

wenn das Moment verallgemeinert wird, nur der Aspekt menschenfeindlichen Zwanges. Aber die Institution ist gleichzeitig immer auch eine, humane Existenz als solche in bestimmter Weise konstituierende, Voraussetzung ... subjektiven Selbstbewußtseins«[58]. Für Habermas, dem mit der Eindeutigkeit des Klassenstandpunktes auch das sich in der Marx-Tradition anbietende Geschichtssubjekt, das Proletariat, abhanden gekommen ist, ist Bezugspunkt der Theorie »das bürgerliche Subjekt ohne dessen metaphysische Vernunftgarantie«[59]. Durch Kommunikation der mündigen Bürger und durch diskursive Diskussion muß dann der institutionelle Rahmen je neu geleistet werden. Denn Institutionalisierung und auch Demokratisierung bedeutet nicht kritische Verbesserung, sondern erst zu erfolgende Herstellung. Dies kann aber nur sinnvoll sein unter der Annahme der objektiven Vernunft der Subjekte an sich, d. h. »unter Voraussetzung eines ›bürgerlichen Subjekts‹ idealistischer Prägung, das ... aus einer Zeit stammt, in der ein Dualismus Vernunft – Herrschaft objektive Realität hatte, also aus einer vorrevolutionären, jedenfalls vordemokratischen Zeit«[60]. War dieses bürgerliche Subjekt aber in diesem Sinne vernünftig, »dann müßte seine gesellschaftliche Organisation davon etwas abbekommen haben, und die Vernunft kann nicht mehr einseitig nur in Kommunikation und Räsonnement gesehen werden«[61]. War es dies nicht, fragt sich, ob »so etwas wie das bürgerliche Subjekt ... ungestraft erinnert werden kann«[62].

Diese Perspektive läßt Institution allgemein, d. h. Gesellschaft, ausdifferenzierte Teilsysteme und darin institutionalisierte Handlungszusammenhänge nur als repressive erfahren. Auch wenn man als Programm der Kritik versteht ein Erinnern und Geltendmachen »eines begrifflichen Anspruches gegenüber der Realität von Institutionen, die diesen Anspruch programmatisch zu ihrer Grundlage hatten«[63], braucht es, um die relative Vernünftigkeit von Institutionen zu begreifen, mehr an Dialektik, als Habermas investiert, denn »aus der Problematik, Notwendigkeit vernünftig zu begreifen, hat das menschliche Denken Dialektik entwickelt«[64]. Dagegen hat es bei Habermas den Anschein, »als habe sich der Impuls eines

[58] Willms, B., Kritik und Politik, 161.
[59] AaO. 159.
[60] AaO. 120.
[61] AaO. 122.
[62] AaO. 134.
[63] AaO. 132.
[64] AaO. 145.

subjektiven Idealismus den Umweg durchs Pragmatische verkürzt«[65].

Aber für unsere Fragestellung ist in den neueren Arbeiten von Habermas der Optimismus einer größeren Skepsis gewichen: »Offen ist die Frage, ob in komplexen Gesellschaften die Motivbildung *tatsächlich* noch an rechtfertigungsbedürftige Normen gebunden ist oder ob die Normensysteme ihren Wahrheitsbezug inzwischen verloren haben«[66]. Er fragt sich selbst, ob mit den zunehmenden Identitätskrisen der Person und der Institutionen seine kommunikative Ethik und Universalmoral nicht dazu verurteilt ist, »sich zu einer grandiosen Tautologie zusammenzuziehen, in der ein evolutionär überholter Vernunftanspruch dem objektivistischen Selbstverständnis der Menschen nur noch die leere Affirmation seiner selbst entgegensetzt?«[67] Bisher bleibt aber die Frage zu stellen, ob die Orientierung am frühbürgerlichen Subjektbegriff nicht auch eine Orientierung am liberalen Marktmodell für die Wahrheitssuche bedeutet, »mitsamt der Implikation, daß, wenn nur die Bedingungen dieses Marktes ›unverzerrt‹ gehalten oder angenommen werden, ›Wahrheit‹ sich ergeben müsse«[68]. Aber der Prozeß der gesellschaftlichen Differenzierung, der dort staatsinterventionistische Sozial- und Wirtschaftspolitik notwendig machte, war auch begleitet von Weiterentwicklungen rechtsphilosophischer Reflexionen und deren Institutionalisierung, die die vorrevolutionäre Situation von der demokratischen unterscheiden, die Herrschaft differenzieren und Institutionen begreifbar und dann auch kritisierbar machen. Es fragt sich, ob es Alternativen zu diesen in der europäischen Hochkultur entwickelten sittlichen und rechtlichen Konzeptionen gibt, die nicht nur ein *Überleben*, sondern auch *gutes und gerechtes Leben* ermöglichen können. Es kann nicht darum gehen, der Wahrheit des abstrakten Menschen jetzt eine objektive Wahrheit von Institutionen einfach gegenüberzustellen. Es geht um die »Vermittlung« der verschiedenen historischen Erfahrungen, die einmal zur Betonung der Wichtigkeit des Individuums und seines Bewußtseins und zum anderen eben auch zur Betonung der Wichtigkeit der »Wirklichkeit des menschlichen Kollektivs als Überlebensgemeinschaft« und darum auch zu Institutionen geführt haben[69].

---

[65] Böhler, D., aaO. 370.
[66] Habermas, J., Legitimationsprobleme, 162.
[67] AaO. 166.
[68] Willms, B., Kritik und Politik, 204.
[69] Vgl. Krysmanski, H. J., Soziologie des Konflikts. Materialien und Modelle, Reinbek 1971, 22.

Eine theologische Diskussion kann nicht einfach eine »negative Erschlossenheit der Wirklichkeit als Konflikt« kontrastieren mit einer »positiven Erschlossenheit der Wirklichkeit als Versöhnung«[70]. Andererseits darf die Theologie nicht vor den »harten facts« einfachhin »strammstehen« müssen »und nur noch rasch und bußfertig zu sagen habe[n], welche Folgerungen sie aus solchen Tatsachen zu ziehen gedenkt«[71]. Es bedarf einer theologischen Kriteriologie, die verantwortliche Schlußfolgerungen erst erlaubt, »wenn die Erkenntnis der Situation durch ein kritisches Urteil über die Situation hindurch gegangen ist«[72]. Die bisherige Analyse sollte zeigen, daß die gegenwärtige Situation selbst in einem qualitativen Sinne anders geworden ist, und daraus folgt, daß die geforderten »Kriterien nicht einfach aus der bisherigen theologischen Tradition übernommen und der Gegenwart von außen als Beurteilungsschema übergestülpt werden« dürfen[73].

4.2 Thesenförmig formulierte Zielvorstellungen einer erwünschten Kommunikation zwischen politischer Theologie und katholischer Soziallehre im Kontext des Verhältnisses von Kirche und Welt: statt einer Zusammenfassung

Diese Arbeit folgte bisher der Methode, daß sie die Bedeutung einzelner wichtiger theoretischer Ansätze herausstellte, die zur Analyse der gesellschaftlichen Situation geeignet erscheinen. Den Konsequenzen dieser Ansätze ging sie nur insoweit nach, als sie zur Problematik sowohl der realen gesellschaftlichen Situation als auch des Verhältnisses von Kirche und Welt oder zur Frage nach dem gesellschaftlichen Ort und der Funktion der Kirche Wesentliches beitragen konnten. Auch jetzt soll den Darstellungen der politischen Theologie[74] und der katholischen Soziallehre[75] nicht noch eine weitere hinzugefügt, sondern die bisherige Methode beibehalten werden.

[70] Vgl. Weidert, A., Elemente einer theologischen Konflikt- und Friedenstheorie, Münster 1973 (maschinenschriftliche Dissertation), 267, 312.
[71] Vgl. Kasper, W., Zum Problem der Rechtsgläubigkeit in der Kirche von morgen, in: Haarsma, F./Kasper, W./Kaufmann, F. X., Kirchliche Lehre – Skepsis der Gläubigen, Freiburg/Basel/Wien 1970, 37–96; 42.
[72] AaO. 43.
[73] Ebd.
[74] Vgl. dazu Peukert, H. (Hg.), Diskussion zur »politischen Theologie«. Mit einer Bibliographie zum Thema, München/Mainz 1969.
[75] Vgl. Höffner, J., Christliche Gesellschaftslehre; Klüber, F., Katholische Gesellschaftslehre; Messner, J., Das Naturrecht. Handbuch der Gesellschaftsethik, Staatsethik und Wirtschaftsethik.

Es wurde zu zeigen versucht, daß die Theologie aus dem Naturrecht, oder besser: dem naturrechtlichen Anliegen, emigriert ist. Die Tradition des Naturrechts war verstanden worden als die Tradition des theologischen Ortes der Diskussion des Verhältnisses von Kirche und gesellschaftlicher Wirklichkeit. Diese »Emigration« hatte weitreichende Konsequenzen für beide Teile. Unter beiden Teilen wird verstanden einmal die theologische Disziplin, die u. a. dieses naturrechtliche Anliegen weiterentwickelte und beizubehalten versuchte, nämlich die katholische Soziallehre. Der andere Teil sei hier zunächst einfachhin Theologie genannt, obwohl der Pluralismus sowohl der Theologien als auch der einzelnen theologischen Disziplinen bewußt bleibt. Der Schwerpunkt des hier mit Theologie Gemeinten liegt allerdings, aber nicht nur aus historischen Gründen, auf der systematischen Theologie. Mit Konsequenzen ist gemeint, daß z. B. die in dieser Arbeit aufgezeigten soziostrukturellen Bedingungen der gesellschaftlichen Partikularität und »Privatheit« von Kirche und Theologie in der systematischen Theologie nicht als solche mitgedacht wurden. Sie erreichten die Theologie wohl über die philosophische Vermittlung dieser Situation, also etwa durch personalistische und existentialistische Philosophien.

Für die katholische Soziallehre hatte die »Emigration« zur Folge, daß sie sich von der neueren theologischen Entwicklung »abkoppelte« und sich vor allem im Gefolge der Neuscholastik nur noch sozialphilosophisch zu begründen versuchte. *Intendiert* war damit die Kommunikationsfähigkeit mit nichttheologischen Entwürfen und auch die Glaubwürdigkeit und Annehmbarkeit ihrer Ordnungsideen für Nichtchristen. Notwendig war diese Entwicklung geworden durch die zunehmende gesellschaftliche Differenzierung – schon in der Scholastik sichtbar – und durch die Unfähigkeit einer aus dieser Aufgabe emigrierten Theologie.

Nichtintendierte Folge war u. a., daß durch Weiterentwicklung der Sozialphilosophie die katholische Soziallehre, die auf einer ganz bestimmten Sozialphilosophie aufbaut, nur noch zum Kommunikationspartner oder sozusagen zur »Welt« für eine traditionelle Theologie wurde, wobei man sich gegenseitig aufeinander berufen konnte.

Nun ist das »theologische Defizit« der katholischen Soziallehre von dieser selbst gesehen worden, von einigen ihrer Vertreter ganz dezidiert, und dies geschieht seit dem Zweiten Vatikanischen Konzil zusehends.

Andererseits hat die Weiterentwicklung der Theologie, insbesondere durch die hermeneutische Diskussion in den systematischen und exegetischen Disziplinen, die »Weltlosigkeit« ihres Argumentations- und Verstehenshorizontes offenbar gemacht.

J. B. Metz hat diese Situation mit seinem Entwurf einer »politischen Theologie« auf den Begriff zu bringen versucht. Die »politische Theologie« versteht sich als kritisches Korrektiv gegenüber den Privatisierungstendenzen der vorherrschenden transzendentalen, existentialen und personalistischen Theologien, die »die Praxis des Glaubens auf die weltlose Entscheidung des einzelnen reduzierten«[76]. Sie will ferner keine neue und weitere regionale Theologie sein (wie Theologie der Arbeit, Theologie des Berufs etc.), sondern eine Grunddimension der Theologie überhaupt darstellen[77].

Damit sollten nun die Vorbedingungen gegeben sein, um in einem umfassenden Sinne die doppelte Emigration zu überwinden, die der Theologie aus dem naturrechtlichen Anliegen und die der Naturrechtstradition aus der Theologie. Eine Kommunikation beider Positionen müßte eine Kirche und Theologie befruchtende und neue Praxis ermöglichende theologische Reflexion des gesellschaftlichen Ortes und der Funktion der Kirche herbeiführen. Doch diese Kommunikation findet nicht statt[78]. Den Gründen dieses Gesprächsausfalls nachzugehen, ist hier nicht möglich. Auch kann hier, wie schon angemerkt, keine neue und weitere Darstellung der beiden Konzeptionen erfolgen.

Versucht werden soll vielmehr, auf dem Hintergrund der bisherigen Analyse Verbindungen, Berührungspunkte und Gesprächsmöglichkeiten aufzuzeigen. Damit dies nicht doch in eine umfassende Gesamtdarstellung ausufert und um den Zusammenhang mit den Kerngedanken der bisherigen Darstellung nicht aus dem Auge zu verlieren, soll dies kurz und mehr in Thesenform geschehen.

1. »Es gilt . . . die christliche Soziallehre durch die Entfaltung spezifisch theologischer Kategorien über das Naturrecht hinaus zu entwickeln«[79]. Diese Aussage J. Höffners könnte, aus ihrem Kon-

---

[76] Vgl. Metz, J. B., Das Problem einer »politischen Theologie«, 403–404.

[77] Vgl. Metz, J. B., Artikel: Politische Theologie, in: Sacramentum Mundi. Theologisches Lexikon für die Praxis, Bd. 3, Freiburg/Basel/Wien 1969, 1232–1240; 1234.

[78] Dort, wo sich Vertreter der katholischen Soziallehre mit der politischen Theologie auseinandersetzen, geschieht dies vorwiegend abwehrend; vgl. Ermecke, G., »Politische Theologie« im Lichte einer realistischen Sozialtheologie. Luther – Kant – Marx: Ante Portas, in: Peukert, H. (Hg.), aaO. 162–177; Nawroth, E., Integraler Humanismus. Ordnungsdenken der Kirche im Wandel der Zeit; Rauscher, A., Zur Problematik der politischen Theologie, in: Münchener Theologische Zeitschrift 21 (1970), 348–356.

[79] Höffner, J., Christliche Gesellschaftslehre, 23.

text herausgenommen, den Anschein erwecken, dies sei eine völlig neue Erkenntnis. Das soll damit nicht gesagt sein. Aber diese Aussage artikuliert gleichermaßen die Einsicht in die Wichtigkeit des Anliegens und die objektive Schwierigkeit der Verwirklichung. Einsicht und Imperativ werden allgemein anerkannt und neu betont: Die katholische Soziallehre »kann Gesellschaft, gesellschaftliche Institutionen und die Menschen, die in ihr leben, nicht ›in sich‹ betrachten, sie muß soziale Tatsachen, Erfahrungen und Erwartungen in Beziehung setzen zu dem in Christus uns gewordenen Heil und zu dem kommenden Endheil. Das Bewußtsein dieser Beziehung muß in einer sittlich-sozialen Verkündigung wachgehalten werden. Ob dies geschieht durch eine soziale Prophetie, durch die Forderung einer sozialen Metanoia, durch sozial befreiende Kritik oder durch eine Soziallehre, kann jetzt dahingestellt bleiben. Es scheint zunächst allein wichtig, daß auch Sozialphänomene in das Licht der Heilsbotschaft gerückt sind«[80].

2. Die verschiedenen Vermittlungsversuche schon in der Naturrechtstradition machten die Schwierigkeiten der Verwirklichung deutlich. Um nicht in eine erneute Zwei-Stockwerk-Theologie der traditionellen Schultheologie zu geraten[81], gilt es intensiv die Frage weiterzudiskutieren, »wie denn die Sozialtatsachen unter die regulative Idee des Evangeliums subsumiert werden sollen, wie man das macht«[82]. Zu dieser Diskussion gehört vor allem auch die Frage, ob das von J. Ratzinger eingebrachte Verständnis vom »Evangelium als regulativer Idee« eine angemessene Kategorie ist.

3. Um die katholische Soziallehre als theologische Disziplin zu verstehen und zu vertiefen, bedarf es einer intensiven Diskussion der hermeneutischen Grundfragen, wie sie u. a. in der systematischen und biblischen Theologie entwickelt und weitergeführt wurden. Was versteht man dort unter »Offenbarung«, wie begründet man den »Geschichts- und Gesellschaftsbezug des Heilsverständnisses«, was meint inhaltlich die »Verantwortung der christlichen Hoffnung als Sendung der Kirche«, wie versteht man die »missio-

---

[80] Giers, J., Der Weg der katholischen Soziallehre, in: Jahrbuch für Christliche Sozialwissenschaften 13 (1972), 9–25; 11.

[81] Vgl. dazu Böckle, F., Grundbegriffe der Moral, Aschaffenburg 1967, 50–55.

[82] Weber, W., Anfragen an die Soziallehre der Kirchen, in: Jahrbuch für Christliche Sozialwissenschaften 13 (1972), 27–53; 35; Weber bezieht sich hier auf Ratzinger, J., Naturrecht, Evangelium und Ideologie in der katholischen Soziallehre. Katholische Erwägungen zum Thema, in: von Bismarck, K./Dirks, W. (Hg.), Christlicher Glaube und Ideologie, Stuttgart/ Berlin 1964, 24–30.

narische Sendung als Praxis des Glaubens«, wie begründet und reflektiert man die »geschichtlich-gesellschaftliche Vermittlung der biblischen Erlösungsbotschaft«[83]?

Diese Fragen werden in der »politischen Theologie« bei J. B. Metz diskutiert, dem es als Fundamentaltheologen darum geht, eine »kritisch-antwortende Wiederholung des Glaubensverständnisses angesichts einer bestimmten gesellschaftlich-geschichtlichen Situation«[84] zu ermöglichen. Dabei wird Offenbarung verstanden als geschichtsbezogene Verheißung, und der Weltbezug von Verheißung und Glaube bedingt die christliche Sendung und ergibt Kriterien für die Praxis der Sendung[85]. Eine Kommunikation beider Disziplinen müßte zunächst eine Erweiterung und Vertiefung des sowohl theologisch als auch sozialwissenschaftlich orientierten »Definitionspotentials«[86] zum Ziele haben, um Probleme des Verhältnisses von Kirche und Welt angemessen identifizieren zu können.

4. Die »politische Theologie« versteht sich »als *kritisches Korrektiv* gegenüber einer gewissen Privatisierungstendenz in der gegenwärtigen Theologie (in ihren transzendentalen, existentialen und personalistischen Ausprägungen)«[87]. Darin gilt als eigentliche religiöse Erfahrungsdimension »die Spitze der freien Subjektivität des einzelnen oder die unverfügbare, sprachlose Mitte der Ich-Du-Beziehung«[88]. Metz betont dagegen, daß die Existenz des einzelnen Individuums »heute in höchstem Maße in die gesellschaftlichen Mobilitäten verflochten« ist: »Jede existentiale und personale Theologie, die die Existenz selbst nicht als ein politisches Problem im weitesten Sinne des Wortes begreift, bleibt gegenüber der existentiellen Situation des einzelnen heute abstrakt«[89].

Die vorliegende Arbeit hat versucht, den soziostrukturellen Bedingungen nachzugehen, die im Prozeß der gesellschaftlichen Diffe-

[83] Vgl. dazu ausführlich Rütti, L., Zur Theologie der Mission. Kritische Analysen und neue Orientierungen, München/Mainz 1972, 111–246; ferner Waldenfels, H., Offenbarung. Das Zweite Vatikanische Konzil auf dem Hintergrund der neueren Theologie, München 1969; Kerstiens, F., Die Hoffnungsstruktur des Glaubens, Mainz 1969; Kasper, W., Was heißt eigentlich christlich?, in: Schreiner, J. (Hg.), Die Kirche im Wandel der Gesellschaft, Würzburg 1970, 87–101.

[84] Metz, J. B., Artikel: Apologetik, in: Sacramentum Mundi, Bd. 1, 269.

[85] Rütti, L., aaO. 13.

[86] Vgl. Matthes, J., Kirchliche Soziallehre als Wissenssystem, in: Internationale Dialog Zeitschrift 2 (1969), 102–112; 111.

[87] Metz, J. B., Artikel: Politische Theologie, 1233.

[88] Metz, J. B., Zur Theologie der Welt, 101.

[89] Vgl. aaO. 102.

renzierung als Basis der Privatisierung von Religion, Ethik, Person und *allen* Deutungs- und Sinnsystemen zugrundeliegen. Die Privatisierung ist ein komplexeres Problem, als es in der Programmatik der politischen Theologie den Anschein hat. Die Notwendigkeit der Entprivatisierung wurde gleich deutlich, ihre Verwirklichung aber erscheint weitaus schwieriger, wenn überhaupt lösbar. Die kritische Spitze richtet sich in der politischen Theologie auf die Entprivatisierung der biblischen Botschaft. Die Identitätskrise der Person in der komplexen Gesellschaft müßte einen größeren Stellenwert erhalten, um systematisch effizient zu werden.

Die katholische Soziallehre, die auch als wissenschaftliche Reflexion der katholisch-sozialen Bewegung entstanden ist, muß auf die Problematik der konkreten Existenz in der konkreten Gesellschaft ihr Hauptaugenmerk richten und kann mit Hilfe der »politischen Theologie« dies als eminent theologische Arbeit verstehen.

5. Die politische Theologie betont den Charakter der Kirche als »Ort und Institution gesellschaftskritischer Freiheit«[90]. Auch darin wird die Weiterführung eines traditionellen naturrechtlichen Anliegens unter Veränderung der gesellschaftlichen, wissenschaftlichen und kirchlichen Verhältnisse deutlich. Die innere Einheit der verschiedensten naturrechtlichen Spekulationen, die ihr Erkenntnisinteresse zeigte, war, »der Willkür des Menschen gegen den Menschen durch den Appell an Einsicht in eine objektive Rechtswahrheit zu steuern«[91]. In der nachaufklärerischen Situation und in der Komplexität und Pluralität unserer Gesellschaft muß diese Intention anders weitergeführt werden. Ein Charakteristikum unserer Gesellschaft kann in der Notwendigkeit »der *öffentlichen* Erzeugung von Relevanz«[92] gesehen werden und in der Unabdingbarkeit von Institutionen zu ihrer Erhaltung und Effizienz. Metz betont daher zu Recht die Notwendigkeit von Institutionen[93]. Er kehrt die bekannte Frage von Helmut Schelsky: »Ist die Dauerreflexion institutionalisierbar?«[94] um in die Frage: »Ist Dauerreflexion ohne Institutionalisierung überhaupt möglich?«[95] Aber systematisch effizient wiederum wird diese Einsicht nur für die Kirche und auch dort mit dem Akzent, der für andere Institutionen fast ausschließ-

[90] Metz, J. B., Artikel: Politische Theologie, 1239.
[91] Vgl. Ellscheid, G., Artikel: Naturrecht, 970.
[92] Hahn, A., aaO. 109.
[93] Vgl. Metz, J. B. Über Institution und Institutionalisierung, in: ders., Zur Theologie der Welt, 122–127.
[94] Schelsky, H., Ist Dauerreflexion institutionalisierbar?, in: ders., Auf der Suche nach Wirklichkeit, Düsseldorf 1965, 250.
[95] Metz, J. B., Über Institution und Institutionalisierung, 125.

lich gilt und den wir bei Habermas herausgestellt haben[96]: Institutionalisierung von kritischer Freiheit muß erst hergestellt werden. Gesellschaft und gesellschaftliche Institutionen werden als repressive erfahren und gedeutet. Maßgebend für die Systematik sind »die Erfahrung des bedrohten Humanen, die Erfahrung der Bedrohtheit von Freiheit, Gerechtigkeit und Frieden«[97]. Die Ermöglichung von Freiheit und die schon realisierten Freiheiten auch durch den Prozeß gesellschaftlicher Differenzierung werden für den theoretischen Ansatz weniger relevant. Gesellschaftliche Realität wird vorwiegend philosophisch-kritisch vermittelt.

Die kritische Funktion der »politischen Theologie« ist unaufgebbar: für die Kirche, die Theologie und gerade auch für die katholische Soziallehre. Das Ziel dieser Argumentation und das der gewünschten Kommunikation sollte keine Abwehr, sondern Weiterentwicklung sein. Von der Seite der katholischen Soziallehre könnte ergänzend die Funktion der Kirche u. a. darin gesehen werden, daß sie sich versteht als Dienst an Freiheit ermöglichenden, Freiheit fördernden und Freiheit erhaltenden gesellschaftlichen Institutionen. Das Problem besteht aber darin, daß eine reinliche Trennung in »Gut und Böse« gerade meistens nicht möglich ist. Im Prozeß der gesellschaftlichen Differenzierung können es die gleichen Institutionen sein, die Freiheit ermöglicht haben, sie erhalten und doch gleichzeitig bedrohen. Eine Kommunikation zwischen politischer Theologie und katholischer Soziallehre für die Bestimmung des gesellschaftlichen Ortes der Kirche und ihrer Funktion könnte das dazu erforderliche Mehr an Dialektik erzwingen.

6. H. J. Wallraff hat die katholische Soziallehre zu einem »Gefüge von offenen Sätzen« erklärt[98]. Im Kontext dieser Arbeit kann dies verstanden werden als (notwendige) Anpassung bzw. Konsequenz des Zwanges, mit zunehmender Differenzierung und Komplexität die Werte und Normen zunehmend zu generalisieren und zu abstrahieren[99]. Die Konsequenz, die Soziallehre der Kirche so – und nur so – zu verstehen, ergibt sich aber nur, wenn man sie als ein der Kirche zur Verfügung stehendes Wissenssystem betrachtet, das auf verschiedene gesellschaftliche Situationen angewendet wer-

[96] Vgl. oben 180–181.
[97] Metz, J. B., Das Problem einer »politischen Theologie«, 411.
[98] Vgl. Wallraff, H. J., Die katholische Soziallehre – ein Gefüge von offenen Sätzen, in: ders., Eigentumspolitik, Arbeit und Mitbestimmung, Köln 1968, 9–34.
[99] Vgl. oben 79–83.

den kann. Es bedarf dann einer subtilen Interpretationskunst, um nachzuweisen, daß die Kirche ihre Soziallehre schon immer so verstanden hat. Diese Arbeit zielt eine andere Perspektive an und versuchte auch, sie historisch nachzuweisen. Was hier gemeint ist, kann eine Formulierung von J. B. Metz weiterführen. Er fordert von der Kirche »den Mut zum kontingent-hypothetischen Sprechen ... ein weisendes Wort, das weder unverbindlich-beliebig noch doktrinell-dogmatisierend ist«[100]. Im Kontext der bisherigen Analysen könnte das heißen: Die Kirche bzw. die Theologie muß zunächst die gesellschaftliche Situation analysieren, durch die personalen und institutionellen Identitätskrisen hindurchgegangen sein. Sie muß ihre eigene Situation und die ihr zur Verfügung stehenden personellen, theoretischen und strukturellen Möglichkeiten ausmachen. Beides kann z. B. in Südamerika völlig anders sein als in der Bundesrepublik. Die Kirche muß ihre Identität als Identität der Sendung durch die Botschaft Jesu verstehen[101]. Nach den Situationsanalysen muß die Kirche entscheiden, ob sie durch Wort und Tat aktiv werden kann, darf oder muß. In beiden Analysebereichen können und werden Fehler vorkommen, wo gibt es denn eine umfassende und zufriedenstellende Analyse? Aber nicht Deduktion und Anwendung einer zur Verfügung stehenden festen Lehre bedingen und ermöglichen primär Aussagen und Tun der Kirche, sondern Erfordernisse der individuellen und gesellschaftlichen Situation und die Möglichkeit der kirchlichen Institution. Doch diese gesellschaftliche Funktion darf nicht nur in negativ-kritischer Vermittlung geschehen müssen. Die Gesellschaft und gesellschaftliche Institutionen sind nicht nur Bedrohung. Das wird nicht explizit in der »politischen Theologie« gesagt[102]. Aber die Bestimmung der Kirche allein, nicht als faktische, aber als mögliche Institution gesellschaftskritischer Freiheit läßt andere ähnliche Institutionen und andere Akzente von Gesellschaft in den Hintergrund treten bzw. für die spezifische Ausführung der »politischen Theologie« irrelevant werden.

7. »›Politische Theologie‹ ist ... die spezifisch christliche Hermeneutik einer politischen Ethik als Veränderungsethik«[103]. Auch die

---

[100] Metz, J. B., Zum Problem einer »politischen Theologie«, 109.
[101] Vgl. Rütti, L., aaO. 279–286.
[102] Im Gegenteil; vgl. Metz, J. B., »Politische Theologie« in der Diskussion, in: Peukert, H. (Hg.), aaO. 267–301; 273–274; aber diese Funktion der politischen Theologie definiert sich allein von der Möglichkeit der Bedrohung und der falschen Absolutheit der politischen Freiheitsordnung her, vgl. ebd.
[103] AaO. 282.

traditionelle katholische Soziallehre verstand sich als Reflexion zur Ermöglichung von »Gesinnungs- und Zuständereform«[104]. Sie war also in einem ganz bestimmten Sinne »nicht nur Ordnungsethik«, sondern »auch Veränderungsethik«[105]. Aber das ist nicht der entscheidende Punkt. Es geht um ein neues Verständnis von Dogmatik und Ethik auf dem Hintergrund zeitgenössischer Diskussionen über ein neues Verhältnis von Theorie und Praxis. »In diesem Verhältnis von Dogmatik und Ethik, die als primäre hermeneutische Figur der Theologie das klassische hermeneutische Thema von Dogmatik und Geschichte in sich enthält, kann die Ethik nicht nur als reiner Anwendungsfall von Dogmatik begriffen werden. Die positive Alternative dazu ist, ohne in bekannte Einseitigkeiten zu verfallen, äußerst schwierig zu bestimmen«[106]. Eine Diskussion zwischen »politischer Theologie« und katholischer Soziallehre müßte eine solche Alternative anstreben.

Eine positive Bestimmung des Zusammenhangs von Selbstvollzug der Kirche und theologischer Wahrheitsfindung ist für das Verständnis von katholischer Soziallehre als theologischer Disziplin unerläßlich. In diesem Horizont müßte auch erörtert werden, ob sie sich als systematische Sozial*lehre*, Sozial*ethik* oder Sozial*kritik* oder wie auch immer versteht[107]. Eine differenzierte Analyse von gesellschaftlicher und kirchlicher Situation und deren notwendiger Veränderung im Prozeß der gesellschaftlichen Differenzierung lassen zwischen dem Entweder: systematische Soziallehre und dem Oder: Sozialkritik ein breiteres Spektrum möglichen und notwendigen Dienstes der Kirche *in* der Gesellschaft zu.

8. Eine theologische Diskussion des Verhältnisses von Theorie und Praxis muß die personalen und institutionellen Identitätskrisen als theologisches Thema begreifen. In diesem Horizont ist dann eine theologische Anthropologie gefordert und als Bezugsrahmen anzustreben, der Kriterien ermöglicht für die Distanzierung von Erwartungen und Zwängen im Prozeß der Balancierung der Ich-Identität. Wenn die Person nicht total bestimmt werden soll durch Partizipationsrollen, d. h. von den Zwecksetzungen der ausdifferenzierten Teilsysteme und institutionalisierten Handlungszusammenhängen her, ist der Gesellschaftsbezug einer solchen theologi-

---

[104] Vgl. Stegmann, F. J., Geschichte der sozialen Ideen im deutschen Katholizismus, in: Grebing, H. (Hg.), Geschichte der sozialen Ideen in Deutschland, München/Wien 1969, 325–560; 372–435.
[105] Vgl. Metz, J. B., »Politische Theologie« in der Diskussion, 282.
[106] AaO. 283.
[107] Vgl. Rief, J., Katholische Soziallehre oder Sozialethik?, in: Jahrbuch für Christliche Sozialwissenschaften 13 (1972), 55–74.

schen Diskussion notwendig[108]. Gesellschaftliche Differenzierung, Identität und Kohäsion der Gesellschaft werden so zu einem eminent theologischen Thema. Die Notwendigkeit der Öffnung der Theologie zu außertheologischen Disziplinen und Institutionen wird einsichtig. Da angesichts »sich steigernder Komplexität kein theologisches und kein theoretisches System in der Lage scheint, die Wahrheit des Ganzen, sozusagen eine gesamtgesellschaftliche Sinnformel zu formulieren«, kann die zu fordernde Aufgabe nicht anders gedacht werden »denn als realisierte Kommunikation«[109].

[108] Vgl. dazu Metz, J. B., Erlösung und Emanzipation.
[109] Vgl. Dahm, K. W., Religiöse Kommunikation und kirchliche Institution, in: ders. / Luhmann, N. / Stoodt, D., Religionssystem und Sozialisation, 133–134.

LITERATURVERZEICHNIS

Adorno, Th., W., Negative Dialektik, Frankfurt ²1967

Aron, R., Hauptströmungen des soziologischen Denkens, Bd. 2, Köln 1971

Audet, J. P., Mariage et célebat dans le service pastorale de l'église, Paris 1967

Baechler, J., Die Entstehung des kapitalistischen Systems, in: Seyfahrt, C./ Sprondel, W. (Hg.), Seminar: Religion und gesellschaftliche Entwicklung, Studien zur Protestantismus-Kapitalismus-These Max Webers, Frankfurt 1973, 135–161

Berger, P. L., Auf den Spuren der Engel. Die moderne Gesellschaft und die Wiederentdeckung der Transzendenz, Frankfurt 1970

Ders., Betrachtung über die Zukunft der Religion, in: Schatz, O. (Hg.), Hat die Religion Zukunft, Graz/Wien/Köln 1970

Ders., Kirche ohne Auftrag, Stuttgart 1962

Ders., Zur Dialektik von Religion und Gesellschaft, Elemente einer soziologischen Theorie, Frankfurt 1973

Berger, P. L./Luckmann, Th., Die gesellschaftliche Konstruktion der Wirklichkeit. Eine Theorie der Wissenssoziologie, Frankfurt 1969

Blumenberg, H., Die Legitimität der Neuzeit, Frankfurt 1968

Böckenförde, E. W., Kirchliches Naturrecht und politisches Handeln, in: Böckle, F./Böckenförde, E. W. (Hg.), Naturrecht in der Kritik, Mainz 1973, 96–125

Böckle, F., Grundbegriffe der Moral, Aschaffenburg 1967

Böckle, F./Böckenförde, E. W. (Hg.), Naturrecht in der Kritik, Mainz 1973

Böhler, D., Über das Defizit an Dialektik bei Habermas und Marx, in: Dallmayr, W. (Hg.), Materialien zu Habermas »Erkenntnis und Interesse«, Frankfurt 1974, 369–385

Boos-Nünning, U., Dimensionen der Religiosität. Zur Operationalisierung und Messung religiöser Einstellungen, München/Mainz 1972

Brockmöller, K., Industriekultur und Religion, Frankfurt/M. 1965

Claessens, D., Rolle und Macht, München 1968

Cohn, W., Ist Religion universal?, in: Internationales Jahrbuch für Religionssoziologie 2 (1966), 201–212

Dahm, K. W., Religiöse Kommunikation und kirchliche Institution, in: ders./Luhmann, N./Stoodt, D., Religionssystem und Sozialisation, Darmstadt/Neuwied 1972

Dahm, K. W./Luhmann, N./Stoodt, D., Religionssystem und Sozialisation, Darmstadt/Neuwied 1972

Dahrendorf, R., Homo sociologicus. Ein Versuch zur Geschichte, Bedeutung und Kritik der sozialen Rolle, Köln/Opladen 1965

Ders., Über den Ursprung der Ungleichheit unter den Menschen, in: ders., Pfade aus Utopia. Arbeiten zur Theorie und Methode der Soziologie, München 1967

Dehn, G., Die religiöse Gedankenwelt der Proletarierjugend, Berlin 1923
Dienel, P., Artikel: Kirche, in: Bernsdorf, W. (Hg.), Wörterbuch der So-
ziologie, Taschenbuchausgabe, Bd. 2, Stuttgart ²1969, 431–433
Dobbelaere, K./Lauwers, J., Definition of Religion. A Sociological Critique, in: Social Compass 20 (1973), 535–551
Döbert, R., Systemtheorie und die Entwicklung religiöser Deutungssysteme. Zur Logik des sozialwissenschaftlichen Funktionalismus, Frankfurt
1973
Ders., Die evolutionäre Bedeutung der Reformation, in: Seyfahrt, C./
Sprondel, W. M. (Hg.), Seminar: Religion und gesellschaftliche Entwicklung, Frankfurt 1973, 303–312
Ders., Zur Logik des Übergangs von archaischen zu hochkulturellen Religionssystemen, in: Eder, K. (Hg.), Entstehung von Klassengesellschaften, Frankfurt 1973, 330–363
Dreier, W., Christliche Sozialwissenschaft – Sozialethik, in: Klostermann, F./Zerfaß, R. (Hg.), Praktische Theologie heute, München/Mainz
1974, 254–265
Dreitzel, H. P., Das gesellschaftliche Leiden und das Leiden an der Gesellschaft, Stuttgart 1968
Ders., Sozialer Wandel, Zivilisation und Fortschritt als Kategorien der
soziologischen Theorie, Neuwied/Berlin 1967
Dubiel, H., Identität und Institution. Studien über moderne Sozialphiloso-
phien, Düsseldorf 1973
Dullaart, L., Neue Sensibilität und Erfahrung, Antiautoritäre Bewegung
und religiöser Protest, in: Menne, F. W. (Hg.), Neue Sensibilität. Alter-
native Lebensmöglichkeiten, Darmstadt/Neuwied 1974, 145–164
Duchrow, U./Hoffmann, H. (Hg.), Die Vorstellung von zwei Reichen und
Regimentern bis Luther. Texte zur Kirchen- und Theologiegeschichte,
Heft 17, Gütersloh 1972
Durkheim, E., De la division du travail social, Paris ⁷1960
Ders., Der Selbstmord. Mit einer Einleitung von Klaus Dörner und einem
Nachwort von R. König, Neuwied/Berlin 1973
Ders., Les formes élémentaires de la vie religieuse, Paris ⁴1960
Ders., Quid Secundatus politicae scientiae instituendae contulerit, Bor-
deaux 1892; übersetzt von Cuvillier, A., in: Durkheim, E., Montesquieu
et Rousseau précurseurs de la sociologie, Paris 1953
Ders., Regeln der soziologischen Methode, hg. und eingeleitet von R. Kö-
nig, Neuwied/Berlin ³1970
Ders., Soziologie und Philosophie. Einleitung von Theodor W. Adorno,
Frankfurt 1967
Dux, G., Religion, Geschichte und sozialer Wandel in Max Webers Reli-
gionssoziologie, in: Internationales Jahrbuch für Religionssoziologie 7
(1971), 60–92
Eickelpasch, R., Mythos und Sozialstruktur, Düsseldorf 1973
Ellscheid, G., Artikel: Naturrecht, in: Handbuch philosophischer Grund-
begriffe, Studienausgabe, Bd. 4, München 1973, 969–980
Engels, Fr., Die Lage der arbeitenden Klasse in England, in: Marx-Engels-
Werke, Bd. 2, Berlin-Ost 1953–1961, 225–506
Erikson, E. H., Identität und Lebenszyklus, Frankfurt 1966
Feine, H. E., Kirchliche Rechtsgeschichte, Bd. 1, Weimar 1954
Fischer, W., Sinnkonstruktion. Die Legitimität der Religion in der sozialen
Lebenswelt, in: Marsch, W. D. (Hg.), Plädoyers in Sachen Religion.

Christliche Religion zwischen Bestreitung und Verteidigung, Gütersloh 1973, 192–212

Friedberg, E., Die Grenzen zwischen Staat und Kirche, Aalen 1962 (Neudruck der Ausgabe Tübingen 1872)

Fürstenberg, F., Artikel: Religionssoziologie, in: RGG³, Sp. 1027–1032

Ders. (Hg.), Religionssoziologie, Neuwied/Berlin 1964

Fukuyama, Y., The Four Dimensions of Church Membership, Chicago 1960

Giers, J., Der Weg zur Katholischen Soziallehre, in: Jahrbuch für Christliche Sozialwissenschaften 13 (1972), 9–25

Glock, Ch. Y., Über die Dimensionen der Religiosität, in: Matthes, J., Kirche und Gesellschaft, Einführung in die Religionssoziologie II, Reinbek 1969, 150–168

Glock, Ch. Y./Stark, R. (Hg.), Religion and Society in Tension, Chicago 1965

Gnägi, A., Katholische Kirche und Demokratie, Zürich/Einsiedeln/Köln 1965

Goffmann, E., Stigma. Über die Techniken der Bewältigung beschädigter Identität, Frankfurt 1967

Gogarten, F., Verhängnis und Hoffnung der Neuzeit, Stuttgart 1953

Goddijn, H. W. und P., Kirche als Institution, in: Kölner Zeitschrift für Soziologie und Sozialpsychologie, Sonderheft 6, Probleme der Religionssoziologie

Goldschmidt, D., Die Religionssoziologie in der Bundesrepublik Deutschland, in: Archives de Sociologie des Religions 8 (1959)

Grzondziel, H., Die Entwicklung der Unterscheidung zwischen der potentia Dei absoluta und der potentia Dei ordinata von Augustin bis Alexander von Hales, Breslau 1926

Günther, H., Walter Benjamin und die Theologie, in: Stimmen der Zeit 198 (1973), 33–46

Gundlach, G., Solidarismus, Einzelmensch, Gemeinschaft, in: ders., Die Ordnung der menschlichen Gesellschaft, Bd. 1, Köln 1964, 179–201

Habermas, J., Die klassische Lehre von der Politik in ihrem Verhältnis zur Sozialphilosophie, in: ders., Theorie und Praxis, Sozialphilosophische Studien, Neuwied 1963, ²1971, 13–51

Ders., Können komplexe Gesellschaften eine vernünftige Identität ausbilden?, in: Habermas, J./Henrich, D., Zwei Reden. Aus Anlaß der Verleihung des Hegel-Preises 1973 der Stadt Stuttgart an Jürgen Habermas am 19. Januar 1974, Frankfurt 1974

Ders., Legitimationsprobleme im Spätkapitalismus, Frankfurt 1973

Ders., Technik und Wissenschaft als Ideologie, Frankfurt 1968

Ders., Theorie und Praxis, Sozialphilosophische Studien, Neuwied 1963, ²1971

Ders., Thesen zur Theorie der Sozialisation, in: ders., Arbeit, Erkenntnis, Fortschritt, Amsterdam 1970, 376–429

Habermas, J./Luhmann, N., Theorie der Gesellschaft oder Sozialtechnologie, Frankfurt 1971

Hahn, A., Religion und der Verlust der Sinngebung. Identitätsprobleme in der modernen Gesellschaft, Freiburg 1974

Handbuch der Kirchengeschichte, Bd. III/2, Freiburg 1968

Hauck, A., Der Gedanke der päpstlichen Weltherrschaft bis auf Bonifaz VIII., Leipzig 1904

Höffner, J., Christliche Gesellschaftslehre, Kevelaer 1962

Ders., Industrielle Revolution und religiöse Krise. Schwund und Wandel des religiösen Verhaltens in der modernen Gesellschaft, Köln/Opl. 1961

Ders., Kolonialismus und Evangelium. Spanische Kolonialethik im Goldenen Zeitalter, Trier ²1969

Hofmann, I., Bürgerliches Denken. Zur Soziologie Emile Durkheims, Frankfurt 1973

Hollerbach, A., Das christliche Naturrecht im Zusammenhang des allgemeinen Naturrechtsdenkens, in: Böckle, F./Böckenförde, E. W. (Hg.), Naturrecht in der Kritik, Mainz 1973, 9–38

Honigsheim, P., Zur Soziologie der mittelalterlichen Scholastik. Die soziologische Bedeutung der nominalistischen Philosophie, in: Erinnerungsgabe für Max Weber, Bd. 2, München/Leipzig 1923, 173–218

Horkheimer, M., Kritische Theorie. Eine Dokumentation, hg. von A. Schmidt, Bd. 2, Frankfurt 1968

Israel, J., Der Begriff Entfremdung. Makrosoziologische Untersuchung von Marx bis zur Soziologie der Gegenwart, Reinbek 1972

Jonas, F., Geschichte der Soziologie, Reinbek 1968

Kasper, W., Was heißt eigentlich christlich?, in: Schreiner, J. (Hg.), Die Kirche im Wandel der Gesellschaft, Würzburg 1970, 87–101

Ders., Zum Problem der Rechtgläubigkeit in der Kirche von morgen, in: Haarsma, F./Kasper, W./Kaufmann, F. X., Kirchliche Lehre – Skepsis der Gläubigen, Freiburg/Basel/Wien 1970, 37–96

Kaufmann, F. X., Zur Bestimmung und Messung von Kirchlichkeit in der Bundesrepublik, in: Matthes, J., Kirche und Gesellschaft. Einführung in die Religionssoziologie II, Reinbek 1969, 207–246

Ders., Sicherheit als soziologisches und sozialpolitisches Problem. Untersuchungen zu einer Wertidee hochdifferenzierter Gesellschaften, Stuttgart 1970

Ders., Theologie in soziologischer Sicht, Freiburg 1973

Ders., Wissenssoziologische Überlegungen zu Renaissance und Niedergang des katholischen Naturrechtsdenkens im 19. und 20. Jahrhundert, in: Böckle, F./Böckenförde, E. W. (Hg.), Naturrecht in der Kritik, Mainz 1973, 126–164

Kerber, W., Katholische Soziallehre, in: Demokratische Gesellschaft, Bd. 2, München 1975, 546–642

Kerstiens, F., Die Hoffnungsstruktur des Glaubens, Mainz 1969

Klein, W., Teilhard de Chardin und das Zweite Vatikanische Konzil. Ein Vergleich der Pastoral-Konstitution über die Kirche in der Welt von heute mit Aspekten der Weltschau Pierre Teilhards de Chardin, München/Paderborn/Wien 1975

Klüber, F., Katholische Gesellschaftslehre, 1. Bd.: Geschichte und System, Osnabrück 1968

Kölmel, W., Das Naturrecht bei Wilhelm von Ockham, in: Franziskanische Studien 35 (1953), 39–85

König, R., Artikel: Komplexe Gesellschaften, in: Fischer Lexikon Soziologie, Frankfurt 1967, 155–159

Ders., Artikel: Sozialer Wandel, in: Fischer Lexikon Soziologie, Frankfurt 1967, 290–297

Ders., Die Religionssoziologie bei E. Durkheim, in: Kölner Zeitschrift für Soziologie und Sozialpsychologie, Sonderheft 6, Probleme der Religionssoziologie

Koepgen, G., Wilhelm von Ockham. Anfang und Ende der Reformation, Regensburg o. J.

Krappmann, L., Soziologische Dimensionen der Identität. Strukturelle Bedingungen für die Teilnahme an Interaktionsprozessen, Stuttgart 1971

Le Bras, G., Etudes de Sociologie réligieuse, Paris 1955

Leclerq, J., Kirche und Freiheit, Essen 1964

Ledergerber, K., Religion und Kunst in der Verwandlung, Köln 1961

Lenski, G., Religion und Realität, Köln/Berlin 1967

Luckmann, Th., Das Problem der Religion in der modernen Gesellschaft, Freiburg 1963

Ders., Religion in der modernen Gesellschaft, in: Wössner, J. (Hg.), Religion im Umbruch, Stuttgart 1972, 3–15

Lübbe, H., Säkularisierung. Geschichte eines ideenpolitischen Begriffs, Freiburg 1965

Luhmann, N., Das Phänomen des Gewissens und die normative Selbstbestimmung der Persönlichkeit, in: Böckle, F./Böckenförde, E. W. (Hg.), Naturrecht in der Kritik, Mainz 1973, 223–243

Ders., Die Organisierbarkeit von Religion und Kirche, in: Wössner, J. (Hg.), Religion im Umbruch, Stuttgart 1972, 245–285

Ders., Institutionalisierte Religion gemäß funktionaler Soziologie, in: Concilium 10 (1974), 17–22

Ders., Komplexität und Demokratie, in: Politische Vierteljahresschrift 10 (1969), 314–325

Ders., Religiöse Dogmatik und gesellschaftliche Evolution, in: Dahm, K. W. u. a., Religionssystem und Sozialisation, Darmstadt/Neuwied 1972, 15–132

Ders., Soziologische Aufklärung. Aufsätze zur Theorie sozialer Systeme, Köln/Opladen 1970

Ders., Zweckbegriff und Systemrationalität, Tübingen 1968

Marhold, W., Fragende Kirche, München/Mainz 1971

Ders., Gesellschaftliche Funktion der Religion, in: Marsch, W. D. (Hg.), Plädoyers in Sachen Religion. Christliche Religion zwischen Bestreitung und Verteidigung, Gütersloh 1973

Marsch, W. D., Gegenwart Christi in der Gesellschaft. Eine Studie zu Hegels Dialektik, München 1965

Ders., Institution im Übergang, Göttingen 1970

Ders. (Hg.), Plädoyers in Sachen Religion. Christliche Religion zwischen Bestreitung und Verteidigung, Gütersloh 1973

Marx, K., Zur Kritik der Hegelschen Rechtsphilosophie. Einleitung, in: Marx-Engels-Werke, Bd. 1, Berlin-Ost 1953–1961, 378–391

Ders., Thesen über Feuerbach, in: Marx-Engels-Werke, Bd. 3, Berlin-Ost 1953–1961, 5–7

Marx-Engels-Werke, Berlin-Ost 1953–1961

Matthes, J., Die Emigration der Kirche aus der Gesellschaft, Hamburg 1964

Ders., Religion und Gesellschaft. Einführung in die Religionssoziologie I, Reinbek 1967

Ders., Kirche und Gesellschaft. Einführung in die Religionssoziologie II, Reinbek 1969

Ders., Kirchliche Soziallehre als Wissenssystem, in: Internationale Dialog Zeitschrift 2 (1969), 102–112

Matz, U., Thomas von Aquin, in: Klassiker des politischen Denkens, Bd. 1, München 1968, 114–146

Mead, G. H., Mind, Self and Society, Chicago/London [15]1967

Messner, J., Das Naturrecht. Handbuch der Gesellschaftsethik, Staatsethik und Wirtschaftsethik, Innsbruck [4]1960

Metz, J. B., Artikel: Politische Theologie, in: Sacramentum Mundi. Theologisches Lexikon für die Praxis, Bd. 3, Freiburg/Basel/Wien 1969, 1232–1240

Ders., Das Problem einer »politischen Theologie« und die Bestimmung der Kirche als Institution gesellschaftskritischer Freiheit, in: Concilium 4 (1968), 403–411

Ders., Emanzipation und Erlösung, in: Scheffczyk, L. (Hg.), Emanzipation und Erlösung, Freiburg 1973, 120–140

Ders., »Politische Theologie« in der Diskussion, in: Peukert, H. (Hg.), Diskussion zur »politischen Theologie«, München/Mainz 1969, 267–301

Ders., Zur Theologie der Welt, Mainz/München 1968

Metz, J. B./Moltmann, J./Oelmüller, W., Kirche im Prozeß der Aufklärung, München/Mainz 1970

Michel, E., Sozialgeschichte der industriellen Arbeitswelt. Ihre Krisenformen und Gestaltungsversuche, Freiburg [4]1960

Moltmann, J., Perspektiven der Theologie. Gesammelte Aufsätze, München/Mainz 1968

Ders., Theologische Kritik der politischen Religion, in: Metz, J. B./Moltmann, J./Oelmüller, W., Kirche im Prozeß der Aufklärung, München/Mainz 1970, 11–51

Nawroth, E., Integraler Humanismus. Ordnungsdenken der Kirche im Wandel der Zeit, in: Die Kirche im Wandel der Zeit. Festschrift für Kardinal Joseph Höffner, hg. von Franz Groner, Köln 1971, 419–433

von Oettingen, A., Die Moralstatistik. Inductiver Nachweis der Gesetzmäßigkeit sittlicher Lebensbewegung im Organismus der Menschheit, Erlangen 1868

Ott, L., Grundriß der Dogmatik, Freiburg [7]1965

Otte, G., Geschichtliche Wirkungen des christlichen Naturrechts, in: Böckle, F./Böckenförde, E. W. (Hg.), Naturrecht in der Kritik, Mainz 1973, 61–79

Pannenberg, W., Signale der Transzendenz. Religionssoziologie zwischen Atheismus und Wirklichkeit, in: Evangelische Kommentare 7 (1974), 151–154

Parsons, T., Beiträge zur soziologischen Theorie, hg. von Rüschemeyer, D., Neuwied 1964

Ders., Gesellschaften. Evolutionäre und komparative Perspektiven, Frankfurt 1975

Ders., The Structure of Social Action, Glencoe [3]1961

Peukert, H. (Hg.), Diskussion zur »politischen Theologie«. Mit einer Bibliographie zum Thema, München/Mainz 1969

Rahner, K., Die grundlegenden Imperative für den Selbstvollzug der Kirche in der gegenwärtigen Situation, in: Handbuch der Pastoraltheologie, Band II/1, Freiburg [2]1970, 256–276

Ders., Über das Verhältnis von Natur und Gnade, in: ders., Schriften zur Theologie, Einsiedeln [8]1967, Bd. 1, 323–345

Raiser, K., Identität und Sozialität. George Herbert Meads Theorie der Interaktion und ihre Bedeutung für die theologische Anthropologie, München/Mainz 1971

Ratzinger, J., Naturrecht, Evangelium und Ideologie in der Katholischen

199

Soziallehre, Katholische Erwägungen zum Thema, in: von Bismarck, K./
Dirks, W. (Hg.), Christlicher Glaube und Ideologie, Stuttgart/Berlin
1964, 24–30

Rauscher, A., Zur Problematik der politischen Theologie, in: Münchener
Theologische Zeitschrift 21 (1970), 348–356

Rendtorff, T., Artikel: Christentum, in: Geschichtliche Grundbegriffe, Historisches Lexikon zur politisch-sozialen Sprache in Deutschland, Bd. 1,
Stuttgart 1972, 772–814

Ders., Zur Säkularisierungsproblematik. Über die Weiterentwicklung der
Kirchensoziologie zur Religionssoziologie, in: Matthes, J., Religion und
Gesellschaft. Einführung in die Religionssoziologie I, Reinbek 1967,
208–229

Rief, J., Katholische Soziallehre oder Sozialethik?, in: Jahrbuch für Christliche Sozialwissenschaften 13 (1972), 55–74

Ritsert, J., Organismusanalogie und politische Ökonomie. Zum Gesellschaftsbegriff bei Herbert Spencer, in: Soziale Welt 17 (1966), 55–65

Robertson, R., Einführung in die Religionssoziologie, München/Mainz
1973

Ritter, J., Naturrecht bei Aristoteles, Stuttgart 1961

Ders., Zur Grundlegung der praktischen Philosophie bei Aristoteles, in:
Archiv für Rechts- und Sozialphilosophie 46 (1960), 179–200

Rüschemeyer, D., Reflections on Structural Differentiation, in: Zeitschrift
für Soziologie 3 (1974), 279–294

Rütti, L., Zur Theologie der Mission. Kritische Analysen und neue Orientierungen, München/Mainz 1972

Ruh, H., Sozialethischer Auftrag und Gestalt der Kirche. Ekklesiologische
Konsequenzen der sozialethischen Forschung der letzten drei Jahrzehnte
in Theologie und Ökumene, Zürich 1971

Rummay, J./Maier, J., Soziologie, Nürnberg 1954

Schasching, J., Kirche und industrielle Gesellschaft, Wien 1960

Schelsky, H., Ist Dauerreflexion institutionalisierbar?, in: ders., Auf der
Suche nach Wirklichkeit, Düsseldorf 1965

Schnabel, P. E., Die soziologische Gesamtkonzeption Georg Simmels. Eine
wissenschaftshistorische und wissenschaftstheoretische Untersuchung,
Stuttgart 1974

Schrader-Klebert, K., Der Begriff der Gesellschaft als regulative Idee. Zur
transzendentalen Begründung der Soziologie bei Georg Simmel, in:
Soziale Welt 19 (1968), 97–105

Schreuder, O., Artikel: Religionssoziologie, in: Staatslexikon, Bd. 6, [6]1961,
830–837

Ders., Die strukturell-funktionale Theorie und die Religionssoziologie, in:
Internationales Jahrbuch für Religionssoziologie 2 (1966), 99–132

Schulz, W., Philosophie in der veränderten Welt, Pfullingen 1972

Seyfahrt, C./Sprondel, W. M. (Hg.), Seminar: Religion und gesellschaftliche Entwicklung. Studien zur Protestantismus-Kapitalismusthese Max
Webers, Frankfurt 1973

Siefer, G., Die Mission der Arbeiterpriester, Essen 1960

Ders., Theologie und Soziologie. Der mühsame Dialog zwischen zwei
Wissenschaften, in: Orientierung 37 (1973), 108–111. 119–122

Simmel, G., Über soziale Differenzierung. Soziologische und psychologische Untersuchungen, Leipzig 1890

Ders., Soziologie. Untersuchungen über die Formen der Vergesellschaftung, München/Leipzig [2]1922

Ders., Philosophie des Geldes, München/Leipzig ⁵1930

Ders., Die Kreuzung sozialer Kreise, in: ders., Soziologie. Untersuchungen über die Formen der Vergesellschaftung, München/Leipzig ²1922, 305–344

Ders., Die Erweiterung der Gruppe und die Ausbildung der Individualität, in: ders., Soziologie. Untersuchungen über die Formen der Vergesellschaftung, München/Leipzig ²1922, 527–573

Spaemann, R., Artikel: Natur, in: Handbuch philosophischer Grundbegriffe, Studienausgabe, Bd. 4, München 1973, 956–957

Specht, R., Über philosophische und theologische Voraussetzungen der scholastischen Naturrechtslehre, in: Böckle, F./Böckenförde, E. W. (Hg.), Naturrecht in der Kritik, Mainz 1973, 39–60

Spencer, H., Die Prinzipien der Soziologie, hg. von B. Vetter, Stuttgart 1887

Ders., Einleitung in das Studium der Soziologie, hg. von H. von Marquardsen, Leipzig 1896

Ders., Die Evolutionstheorie, in: Dreitzel, H. P. (Hg.), Sozialer Wandel, Zivilisation und Fortschritt als Kategorien der soziologischen Theorie, Neuwied/Berlin 1967, 121–132

Stark, W., Herbert Spencer's Three Sociologies, in: American Sociological Review 26 (1961), 515–521

Stegmann, F. J., Geschichte der sozialen Ideen im deutschen Katholizismus, in: Gottschalch, W./Karrenberg, F./Stegmann, F. J., Geschichte der sozialen Ideen in Deutschland, hg. von Helga Grebing, München/Wien 1969, 325–560

Tartler, R., G. Simmels Beitrag zur Integrations- und Konflikttheorie der Gesellschaft, in: Jahrbuch für Sozialwissenschaften 16 (1965), 1–12

Tenbruck, F. H., Georg Simmel 1858–1918, in: Kölner Zeitschrift für Soziologie und Sozialpsychologie 10 (1959), 587–614

Ders., Zur deutschen Rezeption der Rollentheorie, in: Kölner Zeitschrift für Soziologie und Sozialpsychologie 13 (1961), 1–40

Thils, G., Theologie der irdischen Wirklichkeiten, Salzburg o. J.

Tilmann, R., Religiöser und sozialer Wandel, Düsseldorf 1972

Tjaden, K. H., Soziales System und sozialer Wandel, Stuttgart 1972

Tönnies, F., Gemeinschaft und Gesellschaft. Grundbegriffe der reinen Soziologie, ⁸1935; reprographischer Nachdruck Darmstadt 1970

Troeltsch, E., Die Soziallehren der christlichen Kirchen und Gruppen. Neudruck der Ausgabe von 1922, Aalen 1962

Ders., Das stoisch-christliche Naturrecht und das moderne profane Naturrecht, in: Historische Zeitschrift 106 (1911), 237–267

Unseld, S. (Hg.), Zur Aktualität Walter Benjamins, Frankfurt 1972

Urban, C., Naturrecht und Freiheit. Untersuchungen zu Nominalismus und Theologie der Welt, unveröffentlichtes Manuskript, Münster 1974

Utz, A. F., Kommentar, in: Die Deutsche Thomas-Ausgabe, Bd. 18, Heidelberg/München/Graz/Wien/Salzburg 1953

Voigt, A. (Hg.), Der Herrschaftsvertrag, Neuwied 1965

Vrijhof, P. H., Was ist Religionssoziologie?, in: Kölner Zeitschrift für Soziologie und Sozialpsychologie, Sonderheft 6, Probleme der Religionssoziologie

Waldenfels, H., Offenbarung. Das Zweite Vatikanische Konzil auf dem Hintergrund der neueren Theologie, München 1969

Wallraff, H. J., Die Katholische Soziallehre – ein Gefüge von offenen

Sätzen, in: ders., Eigentumspolitik, Arbeit und Mitbestimmung, Köln 1968, 9–34

Weber, M., Gesammelte Aufsätze zur Religionssoziologie, 3 Bände, Tübingen 1920–1921, fotomechanischer Neudruck, Tübingen 1947

Ders., Wirtschaft und Gesellschaft, Studienausgabe, hg. von Winckelmann, J., Köln/Berlin 1964

Weber, W., Anfragen an die Soziallehre der Kirchen, in: Jahrbuch für Christliche Sozialwissenschaften 13 (1972), 27–53

Ders., Wirtschaftsethik am Vorabend des Liberalismus. Höhepunkt und Abschluß der scholastischen Wirtschaftsbetrachtung durch Ludwig Molina S. J. (1535–1600), München 1959

Welty, E., Gemeinschaft und Einzelmensch. Eine sozialmetaphysische Untersuchung, bearbeitet nach den Grundsätzen des hl. Thomas von Aquin, Salzburg/Leipzig ²1935

Welzel, H., Naturrecht und materiale Gerechtigkeit, Göttingen ⁴1962

Weyand, A., Formen religiöser Praxis in einem werdenden Industrieraum, Münster 1963

von Wiese, L., Herbert Spencers Einleitung in das Studium der Soziologie, Köln 1950

Willms, B., Funktion, Rolle, Institution. Zur politischen Kritik soziologischer Kategorien, Düsseldorf 1971

Ders., Kritik und Politik. Jürgen Habermas und das politische Defizit der »Kritischen Theorie«, Frankfurt 1973

Ders., Revolution und Protest oder Glanz und Elend des bürgerlichen Subjekts, Stuttgart 1969

Winter, G., Grundlegung einer Ethik der Gesellschaft, München/Mainz 1970

Wössner, J. (Hg.), Religion im Umbruch, Stuttgart 1972

Ders., Religion als soziales Phänomen, in: ders. (Hg.), Religion im Umbruch, Stuttgart 1972, 16–46

Zulehner, P. M., Artikel: Soziologie und Pastoral, in: Lexikon der Pastoralsoziologie, Freiburg 1972, 529–532

Ders., Die Säkularisierung von Gesellschaft, Religion und Person, Freiburg/Wien 1973

Ders., Religion ohne Kirche? Das religiöse Verhalten von Industriearbeitern, Wien 1969

NAMENREGISTER

Adorno, Th. W. *83*, 175, *177*
Aegidius Romanus *125*, 126
Alexander von Hales 139
Ambros, D. *63, 64, 65, 66, 70*
Aristoteles 147
Aron, R. *73, 78, 79, 81, 82*
Audet, J. P. *122*
Augustinus 124, 125, 129, 137, 148
Augustinus Triumphus 126

Bacon 73
Baechler, J. *150*
Bellah, R. N. 37, 106
Benjamin, W. *107*
Berger, P. L. *17, 38, 51, 52, 55*, 109 ff
Bernhard von Clairvaux 125, 126
Böckenförde, E. W. *158, 170*
Böhler, D. 179, *183*
Bonifaz VIII. 126
Boos-Nünning, U. *39*
Brockmöller, K. *48*
Brunner, H. 120

Claessens, D. 161, 162
Cohn, W. *23*
Comte 59
Cox, H. *51*
Cuvillier, A. *72*

Dahm, K. W. *101, 103, 105, 193*
Dahrendorf, R. *57*, 61, 62, *88*, 160, 161, 162
Darwin 68
Dehn, G. *41*
Descartes 151
Dienel, P. *99*
Dilthey, W. 87, 89
Dobbelaere, K. *38*

Döbert, R. *104*, 105, 106, 107, *120*
Dörner, K. 72
Dreier, W. *158*
Dreitzel, H. P. *49, 63, 67, 166*
Dubiel, H. *172, 175, 177, 178*
Duchrow, U. *125, 127, 131*
Dullaart, L. *174, 176*
Duns Scotus 135 ff, 147
Durkheim, E. 24 ff, 31, 35 ff, 42, 45, 58, 59, 71 ff, *88*, 90, 91, 92, 93 ff, 98, 99, 111, 112, 123, 159
Dux, G. *33*

Eickelpasch, R. *37, 38, 83*
Ellscheid, G. *157, 189*
Engels, Fr. 29
Elter, E. *151*
Erikson, E. H. 171
Ermecke, G. *186*
Feine, H. E. *124, 126, 142*
Feuerbach, A. 28, 29
Fischer, W. *115*
Friedberg, E. *124*
Fürstenberg, F. *17, 18, 43*
Fukuyama, Y. 39

Giers, J. *187*
Gnägi, A. *154, 156*
Goddijn, H. W. u. P. *44, 47, 49*
Goffmann, E. 171
Gogarten, F. *18*
Goldschmidt, D. 43
Glock, Ch. 39, 40
Gregor VII. 125
Grzodziel, H. *139*
Günther, H. *107*
Gundlach, G. *133*

(Kursive Zahlen geben Verweise in Anmerkungen an)

U. Boos-Nünning

DIMENSIONEN DER RELIGIOSITÄT

Zur Operationalisierung und Messung religiöser Einstellungen
GT/Sozialwissenschaftl. Analysen. 1972. 140 S. Kst. 1972

In theoretischen Vorüberlegungen wird zunächst versucht, »Religiosität« in einer soziologisch brauchbaren Definition zu operationalisieren und sie dadurch überhaupt meßbar zu machen. Die so gewonnenen theoretischen Ansätze wurden bei einer Repräsentativbefragung der Katholiken einer Großstadt im Ruhrgebiet angewandt. Aus den Ergebnissen dieser Befragung werden schließlich unter der Frage »Zukunft ohne Kirche?« einige Folgerungen gezogen. *Theologische Revue*

F. Houtart/A. Rousseau

IST DIE KIRCHE EINE ANTIREVOLUTIONÄRE KRAFT?

GT/Sozialwissenschaftl. Analysen. 316 S. Kst. 1973

Von der Franz. Revolution über das 19. Jh., Lateinamerika, den Vietnamkonflikt bis zu den Maiereignissen 1968 in Frankreich reichen die Beispiele, an denen die Haltung der Kirche geprüft wird. Die Vf. kommen zum Ergebnis, daß die institutionelle Kirche in der Regel den Status quo stützt, weil sie oft von einer falschen Einschätzung der Ereignisse ausgeht und sich zu leicht mit der Proklamation allgemeiner Grundsätze begnügt. *Literaturreport*

L. Dullaart

KIRCHE UND EKKLESIOLOGIE

Die Institutionenlehre Arnold Gehlens als Frage an den Kirchenbegriff in der gegenwärtigen systematischen Theologie GT/Systematische Beiträge. 247 S. Kst. 1975

Ziel ist eine zutreffende theologische Theorie der Institution Kirche. Die Lösung wird in Richtung einer »politischen« Ekklesiologie gesucht. Nur dann kann die Ekklesiologie beanspruchen, eine Theorie der Kirche zu liefern, die dazu beitragen kann, die heutige »Krise« der Kirche nicht nur von irgendeinem Ursprung der Kirche her zu beschwören, sondern sie historisch in ihren richtigen Zusammenhang einzuordnen.
Nachrichten der Ev.-Luth. Kirche in Bayern

KAISER · GRÜNEWALD

G. Adam / O. Kaiser / W. G. Kümmel

EINFÜHRUNG IN DIE EXEGETISCHEN METHODEN

studium theologie 1. 128 Seiten. ⁵1975

O. Kaiser und W. G. Kümmel führen in die Methoden der alt- und neutestamentlichen Exegese sowie in die Fachliteratur ein. G. Adam gibt dem Studienanfänger praktische Hilfen zur wissenschaftlichen Arbeit. Die 5. Auflage ist auf den neuesten Stand gebracht worden.

G. Sauter / A. Stock

ARBEITSWEISEN SYSTEMATISCHER THEOLOGIE

Eine Anleitung

studium theologie 2. ca. 150 Seiten. Kst. 1976

Information über das Ziel des Studiums der Systematischen Theologie sowie Einübung in die Rekonstruktion und Interpretation systematischer Texte und in theologisches Reden sind die Schwerpunkte des vorliegenden Arbeitsbuches.

R. Zerfaß / N. Greinacher (Hg.)

EINFÜHRUNG IN DIE PRAKTISCHE THEOLOGIE

unter Mitarbeit von Chr. Bäumler, P. Krusche, N. Mette und W. Möhler

studium theologie 3. ca. 300 Seiten. Kst. 1976

Die Autoren führen in Theorie und Praxis des Studiums der Praktischen Theologie ein und legen eine erprobte Sammlung von Arbeitspapieren vor.

Chr. Bäumler / G. Birk / J. Kleemann / G. Schmaltz / D. Stoller

METHODEN DER EMPIRISCHEN SOZIALFORSCHUNG IN DER PRAKTISCHEN THEOLOGIE

Eine Einführung

studium theologie 4. ca. 250 Seiten. Kst. 1976

Die Gemeinschaftsarbeit der fünf in der theologischen Ausbildung arbeitenden Autoren vermittelt Grundkenntnisse und -fähigkeiten für die Handhabung der Methoden empirischer Analyse. Unmittelbar auf die gegenwärtige Situation der Praktischen Theologie bezogen, lädt sie außerdem zur Beteiligung an der Diskussion von Grundsatzproblemen Praktischer Theologie ein.

KAISER · GRÜNEWALD